再造玄黄

李鸿章家族传

王万顺 ◎ 著

华中科技大学出版社
http://www.hustp.com
中国·武汉

图书在版编目（CIP）数据

再造玄黄：李鸿章家族传 / 王万顺著. — 武汉：华中科技大学出版社，2020.9
ISBN 978-7-5680-6527-6

Ⅰ.①再… Ⅱ.①王… Ⅲ.①李鸿章（1823—1901）—家族—史料 Ⅳ.①K820.9

中国版本图书馆CIP数据核字（2020）第149608号

再造玄黄：李鸿章家族传　　　　　　　　　　　　　　　　　　　王万顺　著
Zaizao Xuanhuang：Li Hongzhang Jiazu Zhuan

策划编辑：张　丛
责任编辑：张　丛
责任校对：李　弋
封面设计：王昕晔
责任监印：朱　玢
出版发行：华中科技大学出版社（中国·武汉）　　电话：（027）81321913
　　　　　武汉市东湖新技术开发区华工科技园　　　邮编：430223
印　　刷：武汉科源印刷设计有限公司
开　　本：710mm×1000mm　1/16
印　　张：18.75
字　　数：277千字
版　　次：2020年9月第1版第1次印刷
定　　价：45.00元

本书若有印装质量问题，请向出版社营销中心调换
全国免费服务热线：400-6679-118　竭诚为您服务
版权所有　侵权必究

序

要了解晚清历史,不能不提李鸿章。

在中国近代历史的命运大转折中,李鸿章是一个绕不过去的关键人物。

理解了李鸿章,也就理解了中国数千年的封建社会制度缘何走向灭亡,近代中国为什么会有一段屈辱历史,中国现代化之路是怎样开启的,中国何以为今天的中国。

李鸿章在晚清的地位和一生重要行迹,拉拢之而不得,欲除之而后快的维新派中坚梁启超在《李鸿章传》中言之甚详。在他看来,李鸿章作为一个毁誉皆达到顶点的"非常人",已经不能用"非常之奸雄""非常之豪杰"来评价了;他认为,"李鸿章为中国独一无二之代表人","中国近四十年第一流紧要人物","读中国近世史者,势不得不口李鸿章"。

梁氏虽夸张,但此言不虚。

两次鸦片战争之后,许多决定清王朝前途命运的军国大事和经略大计,李鸿章都是参与者,有时是决策者,大多时候则以领导者、指挥者的身份负责实施,因此他是那段历史最重要的缔造者和见证人。

李鸿章出生于道光初年,在他青少年时期,清中期乾、嘉之后,以第一次鸦片战争为标志,古老中国这辆超载的破车一路开挂,被迫走上了挥别昨日辉煌的穷途末路。通过科举考试而进入官场，纳入统治体制，进而登上政治舞台的李鸿章，对国家、社会、时代产生直接影响主要是在十九世纪下半叶。作为淮军首领，他率部协助曾国藩的湘军与太平军、捻军作战，并取得了最终胜利，因此位列封疆。在这个过程中，他显示出了过人的、令曾国藩叹服的军事领导能力，在与洋人打交道方面，也积累了较为丰富的经验。当然，他的军事实力和政治资本也随之壮大起来。太平天国行将被剿灭时，曾氏兄弟担心李鸿章助战争功，但李鸿章不是那种人，他并不愚蠢，而且懂得感恩。戡平捻乱时，曾氏半途而废，改由李鸿章担当大任。处理天津教案时，曾国藩外交方面的弱项暴露出来，李鸿章再次迎难而上顶替老师，任直隶总督，位居八大总督之首。接着他兼任北洋通商大臣，在位时间长达二十余年，权势赫赫，一时无两。从十九世纪六十年代平乱到九十年代的洋务运动，李鸿章始终是中轴甚或领袖人物。直到大清国在1894年中日甲午战争中惨败，李鸿章亲手葬送了自己在洋务运动中苦心经营的军事成果，包括前半生的丰功伟绩。

　　李鸿章是一个备受争议的历史人物，是"时势造英雄，英雄造时势"不太成功的案例。

　　与曾国藩一样，为了维护清朝统治，李鸿章手上也沾满了农民起义军（太平军、捻军、义和团等）的鲜血，同类相残没什么可炫耀的。他与曾国藩搞洋务，创建军械厂，最初是出于镇压内乱的需要。引进外来文化、科技，改革科举考试制度，是为了培养对国家有用的人才。采矿、建铁路、办船厂、开医院、兴学校、通电报，以及做其他商业企业和公共事业，是为了富国强兵，与洋人争利，很大程度上也是出于军事上的考虑。至于与洋人抗衡，在世界上争得一席之地，面对纷至沓来的外来侵略，李鸿章无暇应对，缺少深谋远虑和真正的准备。他所做的这一切都是被动的。虽然如此，李鸿章仍是继林则徐、魏源等先哲之后对世界大势有着较为清醒认识的智者，是近代化事业的推动者、奠基人，他的努力功在当时，利在后世。而且从晚清到近代，中国破除腐旧，开始走向现代化,思想文化方面的蠢蠢欲动或者开放,是以前从未有过的。在保守派的阻挠之下,李鸿章的洋务革新运动很不彻底,更不能从根本上提出动摇政治制度的主张。他的革新愿望最终也没有完全实现。因此,在"戊戌变法"时,作为慈禧太后曾经的眼前红人,即使失宠,维新派不待见他,他也敢于公开声明自己是"康党",支持变法。

自从成为北洋大臣之后,从李鸿章的所作所为来看,其职责很大程度上相当于大清国的外交部长兼国防部长,形象上则更高级一些,类似于除皇帝之外首相级别的二号人物。李鸿章大部分时间在天津办公,外国人进京,大都先去拜访他,以打探虚实,或者争取他的支持。李鸿章虽然不是亲王、军机大臣,但朝廷中枢机构总理衙门基本上会参照其意见和态度,慈禧和光绪也对他甚是倚重。"洋务"的重要内容之一是与洋人打交道,接待外宾、谈判、签约,合作或打仗,尤其是那些不平等条约,打败后被迫签订的屈辱条约,不管是不是他的直接责任,他都"义不容辞"地勇于承担了下来。谁都知道这是遭受国人唾骂甚至遗臭万年的差事,替人擦屁股,其他人都推脱自己不懂洋务,李中堂是专家,让他去办吧。李鸿章在这方面又自大自负,有舍我其谁的责任感,或者说是一种愚忠。"背锅侠"不是随便什么人都有资格做的,没那能力,也背不起来。李鸿章并非愚蠢,他说:"知我罪我,付之千载。"对此他是十分明了的。

甲午战败之后,犯下弥天大罪的李鸿章没有身家性命之虞,因为朝廷尚念其曾经有功,又忌惮其残存的势力,还有外国人的支持——弄不好就扶持他当皇上。身败名裂的李鸿章投闲贤良寺,下放两广总督,他不是真正闲着,而是韬光养晦以图东山再起。直到庚子之乱,义和团进京,八国联军侵华,惹下祸端的慈禧太后收拾不了局面,挟持光绪皇帝仓皇出逃,存亡之秋,大家想起了偏安南隅的李鸿章。于是乎举国上下,各路大员,纷纷请求他出面主持大局。此时他已年届七十八岁,老朽年迈,病骨支离。内战内行,外战也有一套的李鸿章决心充当一把"救火队长",李鸿章抱着重病与列强签订了《辛丑条约》，两个月后与世长辞。为了大清朝，"鞠躬尽瘁，死而后已"，李鸿章是配得上这句话的。

由于时代的局限，李鸿章站在维护清政府统治的立场上发言，始终忠于朝廷，我们也不必苛责。至于骂李二先生是汉奸国贼，笔者也想骂几声，但更多的是哀其不幸，怒其不争，悲叹于国势衰微。东西方列强联合起来，共同对付中国，迫使中国与全世界为"敌"，这是历史上前所未有的国际关系危机。李鸿章所说的"破屋"的"裱糊匠"，是他后半生的写照。他没有生不逢时，一切都是命，这是历史的必然。假如我们处于那样的时代，在那样的位置，是不是能比他做得更好，谁也不敢说。

说李鸿章是官二代不太确切，他的父亲李文安和他先后考中进士，相差不过九年，父亲做官后混得不好，对儿子的升迁帮助不大。但李文安的进士同年曾国藩成就了李鸿章和李瀚章兄弟则是毫无疑问的。时局动荡，兵荒马乱，别说一个人，一个家，一个家族，甚或一个国家，气运都充满了太多变数。如果不是"非常之人"，不具备高超的智慧，从一介平民跻身仕途，沙场征战，一路扶摇，出人头地，位居宰辅，权倾朝野，左右国家命运，何其难也。李氏其他兄弟建功立业，发财致富，泽被后世，依靠的是李鸿章这棵大树。李鸿章的姻亲、后代、部将、幕僚、好友、同道，鸡犬升天，攀龙附骥，受惠发达者多矣。没有李鸿章也就没有如此庞大的一个家族，因此，把李鸿章作为李鸿章家族传的主角，应没什么毛病。

但问题也出在这里。李鸿章非常知道"空谈误国，实干兴邦"的道理，从镇压内乱到抵抗侵略再到倡导洋务，不断受到清议派的攻击，他也以严词和实际行动进行反击。李鸿章有责任，有担当，是一个能臣干吏，但他有一个致命的缺点，就是好面子。好面子的表现不仅仅是事事讲究，喜欢排场，追求光鲜外表，李鸿章的好面子还表现在念旧情，护犊子，对内、对下心太软，纵容包庇。李鸿章非常注重人情关系，年轻时是为了仕途升迁，后来是为了延揽人才，笼络人心，培植势力，并为了工作方便，以施展拳脚，实现洋务革新之愿望。好处是有一帮人为他效命，形成了以其为首的淮军集团、利益集团，所以李鸿章的势力在当时最为庞大。坏处是好大喜功，偏听偏信，不辨是非忠奸，掩盖问题，尤其是在军队中，影响军纪，容易滋生腐败，导致战斗力减弱。当时整个国家机器都烂透了，一触即溃。李鸿章纵然有天大的本事，也改变不了局面，何况他也脱不了干系。好面子的结果必然会被打脸。甲午之役让他赔个底儿掉，颜面扫尽，狠狠地被羞辱，而且遭到日本愤青刺杀，差点要了老命，至死左脸颊骨上还嵌着一颗耻辱的子弹。

追溯历史，总有一个因由，总有一个萌芽，总有一个事件，总有一个关键人物。晚清数十年的那个关键人物就是李鸿章。

李鸿章的乡榜同年俞樾，按照现在的说法，是当时的国学大师，他给李鸿章写的联语最多，有五十、六十、七十岁整寿的寿联，还有三副挽联，以及多副专祠对联。挽联是对一个人一生的评价，多夸大吹嘘，比如俞樾说李鸿章"臣系天下重轻"。但挽联中有半句还是比较客观中肯的。他写道："甫四十即封疆，未五旬即宰辅，经文纬武，盖代勋名，历数寰中荡寇，域外和戎，力任其难，相业巍巍千古少。"寥寥数语，概括了李鸿章的一生，并给予高度评价。"力任其难"，大起大落，毁誉交加，而能忍辱负重，承受来自内外舆论的巨大压力，也只有李鸿章。

这也是一种强大。

有人说，我们绝不做李鸿章。李鸿章只有一个，不会再有第二个。

相似的是命运。

李鸿章的时代已经过去百余年，有时感觉很远，有时感觉很近。

目录
CONTENTS

第一章
李鸿章家世及其家族之崛起
耕读传家，科甲奋起 _002
半人半神的仙鹤少年 _008
志在青云，三千里外欲封侯 _013
曾国藩目中伟器 _017

第二章
太平天国时期的李鸿章家族
文臣成武将，翰林变绿林 _022
让曾国藩又爱又恨的师爷 _033
创建淮军，风云际会 _040
李鸿章大闹上海滩 _049
攻打太平天国第一助攻 _061

第三章
剿平捻乱李氏兄弟位列封疆
  曾国藩指挥不了淮军 _072
  淮军再起,李鸿章戴罪立功 _079
  就任湖广总督 _084
  出将入相,李鸿章时代来临 _089

第四章
洋务运动时期的李鸿章家族
  三千年之大变局 _098
  强军根基,创办军事工厂 _104
  打造北洋舰队 _108
  创办民用企业,与洋人争利 _113
  兴办新式教育,派遣留学生 _120

第五章
爱国者与卖国贼之间的界限
  中了小日本的圈套 _128
  与英国签订《烟台条约》_136
  中法战争,不败而败 _141
  为海外华工维权 _150

第六章
甲午战争时期的李鸿章家族
  防范日本,争夺朝鲜控制权 _156

中国本来能打赢吗 _166
北洋舰队覆灭记 _173
李鸿章脸上没有取出的子弹 _187
洋人只知李鸿章，不知光绪帝 _200

第七章
八国联军侵华前后的李鸿章

列强瓜分中国，变身签约使臣 _212
支持戊戌变法，自认康党 _218
慈禧对外宣战，李鸿章拒不奉诏 _225
最后一次背黑锅 _236

第八章
言说不尽的晚清第一大家族

树大根深，李鸿章家族世系 _250
最强智库，李鸿章幕府 _259
精神后裔，衣钵传人袁世凯 _273
文脉赓续，旷世才女张爱玲 _278

参考文献 _286

李鸿章家世及其家族之崛起

耕读传家，科甲奋起

1. 贵子降生

若给李鸿章写一则个人简介，一般是这样的：

李鸿章，家族派名章铜，字子黻、渐甫，号少荃（或少泉），又号仪斋，晚号仪叟，别号省心。安徽省庐州府合肥县人，人称"李合肥"。道光二十四年（1844年）中举人，道光二十七年中进士，朝考后改翰林院庶吉士，散馆授编修。太平天国运动兴起后，回乡办团练，入曾国藩幕府，后组建淮军，镇压太平军、捻军，主张剿灭义和团；兴办洋务，创建北洋舰队，指挥中日甲午战争，支持戊戌变法，参与重大外交活动；代表清政府签订了《烟台条约》《马关条约》《中俄密约》《辛丑条约》等一系列不平等条约。官至直隶总督，兼北洋通商大臣，武英殿大学士，文华殿大学士；谥文忠，赠太傅，晋封一等侯爵，入贤良祠。他是晚清重臣，与曾国藩、左宗棠、张之洞并称晚清"同治中兴"四大名臣。

不咸不淡，不痛不痒，倒也不偏不倚。如果对李鸿章的一生详加考察，则要复杂得多，精彩得多，不敢说轰轰烈烈，惊天动地，但也算得上是跌宕起伏，波澜壮阔。

第一章
李鸿章家世及其家族之崛起

伟大人物出生的时候总会有一些异象，或者把孬日子说成好时辰，但大多是迷信，后人穿凿附会。

道光三年正月初五（公元1823年2月15日），春节刚过，根据民间的传统习俗，这一天是"接财神"的日子——家家户户供奉财神爷像，吃饺子，燃放鞭炮。为了争利市、图吉利，商户们也多选择在该日开业，庆贺仪式盛大隆重，热闹非凡。大清早，安徽省庐州府合肥县东乡磨店一户姓李的人家里，一位折腾了一晚上的产妇临盆在即，家人为此正忙得不可开交。当日头喷薄欲出的时候，伴随着一声清脆的啼哭，和着大人们释然的欢笑，一个小生命呱呱坠地。这个新生儿就是后来大名鼎鼎的李鸿章，但是在当时谁也料想不到出身平凡的他将来会是一个决定清朝国祚兴衰、影响中国历史进程的大人物。

据说李氏妊娠的时候，有一次在稻田里干活，被乌龟咬了一口，后来就生了李鸿章这个"龟"儿子。龟者，贵也。在中国古代传统文化里，乌龟是"四灵"之一，主长寿，大富大贵。在人们的观念里，乌龟常常被视为宰相一级高官的化身。李鸿章出生的时辰是卯时，即早晨五到七点之间，正是旭日初升之时，也被认为是将来有出息的吉兆。

不过有一点，李鸿章刚诞生的时候嘴里有两颗牙齿，这可把迷信的老人们吓坏了，认为不吉利，是索债败家的丧门星。著名作家莫言有一篇小说叫《祖母的门牙》，故事开头写一个生下来有两颗门牙的人，差点被祖母溺死在尿罐里，因为根据民间传说，生下来有牙的人是复仇者，是前世的仇人投胎转世。但李氏并不在意，恰恰相反，她认为儿子非同凡人，将来必成大器。

清代的合肥是安徽省庐州府的首县，位于长江、淮河之间，亚、温热带交替处，四季分明，气候温润；水资源丰富，在它的南部偏东不远有中国五大淡水湖之一的巢湖。正是这一方丰润的江淮水土孕育了李鸿章。李鸿章出生地往东不到三十公里，是著名廉吏包拯的家乡。包公是合肥人民最值得骄傲的历史文化名人。包青天对李鸿章产生过多大的影响有待研究，但对于强调忠君爱国、追求政治清明的封建朝代来说，其榜样作用或政治符号的重要性是不言而喻的。

2.并不阔气的祖上

别看李鸿章生在安徽合肥，后来人们尊称他为"李合肥"，其实他的祖籍并不在安徽，祖上也不姓李。据李氏族谱记载，李家祖籍为江西湖口，元代先祖有个叫福三的人，姓许，因避战火，迁至安徽潜山，成为合肥、潜山和舒城周边许姓的一世祖。九世祖许光照，字银溪（或迎溪），据说以开糟坊酿酒为业，与本地一个叫李心庄的做豆腐生意的是至交好友，两家有姻亲关系（李是许的小舅子）。李心庄膝下无子，请求过继许光照的次子许慎所延续香火，许慎所改为李慎所，后世子孙遂以李为姓。今天，距离李鸿章出生地不远处有个叫"许漕坊"的村子，就是许氏家园。李鸿章兄弟发迹之后，慎终追远，感念于此，为之捐款扩建了许氏宗祠，又称"报恩祠"。合肥坊间流传着这样的说法："李许本一家，百世不通婚。"当地的李姓和许姓原来是一家子，不允许近亲结婚，指的就是李鸿章这一支源出许姓的事实。

李家祖上并没有人们想象的那么阔绰，而是世代务农，面朝黄土背朝天，以耕种为业，后来才让子弟读书，致力于科举。许姓五世祖许伯造的长兄许伯乾曾在明朝中叶中过进士，做过按察史，但他看破红尘，辞官归隐，有记载说他"学道成仙"了。由于不是直系，李鸿章攀接不上。在四世祖李汉升活着的时候，李氏的家境依然十分贫寒，没有属于自己的土地。到了李鸿章爷爷的爷爷李士俊，才改变了这一现状。他任劳任怨，勤俭持家，终于置下了二顷薄田，摇身一变成了一个小地主，过上了较为殷实的小康生活。李士俊宅心仁厚，平日积德行善，时常周济乡邻，德高望重。小富之后，李家招致了地方豪强和无赖的羡慕嫉妒恨，受到骚扰欺凌，以致多次对簿公堂。曾祖父李椿不畏强暴，能言善辩，据理力争，打赢了官司，始得安顿。李椿（字凤益）及其兄长做过国学生，是明事理的人，他意识到，仅仅有钱是不够的，要想不受欺负，出人头地，必须读书，通过科举考试博取功名，才能光宗耀祖，煊显门庭。

到了祖父李殿华（字庆庵）这一代，他系武庠生出身，是个练武的，参加了两次乡试皆不第，也就心灰意冷偃旗息鼓了。李殿华继承的田产不多，不善经营，很快就穷困潦倒，不得不依靠举债度日。借了钱无力偿还，到了年终的时候，上门索债者踏破门槛。连亲戚也架不住他有借无还，纷纷敬而远之。好在有个叫周菊初的朋友不嫌弃，常常接济他。周还劝他，武科不行，就改学文科，赶紧让孩子们上学读书，说不定将来能混个功名，咸鱼翻身。李殿华听从了好友的劝告，从此悉心教授子孙，盼望着有一天儿孙辈能有出息。此人甚有志气，除了送孩子们去考试，五十年来没有踏入城市一步。李殿华一生布衣，没有功名不说，也没穿过绫罗绸缎，一件袍子能穿三十多年。功夫不负有心人，他终于盼到了这一天。他有四个儿子，分别为文煜、文瑜、文球、文安，皆博学能文。前三子才华有余，但考试不行，李殿华的希望便寄托在李鸿章的父亲李文安身上。李文安天资不高，但勤学苦读，几经挫折，终于中了举人，继而中了进士，如愿以偿做了京官。至此李家"始以科甲奋起，遂为庐郡望族"。但李殿华没能等到李鸿章中进士就驾鹤西游了，更不知道这个孙子将来会成为国家重臣。在去世前能亲眼得见儿子中进士，孙子中举人，不能说做鬼也幸福，也算死而无憾了。

3.祖坟冒了青烟

李家开始发迹，是从李鸿章的父亲李文安开始的。李鸿章紧随其后。

李文安，原名文玕，字式和，号玉泉，别号愚荃。出生的时候朝廷正在忙着镇压声势浩大的白莲教起义。李殿华对他的教育非常上心，经常亲自督导。李文安兄弟每天早上起来问安，晚上读完书睡觉前，听李殿华为他们讲一些史书故事，加以训导或激励。李文安和兄长们一起学习的时候，每当写完一篇文章，李殿华必然先批阅他的，指出其瑕疵，督促其改正。李文安八岁时跟着一个叫李龙桥的先生学习。李先生家里事儿多，教书属于"三天打鱼，两天晒网"，加上李文安幼小，经常生病，到了十三岁只能磕磕绊绊地读读"四书"和毛诗，背都背不过。做父亲的忧心如焚，干脆让他回家由兄长李文煜教读，顺便节省了不少学费。李文煜，字晴岚，庠生，《庐州府志》记载：文煜"端方孝友，学有本源。家贫授徒，因材教育，成就者甚多。性尤恳挚，乡里急难，靡不竭力赒恤"。李文煜富有文才，著有《晴岚文集》二十余卷。从正月初三开学，到年底除夕，李文煜一年到头，孜孜不倦，把平生所学传授给这位小兄弟。除了向大哥学习，李文安还跟着童培山、杨景仁、汪子庄等人学习应试的知识和技巧，这是他的哥哥们所欠缺的。因为学习用功，他被人们视为"仕途中人"，寄予厚望。

二十来岁的时候，李文安一面刻苦攻读，一面开馆授徒，教育子侄和乡邻子弟，收些束脩，以维持生计。后来，李文安考中秀才。他不想像兄长李文煜一样止步于秀才，想更上一层楼，于是多次赴南京参加江南乡试，却名落孙山。功名未立，深感愧疚，这对李文安的打击非常大，失意落魄的他为此经常借酒浇愁，赋诗自嘲。但他没有长期自暴自弃，几经挫折之后，终于在道光十四年考中第九十六名，成了举人。四年之后，会试中进士，朝考授官刑部主事，又任督捕司郎中，以记名御史候补。

在任上，李文安兢兢业业，恪尽职守，秉公执法，刚正不阿。为了公正办案，不制造一件冤狱，他总是仔细研究案情，绝不徇私枉法，因而有包青天再世的美誉。但是这样耿直倔强的性格往往不为同行所容，得不到上司的欣赏。李文安在提牢厅的时候，主要负责稽查刑部监狱的罪犯，领取和发放衣物、饭食、医药等。不管是夏天发凉席，还是冬天施粥，他都要亲自到现场监督。按照惯例,每个囚犯每顿饭只给舀一勺,李文安分管的时候,每勺饭一定要盛满,生熟程度怎么样也要亲自尝一尝。他还自掏腰包买米煮粥,作为囚犯们的晚饭。发生瘟疫的时候,他就向上天诚切祈祷,预先采制药材用来救急。夏天,捐发蒲扇;秋天,各个衙门购置棉衣,李文安在每个号房加添十二件棉被,给囚犯发汗养病之用。在他主事期间,监狱里没有瘐毙的犯人。李文安爱好写诗,把这些事以诗歌形式记下来,辑为《贯垣纪事诗》一卷,刑部准予印行,推广这些做法。

　　李文安的一些好人好事是李鸿章在追念父亲的时候记下来的,大可质疑。官职小,俸禄低,"长安居,大不易",等把家眷接到京城居住,等着张嘴吃饭的人口增多,薪桂米珠,物价太高,靠李文安的薪俸难以长久维持。而李文安又不愿像有些官员那样蝇营狗苟,获取不义之财,于是不得不向他人告贷。他还是个孝子,曾想把李殿华接到京城奉养,但被父亲拒绝了。李殿华说,你要是果真开明治公,尽心尽职,做忠臣就是孝子,我让人画了一幅画像,现在寄给你,想我了就看看,就像侍奉在左右了。其实,李文安是一个天性喜欢读书的传统文人,不擅长或者也不屑于经营俗物,只想通过读书进取,实现自己的人生价值。后来他也力所能及为乡里做了一些公益事业,比如在庐州建设供考生休息的"试馆",兴建公墓"义地"等,都是些不大不小的善事。

半人半神的仙鹤少年

1. 了不起的李太夫人

十八岁那年，李文安娶合肥名士李洪谟（字腾霄）之女李氏为妇。因为李家本姓许，所以跟当地李姓可以通婚。李氏比李文安大一岁，在民间有"女大一，抱金鸡"的说法，据说女方比男方年龄大都有好运，将来有福气。他们婚后育有六男两女。六个儿子分别为瀚章、鸿章、鹤章、蕴章、凤章、昭庆，他们的生平事迹将在本书后面进行详细介绍。两个女儿玉英、玉娥，分别婚配同邑张绍棠、费日启。玉英贤淑、大度，有丈夫之气，因为夫家家境富裕，经常接济娘家弟兄。后来张绍棠曾与李鸿章并肩作战，对抗太平军，积功升都督。玉娥小时候喜欢读《纲鉴》，博览群书，还会吟诗作文，著有《养性斋全集》。费日启曾助李鸿章治理军务，保举为江苏候补知府。

李文安中进士的时候已经三十七岁，在同年当中算是年龄比较大的了。他早早完成了传宗接代的任务，孩子们看起来大有希望，接下来似乎只要安心做官，不出意外，也能飞黄腾达了。

李氏家族的兴旺发达，离不开李文安的夫人李氏这个贤内助，她是这

第一章
李鸿章家世及其家族之崛起

个家族的大功臣。出身于书香门第的她没有大小姐的架子，知书达礼，"秉性淑慎，教子义方"，是一个标准的封建时代的贤妻良母。她身体很好，不仅为李家生了八个孩子，而且勤劳节俭，精明能干，做家务和农活也是一把好手。只是长得不是很好看，脸上有麻子，没有缠足，有一双惹人注目的大脚，以致人们将她经常干活的那块地戏称为"麻大田"。李家能够熬过那段难熬的苦日子，还得多亏这双大脚！

据传，李鸿章做直隶总督的时候，接母亲来天津居住，当地大小官员纷纷设宴迎请，以示攀接。每次出门上轿，李氏总嫌轿子狭窄憋闷，总把脚伸出去，惹得人们驻足观看，议论纷纷。李鸿章觉得有失体面，劝母亲收敛一点。李氏就不爱听了，训斥道："俗话说：'儿不嫌母丑。'当年你父亲都不嫌弃我，你还嫌弃！要是没有我这双大脚，谁供你们读书，你们还做哪门子官？"李鸿章听了连忙跪倒在地，向母亲磕头赔罪。

李氏慷慨大义，尽管自家生活也不十分富足，不得不"尺布寸缕，拮据经营"，但是如果碰到别人有急难之处，则慷慨相助。李氏任劳任怨，相夫教子也极有一套。早年因为考场不得意，李文安养成了好酒贪杯的坏习惯，还把郁闷的心情写成诗，比如："年来落魄多贪酒，老去猖狂半在诗。到底不除文字累，雕虫时作壮夫为。"他最大的本事就是吟诗作赋，人活干不了。因为家口众多，迫于生计，他经常发一些近乎牢骚的感叹，比如："难得多累怨丁添，烦碎高堂问米盐。"子女多，家庭负担重，李文安愁肠百结。当他大发感慨的时候，李氏就晓之以理，动之以情，进行劝慰。她说："吾教诸子发愤读书，皆巍巍有立，岂忧贫哉？"别看李太夫人是女儿辈，却有丈夫气，志向高远，这让身为男子汉的李文安汗颜不已，也让试图看她笑话的一些乡里人无言以对。太平军作乱，李鸿章兄弟转入军伍，临行前哭着向母亲拜别，李氏正颜厉色进行训话，要他们好好行军打仗，以身报国，不要作儿女态。后来李鸿章兄弟的官做得越来越大，越来越有钱，李氏从不喜形于色，而是常常告诫他们不要得意忘形，要持满戒盈，做人谦虚谨慎。

如果发现孩子们有过错，就加以责问。虽有享不尽的荣华富贵，李氏勤俭节约的本色仍不改变。进门第一件事就是让媳妇们报上柴米油盐针头线脑的日常花销账目，如果发现其中有不合理的额外支出，就要沉下脸来训诫一番。有这样识大体顾大局又勤俭成习的母亲，李氏家风是非常好的。

李文安和夫人李氏的脾性心胸差异如此之大，一定程度上决定了他们的福分不同。李文安在地方办团练与太平军打仗的时候，一方面因为劳累过度，另一方面由于"翰林变绿林"，有违己志，郁结于心，结果早卒，只活了五十四岁，而李氏活了八十二岁。虽然年轻的时候日子过得清苦，不得不节俭经营，吃苦操劳，但因为李鸿章、李瀚章兄弟出人头地，后半生却苦尽甘来。当时流传着这样一句话："总督换防，李太太不换房。"是说时任湖广总督的李鸿章调任直隶总督，新任的湖广总督是李瀚章，正随同李鸿章居住的李氏不用挪窝，下一任还是自己的儿子。

慈禧太后做"四旬万寿"生日时，要"普天同庆"，下令朝廷内外大臣中亲眷年龄在八十岁以上者上报奖励，当时李氏只有七十五岁，还不到八十岁，但是因为李鸿章、李瀚章兄弟的缘故，慈禧开恩破格赏赐。名字排在其他各大臣亲眷之首，并御书匾额"松筠益寿"以赠。这是莫大的荣耀。

光绪八年（1882年）二月三十日，因为李太夫人病重，李鸿章上奏请求赏假到哥哥李瀚章的湖广总督衙门探视母亲，诏准给假一个月，还赐给一个八两重的人参给李氏调养身体。可惜李氏不能享用了，于当年三月初二去世。得知李氏的死讯，光绪帝下旨，因李氏端庄贤惠，培养出了李鸿章和李瀚章这样为国效忠的好儿子，应该给予特别奖赏。当李母的灵柩运回家乡时，光绪帝让沿途地方官妥为照料，并"赐祭一坛，以昭恩眷"。于是乎，从武汉到合肥，水陆到巢湖，沿途官员纷纷奉旨望江跪拜，不敢怠慢。如此礼遇，当朝官员罕有其匹。

母亲去世后，李鸿章上奏回籍丁忧。朝廷以李鸿章时在直隶总督任上，责任重大，着以大学士署理直隶总督，穿孝百日，即行回任。李瀚章则照例

第一章
李鸿章家世及其家族之崛起

开缺,改以湖南巡抚涂宗瀛任总督。李鸿章害怕清议,两次上奏恳请终制,朝廷准其开缺,但仍以北洋通商大臣在津办事。四月十四日李鸿章乘轮船离津奔丧,四月二十六日迎扶母柩至合肥,停灵于葛洲家庙。

李鸿章同年、大学者俞樾送挽联:

贤母之名,定自朝廷,降明诏褒扬,荣在重重芝诰外;
诸侯之孝,异乎士庶,赞庙谟挞伐,谋成五五岜庐中。

李鸿章的老对头、帝师翁同龢送来挽联:

八十三年,极人世富贵尊荣,不改俭勤行素志;
大重一德,为贤母咨嗟震悼,要全忠孝济时艰。

2. 仙鹤少年

成年后的李文安身材高大,体态肥腴,有男子气概的大脚李氏估计也不会太矮,子孙辈遗传了基因,大都个子很高。李鸿章的爷爷李殿华还是个练家子。因此,李氏家族的人文武双全,读书行,带兵打仗也不含糊。在那个动乱的社会,科举逐渐走向没落,因为国家需要,征战有功是获得快速晋升的重要渠道。

李鸿章在兄弟姊妹中排行第二,被称为"李二先生"。他没有沾染父亲酗酒的恶习,也没有书生的酸腐气息,性情上兼父母之优点。不像大哥李瀚章如李太夫人一样也是一脸麻子,李鸿章可是玉树临风,一表人才。从各个时期的照片来看,李鸿章绝对称得上是"高富帅"的典型。自称"仙鹤少年"的李鸿章相貌周正,长脸,骨骼清奇,有棱有角,一双丹凤眼透着犀利,眉宇之间,英气逼人;中年之后留须,显得精明能干;老了也是个漂亮的老头,尽管胡子全白了,但神采奕奕,不怒而威,锐气不减当年。据估计,李鸿章成人后身高有一米八多,偏瘦,他自称"长身鹤立"。在当时的中国是高大魁梧之人,可谓"羊群里跑出骆驼",即使是放到国际上,也不让洋人。加之其中国式的盛服打扮,使得他的形象常常似鹤立鸡群。跟洋人打交道,至少在形象上不减分。洋人看到的李鸿章的形象,则是慈祥和蔼中透着威严,望之容易产生"半人半神"的幻觉。

志在青云，三千里外欲封侯

1. 此鱼断不可留

李鸿章小时候和很多孩子一样，也喜欢爬树，掏鸟窝，下河摸鱼，调皮捣蛋。

在村子不远处有一片池塘，岸上生长着柳树，又称柳荫塘。刚开始的时候他还不会游泳，有一次爬树，不小心从树上跌落下来，掉进了水里。等大人来施救的时候，已经过去了一段时间，但他竟然没有沉到水下去。原来，他听说人在水里如果越折腾就会沉得越快，所以他干脆就静静地仰面躺在水上，等待救援。由此可见，他自小就拥有非凡的应急能力。后来每当遇到危急时刻，他也总能表现得沉静笃定，应付裕如。

在李鸿章出生地祠堂郢西边五里路有一片湖，叫蟒蛇沟，20世纪70年代扩充为老郭冲水库，因为出了李鸿章这样的名人，该湖依其字改名为少荃湖。

村里还有一口老井，叫熊砖井，据说在明代这里出过一个姓熊的大官，挖了这口井。李家的人喝这口井里的水，交了好运，到了李鸿章父子这几代，就出了一门三进士。

李鸿章自小聪明过人。有一次，当地有名的私塾先生周菊初，曾接济和激励过李殿华，要下池塘洗澡，把衣服脱下来挂在树杈上，随口吟道："千年古树为衣架。"正在这里玩耍的李鸿章听到了，随口答道："万里长江作浴池。"周菊初一听了得，出口不凡，就打听是谁家孩子。一问才知道是好友李殿华的孙子。此时李文安也在做私塾先生，周菊初便找他过来，大加夸赞，要他教这个小孩读书。孩子那么多，接受教育也要有个先后。李文安就找老大李瀚章和老二李鸿章来，打算当面考考他们。两人走进书房的时候，李文安正在翻阅账本，随口说了一句："年用数百金，支付不易。"李鸿章看了看窗外的花草树木，脱口而出："花开千万朵，色彩无穷。"李文安一听，心中暗喜，又道："风吹马尾千条线。"李瀚章不甘落后，勉强对道："雨洒羊皮一片腥。"李文安心想这是什么对子，硬对，欠雅。李鸿章不慌不忙地说："日照龙鳞万点金。"李文安拍案叫绝，大喜过望，决定先发蒙李鸿章。

李文安是从道光二年（1822年）开始坐馆生涯的，道光八年在家乡开设私塾，教授子侄。这一年李鸿章六岁。私塾所在的地方叫棣华书屋，也叫棣萼书屋，比较简陋，但环境不错。门前有半亩方塘，水光照屋，几棵杨柳周围栽种着菊花。早年李文安曾和兄长们在这里读过书，谈经论艺。李鸿章便在这里开始启蒙读书。道光十二、道光十三、道光十四年，李文安在费氏的墨庄坐馆。李文安教书，"凡授徒必恪遵忠告之训，终年尽心，不遗余力"，李鸿章跟着他学习，也很用功。道光十五、十六年，李文安赴京参加会试，无暇授徒，李鸿章就拜堂伯父李仿仙为师。道光十七年李文安馆于太岳山房，道光十八年中进士。李鸿章还曾跟随徐明经学习。这几位老师都是宋学派，讲究义理之学。

小时候的李鸿章也贪玩，喜欢养鸟、斗蛐蛐，时而迟到或旷课。有一次被李文安抓了现行，父亲将其拎到自家田地里，让他跪在那儿，然后问他："知不知道我们家的田地附近为什么有这么多坟头？"李鸿章摇头。李文安语重心长地告诉他:"是因为咱家没钱没势,买不起好地,只能买一些没人愿意要的贫瘠之地。"李鸿章听了似有所动。母亲李氏又跟他说,你爷爷一生最大的愿望就是家里有人能够读书做官,你父亲勤奋苦读,就是希望通过读书改变命运,你不好好读书将来怎能有出头之日?

自此之后,李鸿章就老老实实读书了。

李鸿章年幼时就很要强,颇有志气。当年李家的院子里养着一缸金鱼,一天,李文安与朋友闲聊时说到,今年的金鱼产卵很多,这是吉兆,家里的孩子和馆中学生进学考取秀才的必然也会不少。然后他扳着指头数说,谁可以进学,谁可以考上秀才,谁将来有出息,就是没有提到李鸿章。第二天,家里人起来一看,缸里的鱼全都死了。经过盘查,才知道是老二李鸿章干的。李文安责问他为什么要把鱼弄死。李鸿章回答说:"这么多人可以进学,唯独我不能进,此鱼断不可留。"

2.少年心事当拿云

1840年,李鸿章考中秀才。安徽学政李菡十分赏识他,岁试的时候拔取他为第一名。两年后的李鸿章已经是二十岁的小伙子了,踌躇满志,曾作《二十自述》诗,以抒发自己的志向。其一中有句:"蹉跎往事付东流,弹指光阴二十秋。""久愧蓬莱仙岛客,簪花多在少年头。"其二中有句:"因循最误平生事,枉自辛勤读五车。"其三中有:"丈夫事业正当时,一误流光悔后迟。壮志不消三尺剑,奇才欲试万言诗。"其四中有:"人生惟有青春好,世事须防白首催。""万里请缨终子少,千秋献策贾生推。"表现出了不甘老死牖下,追求功名、有所作为的雄心壮志。

1843年,得李菡之力,李鸿章以郡廪生举优贡,保送国子监。李文安写信催促他进京,准备明年的考试。此间,李鸿章写下了著名的《入都》诗十

首,以记录自己的感想,抒发自己的抱负。其一云:

> 丈夫只手把吴钩,意气高于百尺楼。
> 一万年来谁著史,三千里外欲封侯。
> 定将捷足随途骥,那有闲情逐水鸥。
> 笑指芦沟桥畔月,几人从此到瀛洲?

其中有不少名句,抒发抱负,颇有气势,比如"丈夫只手把吴钩,意气高于百尺楼。一万年来谁著史,三千里外欲封侯。"在当时就被广为传颂。

曾国藩目中伟器

1.曾氏门下

正如李鸿章在诗中所写:"遍交海内知名士,去访京师有道人。"怀揣青云之志的李鸿章要到京城这藏龙卧虎、人才荟萃之地,结交名士高人,以学习提高,游扬自己,实现他的理想抱负。到了北京之后,李鸿章先住到安徽会馆,后来移居到狮子胡同马文虎家,不久以"年家子"身份拜谒了曾国藩。

曾国藩初名子城,字伯涵,号涤生,湖南湘乡人,人称"曾湘乡"。道光十八年(1838年)中进士,入翰林院,累迁内阁学士,礼部侍郎,署兵、工、刑、吏部侍郎。太平天国运动兴起时,奉命在家乡组织团练,建立湘军,与之对抗,终获成功。官至两江总督、直隶总督、武英殿大学士,封一等毅勇侯,死后谥文正。与李鸿章、左宗棠、张之洞并称"晚清中兴四大名臣"。

李鸿章的发达,以及李氏家族的崛起壮大离不开曾国藩。尤其是李鸿章和兄长李瀚章,都曾在曾国藩手下做事,不断获得荐举,步步高升,荣升督抚这样的封疆大吏。

进士考试产生三种主要的关系：一是君臣关系，考中的都是天子门生；二是考生与主考官之间的关系，发榜后新科进士要去拜见，形成座师、门生的师生关系，座师往往是官职非常高的大臣，对门生的未来仕途发展有利；三是同时参加科举考试考中的考友，为同年关系，将来在仕途上往往互相关照。年家子就是同年家的孩子。道光十八年，李文安和曾国藩参加会试，中进士，李任刑部主事，曾进入翰林院。

李文安是喜欢交朋友的人，因着与曾国藩的同年关系，就让李鸿章向曾国藩学习。道光二十四年，在父亲的安排下，李鸿章进京参加了顺天乡试，中恩科第八十四名举人。乡试同年中较为著名的有俞樾、李鹤年、李鸿藻、孙衣言等。李鸿章英俊潇洒，文章写得好，学问也不错，能倒背《春秋》，深得曾国藩的赏识。准备第二年的恩科会试期间，曾国藩推荐他到翰林何仲高家教授子弟。尽管这次会试的同考官是曾国藩，他十分欣赏李鸿章的诗文，但是第一次进士考试李鸿章还是无情地落榜了。李鸿章曾回忆说："初次会试，男以诗文受知于曾夫子，因师事之，而朝夕过从，求义理经世之学。"从自己的父亲李文安，到李仿仙、徐明经，再到曾国藩，李鸿章受到的教育是经世致用之学。

也就是在这段时间，曾国藩看出李鸿章将来能成大器。他对李瀚章说："令弟少荃，自乙、丙之际（1845、1846年），仆即知其才可大用。"

道光二十六年，祖父李殿华去世，父亲李文安回家守制，后入浙江学政赵光幕府做事。同年，李鸿章回老家，奉媒妁之言与同县周氏成婚。在经过山东的旅途中，一路跋涉劳顿，回想这几年的科举考试经历，一时未酬，不禁感慨万千。他写了一首诗，题为《山东旅舍题壁》，其中有"愧我年华同邓禹，飘零书剑未封侯"句。邓禹是东汉末年辅佐刘秀称帝的军事家，二十四岁的时候就建功封侯了，而李鸿章还在为参加会试而埋头苦读，前途未卜。他也有驰骋边关建功立业的愿望，只是还没有这个资格。道光二十七年，李鸿章再次参加会试，自我感觉比上一次要好，揭榜后果然中进士，为二甲第十三名。正考官为潘世恩，副考官为杜受田、朱凤标、福济，同考官为孙锵鸣。同榜或同年，著名的有张之万（状元）、沈桂芬、李宗羲、帅远燡、沈葆桢、马新贻、陈鼐、郭嵩焘等。其中，李鸿章、郭嵩焘、帅远燡、陈鼐被曾国藩目为"伟器"，文章写得最好。这几个人又被称为"丁未四君子"，李鸿章居首。由此来看，曾国藩确实有识人之能。

2. 作弊也能中进士

在会试过程中，还有一段插曲。李鸿章突生急病，不能自理，差点要了卿卿性命，导致考试无法进行。好在"同号舍"有个叫杨延俊的考友，心地慈善，主动为他调制药饵，悉心照料，还代他完成了考卷。这就有作弊嫌疑了。但具体是李鸿章口授，杨延俊执笔，还是怎么，不得而知。奇的是，考试结束后，两个人竟然全部考中进士，杨延俊中第六名。后来因为朝考误题，杨延俊没有进入翰林院深造，被分往山东任知县，沉沦下僚，抑郁而终。清代会试，分三场，每场三天，考生吃住都要在考房内。每间考房有100厘米宽、133厘米深，一平方米多。像李鸿章那么大的个子，显然过于局促。而且，为了防止夹带作弊，考生只能穿单层的衣服，冷热难料。李鸿章就这样昏昏沉沉病倒了，到考试结束还没痊愈。

出了考场，好在他还记得杨延俊的名字和籍贯。父亲李文安知道后，四处查访，找到杨延俊，表达感激之意。道光二十九年，李鸿章南下，在济南拜访恩公杨延俊。当时杨情绪低落，灰心失意，打算辞去县令之职，改去教书，被李劝阻。杨延俊去世后，为报答恩德，李鸿章将他的三个儿子杨宗濂、杨宗瀚、杨以回三兄弟带进幕府，随军征伐太平军和捻军，以战功升任道员，赏戴花翎。杨宗濂官至山西按察使、山西布政使，杨宗瀚曾任上海机器织布局总办。后来杨氏兄弟受到弹劾，李鸿章百般回护，为之周旋开脱。

得知李鸿章考中进士的喜讯，李文安兴奋不已，赋诗一首。第二年，李文安丁忧期满，回京履职，与李鸿章同在京城为官。

李鸿章进入翰林院，任庶吉士，散馆授编修。他要辞掉何仲高家的塾师工作，何盛情挽留，李不好推辞，就暂且寄居在其府中；不久李鸿章又从编修累充武英殿撰修、国史馆协修。因为接触到了宫内的珍贵藏书，又有余闲，李鸿章就利用职务之便，潜心经史，写成《通鉴》一书。另外，还为曾国藩编的《经史百家杂钞》一书做校正工作。在会试之前，李鸿章对《诗经》下过苦功，仔细研读，在他的有关函稿中能够看出毛诗的痕迹。他还喜欢韩愈和苏轼的文赋，文笔习得很好。他在曾国藩幕府中时，文案工作就做得非常出色，成为曾国藩的得力助手。等到他自己成为幕主，则表示不喜欢请人帮忙，重要的案牍都是亲自起草。任直隶总督时他喜欢看《管子》，甲午战败赋闲，则喜欢看《庄子》。

道光二十九年，大哥李瀚章也开始出头，保送拔贡，朝考一等，分发湖南地方任知县。李瀚章出于曾国藩门下，与曾国藩的关系更为密切。后来，李瀚章跟随曾国藩编练湘军，与太平军作战，为其主持后路粮台，也为李鸿章入幕、创建淮军提供了机缘。

太平天国时期的李鸿章家族

文臣成武将,翰林变绿林

1.京官生涯

道光三十年(1850年),二十八岁的李鸿章由庶常馆散馆,授翰林院编修,次年充任武英殿撰修、国史馆协修。李鸿章在翰林院过了几年惬意的日子,接下来如果不出什么差错,循规蹈矩,小心翼翼,就可以获得升迁,官运亨通。通过下面几件小事,能够窥见李氏父子做京官时的状态。

咸丰元年(1851年)是李文安的天命之年,他特意请画工画了一幅肖像画做纪念。打量着自己的画像,他不禁感叹岁月流逝,容颜渐老,同时抒发不愿蝇营狗苟,保持清高廉洁,独善其身,甚至与世无争的情怀。

这一年,李瀚章署湖南永定县知县。

咸丰二年五月,翰林院、詹事府大考,李鸿章名列二等,成绩很一般,获赏文绮,也就是一些绫罗绸缎。虽然没有遭到罚俸、降调等处分,但也没有获得提拔。而他的进士同年沈桂芬等人却名列一等,擢升为侍讲学士,有机会跟皇上近距离接触。

同年十一月初二,李文安召集在京的皖籍老乡在"双槐书屋"欢聚一堂,赋诗联句。女婿费日启与二子李鸿章、六子李昭庆参加了聚会。

从表面上看，这些京官在天子脚下庸庸碌碌混日子，过得逍遥自在，其实内心忐忑不安，谁都知道此时天下并不太平。李文安及李瀚章、李鸿章父子的好日子马上就要到头了。

2.虎兕出于柙

1850年，道光帝薨逝，奕詝即位，是为咸丰帝。新皇帝的年号还未来得及颁用，就发生了一件惊天动地的大事——道光三十年，洪秀全、杨秀清、韦昌辉和石达开等人揭竿而起，在广西金田村起义。洪秀全自称天王，建号太平天国，正式向清王朝宣战。几乎与此同时，长江以北的捻军起事作乱，四处蔓延。南北两股革命力量将走向衰败的清王朝拖进了内战的深渊，加速了它的灭亡。

太平军兴起之后，从南到北，攻城略地，势如破竹，直指京师，引起了清政府的极大恐慌。

太平军的总体作战计划是：一打桂林，二打金陵，三打北京，最后彻底消灭"清妖"，一统天下。

咸丰元年八月，太平军占据永安。在永安，太平军得以整顿，补充军需给养，建立各项制度。杨秀清被封为东王，萧朝贵为西王，冯云山为南王，韦昌辉为北王，石达开为翼王。废除清朝纪年，修改历法，实行天历，以金田起义之年为元年。永安建制之后，太平军气势昌炽，发布了《奉天讨胡檄布四方谕》《奉天诛妖救世安民谕》《救一切天生天养中国人民谕》三道檄文，将太平军之理想传檄天下。

随着清军大股涌来，太平军放弃永安，大破向荣、乌兰泰部，北进杀向桂林。经过全州时太平军遭受重创，冯云山中炮不治身亡。在蓑衣渡这个地方，又遭到江忠源所率兵勇伏击，元气大伤。但清军不敢恋战，一味退守，使得太平军不费一兵一卒占领了道州。之后若猛虎出柙，如入无人之境，连续攻克嘉禾、桂阳、郴州、永兴，直捣湖南省府长沙。影响所及，沿途各地的会匪、土匪及民众纷纷来投，太平军人数猛增到了十万以上。

由于长期积弊深重，前方将帅不合，军队作战不力，领导指挥无能，面对势头正劲的太平军，清军几乎不堪一击。在"遏必隆刀"护佑之下的钦差大臣大学士赛尚阿因剿匪无功，也被革职拿问。

七月，太平军猛攻长沙，九月底，清军各路援军向长沙集中，实力达五六万人，由新任巡抚张亮基坐镇指挥。两个月前，胡林翼推荐左宗棠进入张亮基幕府，为之规划长沙战守。

十月中下旬，见攻城无望，太平军悄然引去，由益阳经水路进军湖北，不费一兵一矢占领岳州。在岳州，太平军犹如天助，意外获得二百年前吴三桂留下来的一大批大炮火药军械。之后，太平军先后攻克武汉三镇。在武昌，太平军再次急剧扩军，增至五十万人。

咸丰三年正月初三，太平军将大肆收集的军火、金银和粮米等物资装船，加上兵勇，合有万艘，浩浩荡荡，沿江东下，向金陵进发，太平天国将建都于此。

3.回乡帮办团练

太平军北上以来，胜多败少，以摧枯拉朽之势，席卷东南，震动全国。咸丰帝被迫下"罪己诏"，以收人心，号召臣民，力图挽救危局。为了遏止太平军，清廷谕令各省在籍官员组织地方士绅办团练用以自卫。

团练早已有之，它是一种地方性质的军事武装，由实力较大的乡绅征集壮丁，编成营团，加以训练，用于抵御匪患、保卫乡土，类似于民兵组织。清朝后期，政府豢养的正规军八旗军、绿营军越来越腐朽，不堪重用，既不能抵御外侮，又不能镇压内乱。而团练的好处有很多：一是民力可用，为了维护地方治安，保卫桑梓，大都比较积极主动；二是组织灵活，富有战斗力；三是大大节省了国家的军力和财力。

咸丰二年十一月，在家丁母忧的曾国藩接到帮办湖南团练的上谕，便将湘乡罗泽南、王鑫等编练的乡勇罗致麾下，此为湘军之滥觞。

咸丰三年正月，太平军东下，朝廷诏命工部侍郎吕贤基回原籍，会同蒋文庆、周天爵办理团练防剿太平军。吕贤基便奏请时任翰林院编修李鸿章、刑部员外郎孙家泰、候补主事朱麟祺、通判徐启山、给事中袁甲三、知府赵畇等随其帮办军务。

吕贤基是安徽人，安徽告急，让他回籍保卫家乡在情理之中，他义不容辞。吕贤基带上李鸿章、孙家泰、赵畇等人，因为他们大多是安徽人，熟悉乡情，好处事。

另一种说法则是：李鸿章做翰林编修的时候，经常为吕贤基起草文案，等到太平军顺流而下，攻陷安庆，李鸿章感念桑梓之祸，怂恿吕贤基上奏，回乡效力，还替他写好了奏章。奏章呈上，没想到皇上立刻就同意了。吕贤基有些后悔，自知此去凶多吉少，甚至可能有去无回，干脆拉上这个出馊主意的家伙，多个垫背的。李鸿章去找吕贤基，到了吕家门口听到里面一片哭声，好像死了人一样。看到李鸿章，吕贤基气不打一处来，跳起来说："君祸我，上命我往，我亦祸君，奏调偕行。"意思是说，是你害了我啊，我不过是随口说说，没想到皇上真让我去，我不能轻易放过你，要去就同去。向皇上辞行的时候，君臣相对而泣，不胜悲凄。

4.随周天爵剿捻

咸丰三年正月十七日，太平军攻占安徽当时的省城安庆，巡抚蒋文庆率军不敌，吞金自杀不死，遇害。廷旨由周天爵署理安徽巡抚。李鸿章回到庐州，入署抚周天爵幕府，随其在颍州、定远一带堵防皖北的捻军。周天爵原来的打算是招抚利用捻军，对抗太平军。周天爵喜欢打仗，向朝廷奏称军机、吏治难以兼顾，上面便任命李嘉端为巡抚，周天爵以兵部侍郎衔办理防剿事宜，并命吕贤基会同周天爵、李嘉端练勇。

值得注意的是，此时周天爵延请被革职的魏源入幕，充任首席幕僚，参与筹划军务。魏源被誉为近代中国睁眼看世界的第一人，提出了学习西方先进技术以抵御外侮的主张，即"师夷长技以制夷"。当时李鸿章跟魏源是否有交流不太清楚，但两个人起码是认识，后来李鸿章的洋务实践源自魏源的思想倡导，也不是偶然的。

三月初九，周天爵率部败捻匪于嘉州、定远之间，擒得首领陆遐龄。李鸿章和李鹤章参与了战斗，主要任务是搜捕余党。事后，李鹤章被保奏六品衔。

5.随李嘉端剿匪

咸丰三年四月，新任巡抚李嘉端来到安徽临时省府庐州。因李鸿章是本地人，李嘉端便将其从周天爵处调来协办团练。

早先，太平军已兵分两路，李开芳、林凤祥、吉文元等率部北伐，以石达开、胡以晄、赖汉英等率部西征。两路大军均取道安徽，以席卷之势连克滁州、六合、临淮、凤阳、怀远、蒙城、亳州等府县，随即北进中原，全国大震。

五月，李鸿章率领兵勇千人在和州裕溪口防御，驻扎运漕镇。七月，太平军乘船沿黄雒河上行，意欲劫掠粮食，被李鸿章及闻讯赶来增援的黄元吉、李鹤章等部众合力击退。这是李鸿章第一次与太平军作战，打了胜仗，

第二章
太平天国时期的李鸿章家族

奉旨赏加六品顶戴与蓝翎。这个地方是运漕、东关入巢湖的要口，庐州的门户，李鸿章带兵勇驻守四月有余，太平军未敢轻入。八九月份，李鸿章转战于无为、枞皋、巢湖之间，并克复安徽两大要塞之一的东关，由李鹤章辅佐把守。另一处要塞是南边的集贤，由张佩纶的父亲、安徽按察使张印塘镇守。为了互相配合，协助抗敌主力军，两人时有会面。

6.请援江忠源

九月中旬，李嘉端遭到弹劾，以"调度乖方，有负委任"被革职，在蓑衣渡一战成名的江忠源被补授为安徽巡抚。

西征太平军胡以晄、曾天养率领大军向安徽北部进发，攻占桐城、舒城，驻守舒城的吕贤基殉难，李鸿章率部退守合肥。十一月，太平军合围庐州。新任安徽巡抚江忠源率部坚守，形势危急，不得已从河南陈州、江苏徐州、安徽定远等地调兵万余驰赴增援。

十二月初，各路援军相继进抵庐州边境，但都拥兵坐视，迁延不进。李鸿章闻听舒兴阿援兵到达，请其火速进兵。舒兴阿畏惧太平军势大，故意延缓出师，使得太平军无所顾忌，从容攻城。太平军从城外挖掘地道，江忠源就督军从城内对挖，进行破坏。太平军又采用新方法，挖出上下两层地道，埋上地雷，将城墙炸出缺口。十二月十七日，庐州失守，孤立无援的江忠源投水自杀。

李鸿章在外围请援，没有与江忠源并肩作战，因此免于这次灾难。经此一事，让他看透了官军的懦弱无能和官场、军事腐坏。数年后（咸丰九年）他追怀往事，作《感事述怀》诗说："当时愧乏蚍蜉救，投阁何须解客嘲。"并特别备注："江忠烈（指江忠源）守庐城，余随同援军集练协剿。"他为当时请援不力而导致江忠源的死难而感到歉疚。

7.李文安回籍,依附袁甲三

咸丰四年正月初二,咸丰皇帝责成任郎中之职的李文安到临淮关一带,"督带乡勇,实力防剿"。这是安徽歙县老乡户部左侍郎王茂荫奏保的结果,在京无任用的李文安只好奉命回原籍,招募乡勇团练,跟太平军干仗。

未曾想到达临淮的时候,家乡庐州已经失陷,他无计可施。袁甲三,也就是袁世凯的叔祖,奏请朝廷让他留在临淮,召集团练进剿,以帮助打通淮南之路。就这样李文安到了袁甲三麾下,主要负责"于水陆各要隘设立卡房,稽查奸细"。看来同事们也都知道他带兵打仗不大行。不过,他有兄弟,有儿子,"打仗亲兄弟,上阵父子兵",二子李鸿章来了,三子李鹤章也来了,他们统领着召集的数百名乡勇与父亲会合。父子三人都参与了抵抗太平军,保卫家乡的军事行动。

8.投靠福济

咸丰四年正月十九日,新任安徽巡抚福济抵达庐州。福济是道光二十七年丁未科主考官之一(副考官),李鸿章于这一年中第,因而他是李鸿章的座师。在这之前,李鸿章逡巡于各大员麾下,东奔西走,席不暇暖,亟须寻找值得信赖、能够得到重用的靠山。他便投入福济幕府,将自己的部队交给福济节制。副都统忠泰带兵赴巢县,福济奏称李鸿章"明白勇干,熟悉该处情形",令其前往巢县会同相机剿办。

咸丰帝命令福济、和春尽快设法攻克庐州。李文安、李鸿章等由袁甲三处转过来,参与了不少战役:先是七月初八,率乡勇奔赴枞皋,会同官军围攻庐州;又跟随忠泰多次截击太平军,进剿巢县、含山,多打胜仗,毙敌千余。自十一月十八日至十二月初，李鸿章所部配合官军诱击含山的太平军，杀敌甚多。十二月份，李鸿章等督带兵勇连日围攻含山，于十二月十六日克复县城。这次行动没有附庸他人，是为首功一件，被赏加知府衔并换花翎。

咸丰五年初，李文安、李鸿章父子率领兵勇，在巢湖周边，配合各路官军作战，打了不少胜仗。

9.李文安病逝

不幸的是，咸丰四年五月二十三日，李文安在合肥军营中意外去世。据说李文安"体胖，会当夏令，辄痛饮，且露宿于外，无疾而终"。其实，李文安一直多病，大概与他放荡不羁，过度饮酒，不顾惜身体有关。行军打仗不但有违己志，而且冒着生命危险，担惊受怕，吃苦遭罪，身体受不了；不过他虽无力杀敌，但保家卫国之志不泯。临终前，李文安手书训谕给孩子们："贼势猖獗，民不聊生。吾父子世受国恩，此贼不灭，何以家为？汝辈努力以成吾志。"李鸿章兄弟悲痛不已，并发誓继承父亲遗志，与太平军战斗到底。

李鸿章兄弟回家奔丧期间躲过一劫。盘踞在巢县的太平军无数次受到官军攻击，不堪其扰，决定趁其不备，进行反扑。上万太平军攻入清军设在巢湖的营地，除了统帅忠泰一人逃脱，其余全军覆灭。

因战事紧急，本该为父丁忧的李鸿章被夺情，留在军营中守制，考虑到情况特殊，朝廷让他在家乡庐州招募兵勇、筹办捐输。

10.失群的大雁

　　李鸿章不是常胜将军,也有不少兵败的经历,有一次就十分狼狈。七月间,有万余太平军猛扑设在枥皋的清军大营,双方激烈交战。凭河扼守的李鸿章面对强敌,惊慌失措,带兵溃败,以致十数座官军营盘被攻破,死伤无数,只剩下河洲镇总兵吉顺一营。和春闻警,连夜带兵驰援,才为吉顺解围,清军反攻,杀敌三千余。李鸿章临阵脱逃,遭到大家的讥讽和谴责。第二天李鸿章来见和春,为和春点赞:"声威大震,以军门为最",和春对以"畏葸溃逃,当以阁下为先"。李鸿章听后羞愧难当,无地自容。

　　咸丰四年八月二十八日,清军再分两路进攻巢城,李鸿章带团勇大张旗鼓,从西路助攻,杀敌数百。十月,庐州城克复。论功行赏,李鸿章着交军机处记名以道府用。

　　李鸿章在福济、和春手下颇不得志,感觉没跟对人,处处碰壁,内心很是痛苦。

　　此时他的兄长李瀚章正在江西,帮助曾国藩,为湘军总理后路粮台。跟李鸿章一样,其父亲去世,他本应依制丁父忧,但被曾国藩奏请夺情,继续在军中留任。十一月份,义宁州克复,李瀚章也获得升赏,保举知府,赏戴花翎。

　　咸丰六年(1856年)夏天,李鸿章经过明光镇,在旅店的石壁上感怀赋诗。诗云:

　　　　四年牛马走风尘,浩劫茫茫剩此身。
　　　　杯酒藉浇胸磊块,枕戈试放胆轮囷。
　　　　愁弹短铗成何事,力挽狂澜定有人。
　　　　绿鬓渐凋旄节落,关河徒倚独伤神。

第二章
太平天国时期的李鸿章家族

他有抱负却得不到施展,只能任人驱役,戎马倥偬,看不到前景。

九月份,福济指挥官军攻克东关,收复巢城。叙功时,李鸿章赏加按察使衔。

十一月份,安徽北部局势基本安定,李鸿章离开军营,回老家为父亲修立坟茔。哥哥李瀚章这边,湘军粮台裁撤后归并江西,李瀚章也获准回家乡为父亲守制。福济得知李瀚章善于筹办后勤事务,如获至宝,奏留让他办理团防捐务。

李鸿章是一个重情重义的人,对待自己的上级、战友和属下都很够意思,重视交情,一生如此。这年冬天,他随大军赴桐城,寻得与自己一起回籍办团练、战死沙场的进士同年、刑部主事朱麟祺的遗骸,送还家乡六合埋葬。

这一年,太平天国领导集团发生内讧,韦昌辉诛杀杨秀清,屠戮数万人。石达开责备韦昌辉滥杀无辜,遭到嫉恨,家人、部属被杀尽。连夜逃走的石达开从安庆起兵,讨伐韦昌辉。韦昌辉在攻打天王府时被杀,首级被送至石达开营中验收。秦日纲、陈承瑢也被处死。事变后,人心涣散,严重削弱了太平天国的领导和军事力量,是太平军由盛转衰的分水岭。

咸丰七年初,陈玉成、李秀成率大军在安徽北部发动攻势,接连攻克桐城、舒城等城池,大败清军。李鸿章势单力薄,虽奋勇抵抗,但仍被击溃,不得不仓皇北逃。

九月,李鸿章服阕,仍在办理团练事务,等候回京复职。

从咸丰三年到咸丰七年,李鸿章回乡办团练并随军作战,共计五年,为他将来建立淮军,担当大任,打下了基础。不过,由于此间战事频仍,官军屡屡受挫,仕途维艰,李鸿章感到很不如意。由他率领指挥的战斗大都无关紧要,虽有小胜,亦不足为豪。厕身其间,他领教了官场中互相倾轧之风在战场上的表现,以致官军败退,造成一幕幕的悲剧。又因为他是一介儒生从戎,缺少必备的军事知识和实战经验,领兵打仗并不在行,仅凭着年轻气盛,以及精忠报国的决心,屡屡受挫,"赢得"了"好猛进""浪战"的恶名。他没有资本,"未辖一兵,未携一钱",凭借乡谊和小小的官职身份"号召练勇,劝借军饷"。募捐对当地人民来说并非好事,家乡人贴出大字报说他"翰林变绿林",讥讽他巧取豪夺,有辱斯文,甚至还有中饱私囊的行为。

李鸿章回忆这段经历时说:"余亦辗转兵间,无所就,久乃谋引去。"他打算另谋高就了。

让曾国藩又爱又恨的师爷

1. 入曾国藩幕府

咸丰八年六月，因剿贼无功，福济被革职，补授翁同书为安徽巡抚，督办军务。从太平军起事时开始，安徽巡抚已经走马灯般换了六七任。

七月份，太平军在陈玉成、李秀成率领下再度攻陷庐州。李鸿章携家眷仓皇逃窜。在盱眙，与居家守制的吴棠交游，往还唱和。从所作诗中能够看出此时的李鸿章处于潦倒失意的情感状态。在《再叠前韵赠仲仙》中，李鸿章回顾过去的战事，关心当下的军事形势，期望能够毁家纾难，为国效力。其中有句云："眼前成败皆关数，留取丹心质鬼神。"他在最后一句的注释中说："翁帅（指翁同书）新接抚篆，胜帅（指胜保）授钦差大臣，皆庐郡陷后事也。"李鸿章壮志难酬，灰心失意，无可奈何的他有意投奔到新的领导。

五月份，在家为父守制的曾国藩奉命到浙江办理军务，再次戴孝从戎。李鸿章听说自己的同年郭嵩焘、陈鼐等人也将跟随而去，于是决定改换门庭，投靠欣赏自己的老师曾国藩。

他在写给曾国藩的信中说：

……徒有忧时之志，处桑梓兵燹，困心横虑，靡所补救，非其地、非其人，则亦无从学习也。近来徒以笺奏符檄见许于当事，新旧交替，互相汲引，几如案头老吏，日抱官书不令歇手，从戎六年，犹未投笔，吾师闻之当亦莞尔。……此地实不易为，鸿章不能再从事于漠不相知之人。

意思很明白，他再也不想跟着那些不懂得欣赏自己的人干了，他愿追随曾国藩，聆听老师的教诲，请他提携。

曾国藩何尝不明白李鸿章的意思，他欣赏李鸿章的才华，加上李瀚章的推荐，便函约他到建昌的湘军大营会晤。咸丰八年十二月初十，两人见面，连日畅谈。曾国藩的心情本来不好，在三河镇战役中，他的胞弟曾国华跟随李续宾战死，其心中悲痛。李鸿章的到来，让他有了一个得力的助手，因而十分欣喜。两个人所谈内容主要是战事，他对于李鸿章以前在吕贤基、周天爵、李嘉端、福济等麾下的作战经历很感兴趣，经过李鸿章的介绍，对战争形势有了更为周详的了解。李鸿章经验丰富，熟悉军情，对军务也有自己的看法，这是曾国藩看中的。

2.似可统一军

在曾国藩手下，李鸿章的才能很快显露出来。曾国藩对他非常器重，凡有军事筹划，都会征询他的意见。

过了不久，曾国藩打算成立马队，与李鸿章商议，让他到皖北颍州、亳州一带招募习马的兵勇，并由他率领操练。曾国藩和胡林翼经常通信讨论军情，谈到"统将之才"，曾在信中说："李筱泉之弟少荃名鸿章，丁未编修，其才与气，似可统一军。拟令其招淮南之勇，操练马队。"操练马队

第二章
太平天国时期的李鸿章家族

事,对李鸿章来说比较重大,他专程到南昌与李瀚章商量应承与否。商量结果是此事责任重大,没有把握,予以推辞。曾国藩以杨岳斌、彭玉麟训练水师为例,勉励李氏兄弟,不要有畏难情绪:"贤昆仲不必遽以任事之难为虑。"无奈之下,李鸿章只好硬着头皮派人去颍州招募马勇。因皖北局势动荡,招募不利,成立马队的事就夭折了。

咸丰九年五月,曾国藩派弟弟曾国荃进兵景德镇,援助张运兰统领的老湘营,让李鸿章同往谋划。曾国藩认为李鸿章老成精干,文武兼备,完全可以留在军营中襄助军事。虽然尚未让李鸿章独统一军,但也算是湘军的正式成员了。不过,在曾国荃手下办事,李鸿章有些不太乐意。曾国藩窥察到他的心思,怕他有想法,去信劝慰,称他具有"闳才远志",是不可多得的"匡济令器",不会长期沉沦于下僚,自己的这些安排意在对他进行磨炼。李鸿章只好进入曾国荃的吉字中营,朝夕与其晤谈。

六月克复景德镇,叙功时,哥哥李瀚章以道员留湖南尽先补用。

其间,朝廷批准了湖广总督官文令曾国藩入川防堵石达开的建议。此建议由胡林翼提出,本意是借此为曾国藩谋取四川总督,并由此确保湖北饷源。谁想朝廷只是让曾国藩增援四川,不想授官。曾国藩当然不愿意去。李鸿章听说后,写信建议曾氏积极争取,以免错失机会。曾国藩回信,劝其不可锋芒太露,有责备其多管闲事的意思。由于朝廷一再催促,曾国藩没有办法,只好带着彭玉麟和李鸿章等幕僚前往。途中得知朝廷准奏他暂缓入川的申请,全力图皖。曾国藩、李鸿章等在黄州巴河与胡林翼会晤,商讨东征事宜。李鸿章初次见到胡林翼。胡林翼在写给李瀚章的信中谈到了他对李鸿章的第一印象:"令弟少荃接谈甚密,直抒胸臆,声咳如洪钟。"通过接触,胡林翼觉得李鸿章是个人才,断定他将来必有出息。

十月二十四日,李鸿章奉旨授福建延建邵道缺道,因有家口拖累,有意赴任。但福建有官员抢先补缺,加之曾国藩希望他继续辅佐自己,李鸿章只好留在曾国藩幕府中。

咸丰十年闰三月十六日，太平军第三次攻破江南大营，和春、张国梁等败退丹阳。后张国梁战死，和春病卒，扬州、常州、无锡、苏州相继陷落。上海租界的英法驻军和清军联合作战，击退了来袭的太平军。

3.一以贯之的思想

咸丰十年（1860年），第二次鸦片战争之后，英法联军攻占北京，火烧圆明园，咸丰皇帝仓皇逃往热河避难，途中命令曾国藩火速派湘军悍将鲍超带兵北援"勤王"。曾国藩不想放走湘军第一猛将鲍超，召集大家商量对策。曾国藩一看，大多数人主张鲍超北上，只有李鸿章持不同意，力排众议，主张"按兵请旨，且无稍动"。他的理由是，英法联军已到北京，派兵去无济于事，他断言此冲突将以"金帛议和"告终；他还认为，目前危及国家安危的不是英法联军，而是尚未被有效遏制的太平军，应该把主要精力放到对付太平军上。曾国藩上疏找理由推辞，拖延静观。果然不出所料，湘军不久即接到了"和议"的消息。

李鸿章的这一主张在后来处理内外危机的时候屡屡抛出，且屡试不爽，成为他的指导思想。即使四十年后，义和团运动爆发和八国联军侵华时，它仍然十分奏效。

4.移节祁门，曾李产生分歧

咸丰帝命曾国藩督军赴苏、常，保东南大局。曾国藩想按照原定计划，图攻安庆，为将来克复南京做准备。但圣旨难违，他只好移节祁门，做做样子。是否从安庆周围撤出湘军主力，曾国藩犹豫不决，多次与将官、幕僚商议,最后还是李鸿章的几句话让他下定了决心。李鸿章虽然支持移师,但不赞同移驻祁门,认为祁门的地形如同釜底,是兵家忌讳的绝地。

对于李鸿章的劝阻,曾国藩没有理会。

李鸿章还建议曾氏到淮安办一支大水师,利用相通的水道,灭灭金陵和苏常一带的贼势。曾国藩深以为然,但因皖南局势动荡,难以脱身,一时没有精力去办理。抵达祁门之后,曾国藩升为两江总督,遂奏保李鸿章为两淮盐运使,负责兴办淮扬水师,以实现之前的想法。与曾国藩书信来往甚密的胡林翼欣赏李鸿章的才能,看好他的前途,多次对曾国藩说:"少荃可治淮上之师","少荃如评骨法,必大阔,才力又宏远,择福将而使之,亦大勋之助也"。对于李鸿章、李瀚章兄弟两个,他认为李鸿章"知兵任职",李瀚章"可奏江宁、江苏实缺,即为江北筹饷之本",各擅所长,建议曾国藩提拔重用,各尽所能。奇怪的是,曾国藩保举的其他人都通过了批准,补了缺,升了官,单单李鸿章没有。原来,曾国藩还是舍不得放走这一高参,随即奏请留用了。对于李瀚章的保奏也是如此,本来要补道员缺,因为湘军需要,就将他派到江西办牙厘局去了。

移师祁门毕竟是下策,不宜久待。太平军为了解安庆之围,大举进兵,曾国藩坐困祁门这个兵家忌讳之地,心惊胆战,"日在惊涛骇浪之中"。随着太平军加强进攻,祁门越来越凶险,为安全起见,诸将请求移师的呼声也越来越高涨。李鸿章再三陈说利害,曾国藩听烦了,以致十分气愤,他说:"诸君如胆怯,可各散去。"即便产生了重大分歧,此时李鸿章还没有决定与老师分道扬镳,直到接下来围绕着参劾李元度的问题发生争执,他再也忍不住了。

5.李鸿章愤而出走

李元度,字次青,湖南平江人,著有《国朝先正事略》,曾参加六次会试未中，于咸丰二年加入曾国藩的湘军充当幕僚，深得赏识。后由文员改派到前线领兵打仗，立下战功，授浙江盐运使，升按察使。在驻守徽州时失守，曾国藩怒其守城不力，同时想推卸自己计划不周的责任，具奏弹劾，不料遭到大家的反对。

李鸿章跟曾国藩理论，以不写奏章来抗议："如果真要弹劾，这奏章我是不会替你写的。"

曾国藩赌气说："不劳大驾，我自己动手。"

李鸿章又以辞职相威胁："如果这样，那我也要走了，这地方没法待了。"

曾国藩也气坏了，随口说道："你爱上哪上哪，悉听尊便。"

曾国藩有写日记的习惯，他把这次争议写进了日记从中可窥当时他的想法，以及他与李鸿章之间的信任危机："日内因徽州之败，深恶次青，而又见同人多不明大义，不达事理，抑郁不平，遂不能作一事。"在原稿中，"而"与"又见"之间圈掉了"少荃"（李鸿章字）两字，其原本的意思大概是要写"而少荃不明大义"。经过圈改，可以看出曾国藩意识到不仅仅是李鸿章一个人反对自己，即使有错，也不该怪他一人。

曾国藩未能听从李鸿章的建议，李鸿章感到与他不好相处，愤然辞去，回到南昌，在哥哥李瀚章处闲居。

6.曾国藩的呼唤：你快回来！

李鸿章以出走的方式表达自己的不满和抗议，这让曾国藩感到恼怒，认为李鸿章"难与共患难"。欣赏李鸿章的胡林翼周旋其间，劝他不要离开曾国藩，因为曾是李进身的平台。曾国藩也听从了胡林翼的建议，觉得不能放过李鸿章这个人才。李鸿章虽然离开了曾国藩的幕府，但两人没有断交，仍

第二章
太平天国时期的李鸿章家族

然通信。咸丰十一年二月间，李秀成率军回攻江西，南昌受到威胁，曾国藩写信劝李鸿章出任南昌城守。接着太平军李世贤部攻陷景德镇，祁门危急，曾国藩又嘱托李鸿章催促鲍超进兵。

曾国藩移节祁门，李鸿章多次劝告无果，便请胡林翼代转，希望老师早日回头。胡林翼给曾国藩写信，称李鸿章的建议"颇识时务"。曾国荃亦劝。于是，曾国藩决定离开祁门，移至东流。

七八个月过去了，李鸿章还没来，曾国藩坐不住了。咸丰十一年五月十八日，他专门写信给李鸿章，请他来幕中相助。

面对曾国藩的恳切召唤，李鸿章不好再推辞，答应到东流报到。

六月初六，李鸿章到达东流，曾国藩感到十分高兴，与之深夜长谈。曾国藩在当天的日记中写道："申刻，李少荃自江西来，与之久谈……夜与少荃谈至二更末。"从后面的日记中可以看出，他多次与李鸿章"久谈"。李鸿章一来，曾国藩多了一个得力的帮手，文案不在话下，军务大计也有人商量，因此甚为依赖，比以前更加厚待李鸿章。

八月份，因原配周氏去世，李鸿章回南昌料理丧事。曾国藩怕他此去又要耽搁许久，深表不舍。李鸿章跟他说，不用担心，等安排好家事，把妹妹和女儿送回老家，再回来效力。

自从移营东流，多了李鸿章的帮忙，曾国藩时来运转。八月初一，曾国荃部攻克被太平军占据八年之久的安庆，太平军叶芸来、吴定彩以下将士一万六千人全部战死，被曾国藩痛恨之极的"四眼狗"陈玉成败退庐州。这是太平军与清军势力消长的关键，从此清军有了更多战胜太平天国的胜算。

七月十六日，咸丰帝崩逝于热河行宫。六岁的爱新觉罗·载淳继位，是为同治皇帝。慈禧太后联合慈安皇太后和恭亲王奕䜣，发动"辛酉政变"，推倒咸丰帝临终前安排的辅政八大臣，由两宫皇太后垂帘听政，奕䜣以议政王身份总理朝政。

 **创建淮军,风云际会**

1.上海乞援

李鸿章出走时,曾国藩曾托他到淮、徐等地募集兵勇,加以训练,"名为蔽护之兵,实为暗暗另练一支陆兵也"。后因精力有限,他又不想放李鸿章单飞,计划未能实施。

正在这个时候,上海官绅前来请求支援,为李鸿章脱离曾国藩,创建淮军创造了契机。

上海是东南地区的前哨,全国最大的商业城市,聚集了形形色色的中外势力。在安庆保卫战中失败的太平军向东进攻,攻陷了江苏、浙江等地的重要城市,直取杭州,威逼上海,使得上海变成了一座孤岛,岌岌可危。如果太平军再加把劲儿,几乎一攻而下。

面对来势汹汹的太平军,上海官绅惶惶不可终日。他们一面联合洋人,向英、法等国"借师助剿",加强华尔的"常胜军",一面派人到安庆向曾国藩求援。

户部主事钱鼎铭以及候补知县厉学潮等人专程前去求见曾国藩。此时的曾国藩以钦差大臣、两江总督职务,统辖苏、皖、赣、浙四省军务,四省巡抚、提辖以下各官悉归节制，权力很大。钱鼎铭等人递上公启私函，声泪俱下，甚至下跪，叩请曾国藩出师，援救上海。但因上海距离湘军大营太远，一旦有急，无法照应，手下兵马又有限，支分不开，曾国藩没有贸然应允。钱鼎铭打听到李鸿章是曾国藩的亲信，便登门拜访，诱之以利，说上海是商业发达的地方，财税充足，饷源富裕，其他数千里膏腴之地的财赋收入也比不上它，如果被太平军占领那就太可惜了。李鸿章为之所动，帮着求情，劝说曾国藩。曾国藩听李鸿章这么一说，觉得有理，统筹全局，考虑到政治、军事、经济等实际利益，决定施以援手。

最初，曾国藩的打算是派最信赖的弟弟曾国荃率八千人马赴援上海，另以多隆阿、鲍超两军进攻南京；他还做了一番周密安排，调兵遣将，让曾国荃任主帅，由李鸿章、黄翼升辅佐，可保上海无虞。出乎意料的是，曾国荃不干，拒绝去上海。曾国荃的目标是攻打天京，争夺镇压太平天国的首功。作为兄长，曾国藩当然晓得弟弟的想法，无奈之下退而求其次，便把支援上海的任务交给李鸿章，让他先行一步，然后再劝说曾国荃前往。李鸿章听后大喜过望，欣然应允。其实，曾国藩本来不大愿意让李鸿章去，也就是征求一下意见，如果李鸿章知难而退，实在不行，就不救上海了，但是李鸿章坚决请求前往。曾国藩又屡次给曾国荃写信劝其赴沪，曾国荃就是不听。曾国荃的消极退让成全了李鸿章。

2.募集淮勇

李鸿章被赋予重大使命，也是他一展抱负的大好时机，于是积极进行招募淮勇的工作。他最熟悉的是自己家乡庐州一带的团练情况，便想方设法罗致并改编当地的团练，组建淮军。他坐镇安庆，通过写信或者派人联络等方式，与地方团练首领取得联系，筹商招募。这一招十分明智，因为团练兵勇都是现成的,抓住了团首也就有了兵马。

在募集团勇过程中,张树声首倡之功不可埋没。他在庐州一带的团练中势力和影响最大,地位相当于盟主。他早就有意寻找一棵大树,投靠报效。当他听说李鸿章筹建淮军的消息之后,就召集各地团练首领,号召大家投效,并亲赴安庆,上书请缨。张树声不仅和盘托出,还拉来了刘铭传和周盛波、周盛传兄弟。

李鸿章致信潘鼎新,转达曾国藩令其募集淮勇一营加以训练事宜,也将其罗致麾下。

仅用了两个月的时间,李鸿章就募集了四营淮勇,分别是刘铭传的铭字营、潘鼎新的鼎字营、张树声的树字营、吴长庆的庆字营。另外,周盛波、周盛传兄弟在李鸿章任江苏巡抚之后,到上海统领抚标亲兵营。张遇春的春字营乃是李鸿章的老部下,是最早加入淮军的一支。

淮军刚开始筹建,力量薄弱,曾国藩便从湘军中调拨数营给李鸿章,以充实兵力,如由韩正国统带的亲兵营,从曾国荃处借调来的开字营,滕嗣林、滕嗣武统带的林字营,陈飞熊统带的熊字营,马先槐统带的垣字营;安徽李济元的济字营,曾国藩也有意将其划归李鸿章指挥。

3.淮军初建

同治元年(1862年)正月二十四日,第一批淮军在安庆北门城外集结,曾国藩特意前来祝贺。二月初四,曾国藩又到城外检阅了程学启、滕嗣林、韩正国、李济元等营,标志着淮军正式成立。

募勇成功之后,即按照湘军的编制、营规进行管理,并用湘军同时参考楚军(左宗棠领导)的方法进行训练。

湘淮一家,淮军出自湘军,两者的建制差不多。

湘军和淮军都是"以召募易行伍",以将帅自招的募兵制度代替兵权归于兵部的世兵制度,改变了士兵与军官、军队与国家之间的隶属关系。以各级将领为中心,先设置官,然后由官招兵,自上而下,全军队只服从最高统帅曾国藩或李鸿章,因而形成了曾家军、李家军。这样的军队其他人指挥不了,即使是中央政府也很难直接调遣。

淮军与湘军也有不同的地方,有人总结为两条:一是兵将冗杂。湘军的组建原则是所谓的"选士人,领山农",将领主要是一些政治地位不高的地主阶级、知识分子,有科名的多达三十人。别看李鸿章出身翰林,但他鄙薄那些标榜科名的人,重视实用之学和才能韬略。据统计,淮军初建时,十三营的十一位统领,只有举人、廪生各一人,其余多为地主或乡绅团首、盐枭、降将、防军等。兵勇多是一些团勇,和一些有征战基础的降众。二是志在利禄。曾国藩注重向官军灌输忠君爱国的封建思想,李鸿章主要以利为义,靠功名利禄、子女玉帛诱使,让将士们为自己流血卖命。

4.发兵上海

赴沪之前,有两方面需要筹划准备:一是雇船,二是筹饷。经过商议,几经周折,李鸿章决定雇英国商船运兵,但耗资不菲,为十八万两,先付四万,其余的分六个月付清。

有人认为,"深穿贼境一千余里,自古行军所未有",对此次行动表示疑虑,觉得断不可行,打起了退堂鼓。比如李济元率领的济字营,就以家乡人禀留为由撤回。

不过,大多数人服从命令,对这次吉凶未卜的远行满怀好奇,甚至希望能够有所作为。临行前刘铭传吟诗明志,其中有句云:"人值少年当自立,身逢乱世敢偷闲?"开字营统领程学启过去跟随太平军在苏南打过仗,经验丰富，主动向李鸿章献计："下游河梁众，得一河即一屯，得一桥即一将，复何患哉！"这让李鸿章心里有底了，他坚定地表示："此行险阻艰危当备尝之，成否利钝所弗计也。"李鸿章不甘寄人篱下，早已迫不及待要雄飞，发誓做出一番事业来。他说："鄙人此行，兢兢以卧薪尝胆自矢，不敢苟慕荣利，少聆逸乐，同志二三君子，皆与反复申明。"为图大业，他让部众先做好吃苦的准备。

在曾氏幕府多年，尽管有些小别扭，但到了离别之际，李鸿章对栽培自己的恩师有些依依不舍。曾国藩耳提面命，传授治军作战方略，识人御人之术，以及守心克己之道。曾国藩连夜与他畅谈，分析所率将官的优缺点；告诫他到了上海之后，"以练兵学战为性命根本，吏治洋务皆置后图"；对他心高气傲，急躁任性的性格弱点，劝以"深沉"二字，并手书联语以赠："大处着眼，小处入手；群居守口，独居防心。"一些好友也纷纷提出建议和忠告，李鸿章感激不尽，表示"当奉为枕中秘"。

三月初七，根据计划，赴沪的第一批部队登舟起程。其中有韩正国统领的亲兵营八百人，周良才带的五百人，程学启统领的开字营一千三百人，分别坐一船。曾国藩亲往送行。他来到程学启跟前，拍肩相嘱："江南人誉张国梁不去口，君去，亦一国梁也，行闻君克苏州矣，勉之！"张国梁是被招抚的盗匪，曾加入过天地会，与太平军作战英勇，后兵溃溺亡，李秀成敬其忠勇，为之殓葬。曾国藩以张国梁勉励曾经为太平军效过力的程学启，期望他能够助李鸿章打下苏州。程学启不负众望，后来果然成为淮军攻城略地的急先锋，为攻打苏州立下首功。

接下来，淮军各主力营分批赴沪，共计七船次，曾国藩都一一送行，可见他对淮军寄予的厚望。

除此之外，同治元年六月初八，黄翼升率淮扬水师三营到达上海。李鹤章统带的马队、亲兵营由江北陆路绕道抵达上海。另外还有周盛波、周盛传兄弟，吴毓芬、吴毓兰兄弟，张桂芳、张志邦等募集的兵勇，也由陆路陆续抵沪。李鸿章用以立足上海的淮军就像一个雪球,越滚越大。

5.淮军班底

淮军建军时最初有十三营,人数共计约六千五百名,分别有一营或二营,营数不等,它们包括:张树声的树字营、刘铭传的铭字营、吴长庆的庆字营、潘鼎新的鼎字营、程学启的开字营、张遇春的春字营、韩正国的亲兵营、滕嗣林的林字营、陈飞熊的熊字营、马先槐的垣字营。

到后来,淮军大肆扩充,骨干有:李鹤章的亲兵营、周氏兄弟的盛字营、刘铭传的铭字营、李胜的胜字营、吴毓芬的华字营、张士芳的芳字营、张桂芳的桂字营、刘士奇的奇字营、杨鼎勋的勋军、张志邦的志字营、覃联升的升字营、郭松林的松字营、周士濂的云字营、郑国魁的魁字营、梁安邦的虎字营、况文榜的常字营、郑海鳌的护军营、曹仁美的护卫营、周志鸿的会字营、孙善成的善字营、徐道奎的奎字营、吴建瀛的建字营、刘玉林的玉字营、方有才的有字营、周寿昌的昌字营、骆国忠的忠字营、骆金荣的荣字营、佘拔群的群字营、董大义的义字营、黄翼升的淮扬水师,等等。

其中,比较重要的如:

树字营,又称树军,张树声、张树珊所部。张树声,安徽合肥人,多次参加科考,但不顺利,仅为廪生一枚。咸丰三年与父亲张荫谷、弟弟张树珊、张树屏、张树槐等在家乡兴办团练。曾归道员李元华指挥,又随李鸿章的父亲李文安攻打太平军,李文安死后重归李元华部下。淮军筹建时,张树声联络刘铭传、周盛波、潘鼎新、吴长庆等团练头领首批加入。曾国藩读过张树声投效李鸿章的书信后,对其大加赞赏,称他为独立江北、荡寇复土的祖逖。曾任直隶按察使、山西按察使、山西布政使、陕西巡抚、漕运总督、江苏巡抚,署两江总督、两广总督,署理直隶总督兼北洋大臣等,赏加太子少保衔。死谥靖达。张树珊，张树声之弟，以勇猛著称，因功授广西右江镇总兵，一品封典，剿捻时战死，所部几乎全军覆没。

铭字营，又称铭军，刘铭传所部。刘铭传，字省三，安徽合肥人，因在家中排行第六，脸上有患天花留下的麻子，人称刘六麻子。咸丰四年在合肥西乡大潜山办团练，归李元华统带。张树声荐之于李鸿章，刘铭传遂率子弟兵投奔。后刘铭传跟随李鸿章赴沪镇压太平军，又参与了镇压捻军和西北回民起义的斗争。在中法战争中驻防台湾，多次打败法军，是首任台湾省巡抚。1890年后，铭字营调驻奉天大连湾，由其侄子刘盛休统领。甲午中日战争爆发，刘盛休率兵开赴前线，战败去职。

盛字营，又称盛军，周盛波、周盛传兄弟所部。咸丰三年，周氏兄弟在安徽合肥的家乡办团练，拥有兵勇两千余人。曾与官军合作，助李元华、马新贻攻打太平军。到咸丰十一年，周氏兄弟率领的团练与太平军交战二百九十余次，屡次获胜。1862年由陆路赴沪，编为盛字营，周盛波任营官，周盛传为哨官。1868年由周盛传接统。中日战争时，卫汝贵统领十三营盛军赴朝鲜作战，因军纪败坏，上司侵吞军粮，兵勇哗变，遇敌溃逃。

鼎字营，又称鼎军，潘鼎新所部。潘鼎新，安徽庐江人，举人出身，议叙知县。鼎字营前身是潘鼎新父亲潘璞在肥西三河所办的团练，归李元华统带。咸丰七年，潘鼎新投效清军，与太平军作战，升为同知。咸丰十一年，潘璞率团练与太平军作战，战败被杀。淮军筹建时，李鸿章通过刘秉璋与潘鼎新建立联系，因刘、潘自幼同学，都是李文安的门生。后潘鼎新官至云南布政使、巡抚。中法战争爆发后，驻扎越南谅山，由署湖南巡抚调授广西巡抚，因备战不力，不战而退，被革职。

庆字营，又称庆军，吴长庆所部。吴长庆，安徽庐江人。庆军前身是吴长庆父亲吴廷香于咸丰三年在家乡办的团练。咸丰四年，吴廷香被太平军杀死，清廷授予云骑尉世职。吴长庆袭承，继父志领乡团。咸丰十一年，吴长庆奉曾国藩命率部镇压太平军，收复三河，所部编为庆字营。淮军筹建，曾

第二章
太平天国时期的李鸿章家族

国藩将其调归李鸿章指挥。后在河南、山东、直隶等地与西捻军作战。1880年驻防山东登州。1882年朝鲜发生内乱,命吴长庆率六营赴朝。1884年4月,吴长庆移驻金州,不久病逝。部队由黄仕林、张光前接统。中日战争爆发,庆字营在旅顺被击溃。吴长庆曾任浙江提督、广东水师提督。袁世凯未发迹时投奔吴长庆,在军中受到厚待。

春字营,张遇春所部。张遇春,安徽巢县人,武举出身。咸丰三年在家乡办团练,对抗太平军。张遇春的团练是李鸿章最亲密的嫡系,随李转战含山、巢县一带。随李鸿章进入曾国藩幕府后被编为春字营,隶属于湘军副将唐义训。淮军筹建,春字营是最早一支成军者,淮军核心主力。张遇春之子张志邦分立志字营,归春字营统领。同治三年,张遇春伤卒,部队归李昭庆统领,捻平后裁撤。张遇春曾官至提督衔总兵,赐"资勇巴图鲁"。

开字营,程学启所部,淮军中最生猛的一支部队。程学启,安徽桐城人,原为太平军英王陈玉成部下,曾助叶芸来守安庆,叛投清军,助曾国藩攻克安庆。跟随曾国荃部,屡立战功,升为正三品参将。为加强淮军力量,曾国藩将其调拨给李鸿章,为淮军早期主力之一。程学启本来不愿意离开湘军,有人劝他说,湘军大都是湖南人,你在那里不会得到重用,而淮军则是安徽帮,李鸿章不会亏待你。程学启豁然开窍。在青浦、嘉定、太仓等战役中,与戈登的常胜军联合对太平军作战。在苏州战役中,程学启力劝李鸿章杀死八名太平军降将;后在嘉兴战役中被击伤,毙命。李鸿章以其攻克苏州第一战功为其请赏,朝廷优诏赐恤,追赠太子太保,设专祠,谥忠烈,加恩给予三等轻车督尉世职,三等男爵。

松字营,统领郭松林。郭松林,字子美,湖南湘潭人,咸丰六年(1856年)投曾国荃部,为亲兵,随湘军先后攻占吉安、安庆,以功累迁参将。同治元年六月,单身赴沪投效李鸿章。郭松林所统松字营是李鸿章"平吴"骨干力量之一。在沪西与太平军慕王谭绍光部激战,首战告捷。又参加了北新泾、四江口战役,协同攻克太仓、昆山、江阴、无锡、常州,一路擢升,赏头品顶戴，记名提督，任福山镇总兵官，福建陆路提督。同治四年赴援福建，攻占漳州。同治六年（1867年）初，被东捻军打败，郭松林身受重伤。其部与奇字营一起被编入武毅军，仍由郭松林统领。与刘铭传部先后歼灭东、西捻军。李鸿章任湖广总督期间，任湖北提督。中俄伊犁交涉期间，曾任直隶提督。

武毅军，首任统领李昭庆。同治五年（1866年）剿捻之后，扩充至十九营。同治六年（1867年）编入松字营、奇字营，由郭松林统领。同治七年（1868年）由李长乐统领。光绪六年（1880年）驻防芦台。李长乐去世后，由直隶总督叶志超统率。光绪二十年赴朝鲜作战，战败撤回，由聂士成统领。

水师方面，孙善成带五只炮船投靠，编为善字营，是淮军最早的一支水师。到上海后，收编了郑国魁、郑国榜等人的枪船，成立魁字营。将原有江南水师提督曾秉忠统带的三百六十艘师船裁减一半，编成六个营头，分别交由曾守忠、蔡谓川、曾敏行统带。如曾国藩所说，李鸿章是名义上的淮扬水师堂官，实际上该水师由黄翼升统领，属于湘军系统。黄翼升与李鸿章私交甚厚，后来还有姻亲关系，李鸿章的外孙娶了黄翼升的孙女，生下了著名作家张爱玲。同治元年六月初八，黄翼升率领淮扬水师三营到上海，留驻金陵浦口、扬州三江营的战船还有六营。李鸿章还新造和改造了几十艘战船，募集训练水师，扩充实力。各营部首领刘铭传、潘鼎新、张遇春等，在营头多的时候，也曾拥有自己的水师营。

第 二 章
太平天国时期的李鸿章家族

李鸿章大闹上海滩

1.叫花子兵

  同治元年（1862年）三月初十，李鸿章抵达上海。淮军刚到上海的时候，因为"衣帜朴陋，器械陈旧"，被讥讽为"叫花子兵"，这让翘首以盼的官员士绅有些失望。洋人对他们也不屑一顾，嗤之以鼻，笑其为"大裤脚的蛮子兵"。面对冷嘲热讽，李鸿章毫不在意，给自己打气说："军贵能战，非徒饰观美，迨吾一试，笑未晚也。"

  初来乍到，人生地不熟，又从来没有指挥过的偌大的军队，这对李鸿章来说是一场巨大的考验。曾国藩的担忧不是没有道理。曾国藩在他临行前嘱咐，先练兵学战，随后又多次致函，说淮军大部分都是新募集的兵勇，训练不够，人还没有到齐，不能出兵打仗。李鸿章觉得有理，谨遵师训，首先要做的就是加强军事训练，操练队伍，修建防御工事，制定营规，对兵勇加以约束。除了军事，其他还有饷事、洋务、吏事等自己不太熟悉的事项。

  尽管上海官绅和民众一再请求出兵，但李鸿章并不急于出战。

  更着急的是洋人。李鸿章初到上海，洋人即登门拜访，请其出兵。很长一段时间以来，上海都是依赖洋人护卫。不管淮军像不像样，总能抵挡一阵。洋人的意图很明显，要看看淮军的战斗力究竟如何。岂料李鸿章不上这个当，他以曾国藩没有准许，兵勇没有到齐为由推辞。洋人逼迫，李鸿章说："只知有廷旨、帅令，不能尽听夷人调度。"洋人怒形于色，多有轻侮，淮军士兵知道后都很气愤。李鸿章又说："彼轻视我者，料我力不能战也，必我自能整军进攻，却敌复地，不邀彼助，彼自然敬服，听我调度，徒争闲气何为？"

李鸿章不急于出兵的策略是正确的。催逼无效，洋人不得不主动请求为淮军帮忙，甚至之前不理睬李鸿章的常胜军也被他所用。

英国海军提督何伯亲自与李鸿章会晤，希望双方合作，会剿太平军。李鸿章表示不能同意。他的理由是，英法军队武器先进，训练有素，战斗力强，据说在以往的联合行动中，常常仗势欺人，随意驱役清兵，他担心淮军士兵受不了委屈，有伤士气。但洋人求到门上来了，也不能置之不理，他想出了一个两全其美的办法，以照顾各方面情绪。他让上海会防公所从江苏巡抚薛焕处的防军中挑选三千人，随同洋兵操练驻扎，淮军仍不掺和其中，独立自主，专防一处。

练兵自强，李鸿章也只能选择向洋人学习。他看到外国军队严肃整齐，枪炮武器先进，指挥有方，打起仗来，令敌军胆寒，赞叹不已："洋兵数千，枪炮并发，所当辄靡，其落地开花炸弹，真神技也。"他决心好好研究，令人效仿："密令我营将弁，随队学其临敌之整齐静肃，枪炮之施放准则，亦得切磋观感之益。"他将各军营哨进行改编，装备从上海、广东、香港等地托人购买。由于大家不习惯，有的存在抵触情绪，就先从亲兵营和程学启的开字营开始编练，后来在战斗实践中发现军队威力大增，效果不错。

李鸿章还重视笼络"常胜军"首领华尔，请其代为聘请外国工匠制造枪弹炸药。

到了同治二年（1863年）正月，淮军成立了一支炮队，增设在张遇春的春字营，有二百人。

第二章
太平天国时期的李鸿章家族

通过与洋人打交道，李鸿章总结出了一套经验方法。他给曾国荃写信说："鸿章以孤军与众夷杂处，每至十分饶舌，用痞子放赖手段，彼亦无如之何。其顺情理，则以情理待之；其不顺情理，则以不顺情理待之。"为了维护己方利益，要无赖是他的招数。

2.与洋人联合作战

上海沦为孤岛之后，英法租界的军队对于上海的防守发挥了重要作用。

"常胜军"属于雇佣军，咸丰十年（1860年）四月，苏州失守，为了保卫上海，四明公所董事、候补道杨坊出资，雇美国人华尔，招募吕宋人，配发洋枪，故初期称"洋枪队"。后来又增募中国人。同治元年正月二十六日，薛焕从苏松太道吴煦之请，将洋枪队命名为"常胜军"，增添兵勇，军饷由江海关奏留军饷项下支付。此时的常胜军人数达两千人，其任务主要是配合英法驻扎在上海的正规军、清军，抵抗太平军。

"常胜军"头目华尔只跟吴煦、杨坊联系，不理睬初来乍到的李鸿章。毕竟杨坊是雇主，吴煦代表官方，吴煦还是华尔的老丈人，而华尔入了中国籍，有了清廷封给的官职。

咸丰十一年（1861年）十一月二十五日，曾国藩推荐左宗棠、李鸿章任浙江、江苏巡抚，十二月沈葆桢、左宗棠分别出任江西、浙江巡抚。迟至同治元年三月二十七日，终于诏命李鸿章署理江苏巡抚。如此一来，李鸿章成了地方最高长官，保境安民是职责所在，外国人想不搭理也不行了。李鸿章不想出兵，一是为了整顿部队，二是跟洋人打太极，最后洋人实在等不及了，便主动请缨，要求襄助淮军。

"常胜军"攻打南翔的时候，李恒嵩等率淞沪官军与之配合，攻打嘉定。经过李恒嵩与"常胜军"及英法军队商议，英国海军提督何伯、法军将领卜罗德带兵两千多名，"常胜军"一千六百多名，攻克青浦。

何伯找李鸿章会商，敦促淮军派兵会剿浦东的川沙、南汇、奉贤、金山等地。李鸿章以兵力不足推脱，但又觉得不能得罪他们，便命程学启、滕嗣武、刘铭传、潘鼎新、韩正国等，率领四千人进扎周浦，由北路相机攻剿。英法军队从松江进军金山卫，由南路攻剿。

程学启等率领的淮军与小股太平军作战，太平军不敌，溃逃至南汇。英法军队三千余名与"常胜军"两千余名进剿浦东，在距奉贤县（今奉贤区）南桥镇二三里的地方驻扎。南桥太平军严防死守。何伯和卜罗德从镇西面展开进攻，何伯腿部受伤，卜罗德临阵督战，冲入南桥镇，不幸中枪身亡。在英法军队的强攻之下，太平军不敌败走。奉贤县知县陈化鲲率众追杀，与英法军队先后收复柘林、奉贤。

李鸿章将淮军调赴南桥，留潘鼎新、刘铭传两营暂驻南汇、周浦，以观城内太平军动静。没想到的是，南汇太平军守将吴建瀛因不堪李秀成的养子李士贵凌辱，率部反水投降。李鸿章予以收编，令其剿贼自效，进攻川沙，并派潘鼎新、刘铭传监督。驻守金山卫的李士贵得报，勃然大怒，令吉庆元率万人前往攻击。吴建瀛与署理知县邓贤芬组织防守，派出刘玉林、方有才接战，刘铭传调小枪队从侧翼助攻。吉庆元两面受敌，惊慌失措，撤回川沙。刘铭传和潘鼎新率军进击，攻占了川沙。

嘉定方面，兵力薄弱，李鸿章命令守军严守城池，等待援军。不料何伯不听劝告，率军冲入重围，接守城的英法士兵及清军出城，退至嘉定南翔镇，逃回上海城内。太平军占据嘉定。洋兵退却，太平军士气大增，李秀成的大军乘势进击，直下青浦、松江，连破上海郊区的一百三十多座清军营盘，逼至西南郊漕河泾、虹桥一带，距离上海城仅有二十里之遥。

遭受重创的英法军队龟缩在市区，不肯出击，把外围防守全都扔给了李鸿章。李鸿章多次请求相助，洋人都无动于衷，气得李鸿章大骂英法军队是龟孙子，作壁上观，看笑话。

3.虹桥大捷

同治元年五月初六，李鸿章命程学启、滕嗣武、韩正国等部驻扎在距离上海二十五里处的虹桥，以减轻青浦和松江守军的压力，并派滕嗣林督带五营作为机动部队随时策应。程学启部进军至漕河泾，与四五千名太平军将士遭遇，在张遇春部的帮助下，将之击退。次日，驻扎在七宝的太平军进袭，程学启、滕嗣武、韩正国杀到，太平军溃走。在追击过程中，太平军集合一万余众反扑，淮军依仗洋枪洋炮予以迎头痛击。两军鏖战五六个小时，直至太平军被击退。淮军各部乘胜继续进剿，先锋队于十一日进至泗泾、新桥一带。

此时，上海突发瘟疫，感染者甚多，撤回城内的英法军队大量减员。受此影响，英法联军想要和太平军谈判，尽快结束冲突。此时，天京再度被湘军包围，洪秀全命李秀成急速回援，李秀成答应与洋人谈判。五月二十一日，双方在阵前达成协议，太平军不进攻市区，英法联军也不出市区攻击太平军。

二十二日，李秀成大军全线撤退，回援天京。为了防止淮军追击，李秀成命听王陈炳文、纳王郜永宽率领三千人主动向程学启部发起进攻，以掩护主力部队转移。

自从来到上海，淮军还没有痛痛快快地跟太平军打一仗，再这样下去恐怕被人轻视。如果受到重创的话，势必影响全局。想到这些，李鸿章决定亲自出马，率领一半淮军赴前线指挥战斗。

战斗打响之后，李鸿章分兵三路进援。在这期间，他豁出去了，竟然跃马独出，以"不作生还之想"激励部下。据说，张遇春率部在徐家汇九里桥与大股太平军遭遇，不敌回撤。李鸿章收到军报后不动声色，只是轻声叫人提刀去取张遇春的脑袋，把张遇春吓得赶紧掉头，指挥部队发起反冲锋，居然反败为胜。郭松林部遭到另一股太平军围攻，韩正国率部援助，奋力抵抗。程学启望见李鸿章的帅旗，下令齐开营门冲杀。徐家汇的法军没有坐视不管，开炮相助。太平军遭到内外夹击，渐渐不敌，听王陈炳文受伤，纳王部永宽不得不率军突围，向外溃退。

此役就是所谓的"虹桥大捷"，是李鸿章受命以来打的第一次大胜仗，解了松江地区及上海近郊的围困。李鸿章夸大其词，号称以弱胜强，以五千淮军战胜十万太平军。

经此一役，被称为"叫花子军"的淮军扬眉吐气，令人刮目相看，一时被奉为天兵天将。向来鄙视清朝军队的上海第一家英文报刊《北华捷报》，称赞淮军为"优秀的军队"，"军声彪起，西人相顾，皆以拇指示之"，洋人见了都翘大拇指。

李鸿章颇为得意，给曾国藩写信说："有此胜仗，我军可以自立，洋人可以慑威，吾师可稍放心，鸿章亦敢于学战。"

五月二十三日，淮军乘胜追击，进攻泗泾。因奉命回援天京，李秀成无心恋战，撤退到苏州。

经过虹桥、泗泾之战，上海转危为安，对太平军，李鸿章掌握了军事主动权。

六月二十一日，潘鼎新、刘铭传等部在华尔指挥的"常胜军"帮助下，联合作战，肃清浦东，连克金山卫、青浦。李鸿章弟弟李鹤章亦率队参战，在收复青浦战役中指挥有方。

4.北新泾之战

七月末，慕王谭绍光率太平军攻打况文榜、熊兆周驻守的北新泾营盘；侦知上海防卫空虚，添调苏州兵马共约六万人，加紧进犯。同治元年八月初二，李鸿章派程学启率部与进至法华之西的谭绍光交战，谭不敌，撤下苏州的太平军撤回昆山。初三，李鸿章亲自督率各营赶赴北新泾救援，况文榜、熊兆周等人也率众出击，经过昼夜激战，终于打退了太平军。第二天，在新泾之西，刘铭传、吴建瀛率部再次与太平军决战，在徐家汇的洋兵开炮协助下，这股太平军败退嘉定。

此役淮军打得十分艰苦，伤亡兵勇二百余人，折损两将：一是降将刘玉林阵亡；二是亲兵营韩正国受伤，随后去世。

闰八月间，在英法军队的帮助下，会同常胜军，李鹤章督带亲兵营，及桂字、介字、建字等营约三千人，攻打退守嘉定的谭绍光部太平军，于九月初二攻克嘉定。

李鸿章到沪不久，朝廷屡次督催李鸿章带兵赴扬州救援。他以兵力不足、训练不够为由拖延，请求给他一点时间，等把淮军练成劲旅的时候再说。朝廷又令其移诸镇江，李鸿章亦不愿。除了兵力单薄，分兵捉襟见肘，粮饷运输困难外，还因为部队军纪不严，吏治、厘捐败坏，难以收拾。李鸿章的思想相对独立，向来不喜欢听人摆布，哪怕是天皇老子，能拒绝就拒绝，能拖就拖，这在后来的政途中多有表现。此时他有自己的考虑，理由也很充分，因为他在上海屁股还没坐稳，不想挪窝。太平军现在是撤走了，但是万一再反攻，就会再次置上海于危险境地。他舍不得上海这么丰厚的饷源之地，又不敢抗命，只好请求办妥上海的事之后再移师出沪。

曾国藩意识到上海方面需要李鸿章坐镇，确保饷源，并牵制太平军。他在八月初五的日记中写道："镇江暂不可战，沪上不可离李。"八月十二日，曾国藩上奏折，建议不能将李鸿章调离上海。

5.四江口大捷

嘉定克复之后，淮军继而向昆山、太湖进发。太平军连连受挫，面对淮军步步紧逼的形势,决定奋力反击,予以阻止,不能再进退失据。驻守在苏州、嘉兴的太平军组织两三万人,由慕王谭绍光从太仓昆山,听王陈炳文、潮王黄子隆、归王邓光明从青浦,率部猛攻嘉定南翔。太平军选择在三江口、四江口、白鹤港、张堰一带安营扎寨,企图围歼刘士奇、郑国魁统带的两营淮军。

经过数次大型战役,此时的李鸿章已经有了与太平军直接对垒的经验。大敌当前,他临危不乱,根据军情战报,进行周密部署。先调程学启开字三营,熊字二营,及魁、奇二营,进扎昆山、太仓、嘉定、青浦等水陆要冲的黄渡,再让李鹤章统带督抚亲兵三营,建字三营,宋、树、桂、垣、云五营,进扎嘉定至南翔、江桥、野鸡墩一线;又调林字两营守青浦城,另以一营水师护卫,嘉定城由况文榜、熊兆周、梁安邦、梁胜章守卫,并以三营护卫黄渡上下河路。

李鸿章还不忘让吴熙请援于白齐文领导的常胜军,新上任的白齐文欣然前往。在此之前,常胜军原头领华尔奉李鸿章命令,前往浙江配合左宗棠率领的湘军作战,在攻打慈溪时阵亡。

李鹤章率部在陆家行、方泰镇与慕王谭绍光部太平军交战,大胜。谭绍光部转向黄渡进发。李鸿章闻报大喜,催促兄弟马不停蹄赶往黄渡,与程学启会援四江口。李鸿章的计划是,让黄翼升派水师配合,夹击太平军,岂料黄翼升被太平军拖住,困于白鹤港,一时无法脱身。淮军陷于南北两路同时吃紧的危急困境。

刘士奇、郑国魁等率领的水陆四营淮军已经被困数日,亟待救援。闰八月十七日,李鸿章督令程学启和李鹤章率部从黄渡进援,在吴淞江与太平军交战,仍不能为之解围。无奈,李鸿章只好从上海守军中抽调八百人前往助战。这是他所能调拨的最后一部分淮军力量了。据报,他派人从老家募集的五营淮勇已经启程,但是中途被曾国藩截留,镇守漕运去了。让李鸿章更加不满的是,曾国藩还让他派程学启赶赴金陵援助攻打太平军的湘军。李鸿

第 二 章
太平天国时期的李鸿章家族

章左支右绌,无兵可派,大发牢骚:"青、嘉、松、沪,地方如此宽广,现有陆师不过七八千,如何摆布?中堂毫不体恤,仍要在此抽人,早迟恐要决裂,尽人事以听天命耳。"抱怨归抱怨,这次主要是赶上的时候不好,如在平时,李鸿章早就听从曾国藩调度了。因为被太平军拖住,他不得不先顾眼前。他着急上火,决定亲自率军前往督战。

闰八月二十日,李鸿章在洋枪队护卫下抵达南翔。本来,李鸿章打算让常胜军打入白鹤江后路,但左等右等,常胜军迟迟未至,该计划落空。二十二日,李鸿章在四江口指挥战斗,命令程学启、郭松林、刘铭传进击。他自己也不闲着,骑在战马上来回驰骋,调度督催。这时候他也是急眼了,竟然奋不顾身冲到太平军阵前,高喊搦战:"我就是李大妖头,快来交战!"闻知李鸿章亲自上了前线,被围困的黄翼升、刘士奇等不能坐以待毙,趁机从内向外发起攻击。从早上七点一直到下午五点,淮军与太平军酣战了十个小时。因为太平军人多势众,始终占据着上风。眼看天快要黑了,李鸿章见势不妙,下达了死命令,向官兵声明:有功必赏,退后必杀。他这个翰林也顾不得什么身份体面了,祖宗奶奶的,用合肥老家的土话把大家骂了个遍。淮军大都是家乡人,哪能受得了这个,听了李鸿章的脏话,既感到亲切,又感到羞臊。别说,激将法竟然发挥了奇效。淮军背水一战,破釜沉舟,数路淮军一齐发力,奋力反扑,势不可当,踏破二十余座太平军营垒。太平军败退,慌不择路,将浮桥压垮,被生擒三四千人,死伤无算。随后常胜军好歹也赶来了,加入了追击行列。黄翼升指挥水师,也一气儿追到三江口。天色昏黑,方才鸣金收兵。

据统计,此役擒杀、淹毙的太平军约万人,损失洋枪几千杆。淮军又是以少胜多,战绩丰硕。

上海周围的太平军第三次被肃清。

李鸿章自认为经此血战,大挫太平军锐气,淮军可以立足。曾国藩也认为此战"足为吾党生色"。

五月的虹桥之役，八月的北新泾之役，九月的四江口之役，淮军接连三次打了胜仗，威名远播。

这些成绩都被李鸿章和曾国藩上报给了朝廷，朝廷对其在上海剿杀太平军的战果十分满意。十月十二日，一直处于代理状态中的李鸿章通过考察，实授江苏巡抚。

同治元年十月二十二日，李鸿章在《复孙省斋观察》信中说："鄙人既膺非分，只有'不要钱、不怕死'六字，刻刻自讼，仰酬君国，远对友朋。""不要钱，不怕死"，不是经验之谈，而是身处困境不得不采取的态度，孤注一掷，置之死地而后生。

6.招降纳叛

李秀成回援天京，被湘军牵制，李鸿章抓紧时机，在东线步步为营，扫荡太平军。他采用剿抚兼施两种手段，一面调兵遣将，攻城夺地，一面分化瓦解，招抚利用。"抗拒者设法攻打，投诚者乘势招抚。"薛焕在职的时候，太平军将领徐佩瑗、钱桂仁、李文炳、熊万荃等就阴谋叛乱，现在改换门庭，投靠了李鸿章。

同治元年十一月二十九日，李鹤章、程学启率军进攻太仓，踏毁城外太平军的营卡，但城中缺少内应，士卒饥寒，半途而废。

十一月二十八日，常熟、昭文的太平军守将骆国忠叛变投诚，献城于李鹤章，并攻占福山。常熟、昭文是江苏省饷源，李秀成怒不可遏，调集军马包围常熟，夺回福山等口岸。骆国忠坚守城池，向李鸿章求救。李鸿章的部队驻扎在昆山、太仓交界地，与常熟相距太远，便调派常胜军带大炮前往协守。

此时的常胜军头领白齐文已经被李鸿章撤职，原因是闹饷，白齐文率人

第二章
太平天国时期的李鸿章家族

关闭松江城门,准备抢劫饷银,被劝阻后,又跑到上海,闯入杨坊家中,将其痛打一顿,抢了四万多元的洋银。李鸿章本来就对白齐文不满,借机解除了他的职务,顺便将吴煦、杨坊参奏革职。经过与英军首领士迪佛立交涉,常胜军暂由奥伦统管,中方李恒嵩会同管带,并裁减人员,削减开支,禁止私购军火;后经过英国政府同意后,再改由戈登统领。

这是李鸿章第一次与洋人交涉,签订协约。梁启超称李鸿章的表现"决断强硬"。

白齐文在英、美等国庇护下,跑到北京请求复职,遭到李鸿章拒绝,并马上办理戈登继任事宜。恼羞成怒的白齐文决定与李鸿章对着干,他加入了太平军的部队,临走前还抢走了一艘船,开到苏州,向慕王谭绍光投诚。李鸿章震怒,悬赏三千两缉拿白齐文归案,不论生死。因为在太平军中得不到重用,白齐文转而又向戈登投降,被美方"逮捕"押到日本,实则是加以保护。白齐文在日本养好伤后潜回,再次投靠太平军。后来,白齐文在福建漳州被抓获,在押往苏州途中,李鸿章下令将其溺毙。

常胜军失去有能力的统领,战斗力就不行了。同治元年十二月下旬,管带常胜军的英军参谋奥伦,率队与程学启、郭松林等进攻太仓,企图围魏救赵,分散太平军兵力,打通营救常熟、昭文的通道,但出师不利,常胜军伤亡三百余人,失炮两门,狼狈退回松江。

因为可调动的兵力有限,淮军作战异常艰难。同治二年正月,李鸿章派潘鼎新、刘铭传各军与淮扬水师,往福山救援,被太平军陈炳文部阻挡。直到二月二十八日,新任常胜军首领戈登上任,常胜军立即率军奔赴常熟,与张遇春新成立的炮队一起围攻福山,潘、刘、张配合作战,终于攻克,被围七十多天的常熟、昭文才告解围。

此战后,李鸿章回想起来仍心有余悸。

同治二年三月,李鸿章策反太仓太平军守将会王蔡元隆,不想被蔡元隆将计就计,以城诈降,李鹤章腿部受伤,淮军受伤无数。李鸿章恼羞成怒,调集淮军和常胜军发动疯狂进攻,连战数日,终于克复,蔡元隆突围逃跑。因气愤于此次诈降,李鸿章下令屠杀太平军万人。

一个月后,淮军再打一次胜仗。程学启乘胜进击昆山东门,相持二十多天后,克复昆山、新阳,杀死太平军二三万人。

李鸿章在奏报中说:"积尸数尺,河水为之不流。"

曾国藩闻讯后大加夸赞:"伟矣哉!近古所未有也!"

攻打太平天国第一助攻

1. 规取苏州

收复昆山、新阳之后，淮军占领了浦东西十多个州县，上海门户逐渐牢固。淮军的兵力增加到四五万人。李鸿章开始规划收复苏、常等地，进而会攻天京。

同治二年五月十一日，李鸿章上了一个"分路规取苏州"的奏折，计划分三路进剿苏州。

五月二十二、二十三日，李鸿章派李鹤章、黄翼升等督率水陆大军，将太平军侍王、辅王、护王、潮王等部击败于顾山。

六月十二日，程学启会同戈登攻夺花泾港，十四日克吴江、震泽，打通了进军太湖的关键，切断了浙江嘉兴太平军与江苏苏州太平军的联络。

七月十三日，刘秉璋、潘鼎新、杨鼎勋、张遇春等部攻克松江、嘉兴之间的枫泾。二十九日，李鸿章亲自督率郭松林、滕嗣武等各军，攻克荡口镇，将纳王部永宽的败军赶至苏州城外。

八月初一，李鹤章、刘铭传、郭松林、黄翼升等部克复江阴。十六日，程学启部会同常胜军攻克苏州东南水陆要冲宝带桥。李秀成率领慕王谭绍光、白齐文等来援,被击退后,改攻苏州西北大桥黄中元等部淮军。三十日,李鹤章率部赶到,杀敌万余,烧毁白齐文抢去的高桥小火轮,船上洋人死伤多名。

九月十二日,程学启、李朝斌、戈登分率陆军、水师、常胜军合力攻克苏州盘门外的五龙桥。二十日,淮军再克苏州齐门外蠡口敌营。

十月十二日,李鸿章亲自到苏州督战。十九日,用四十六门大炮猛轰,日夜不绝,淮军各部连连攻克苏州城外据点,苏州城岌岌可危。

2.苏州杀降

十月十九日,纳王郜永宽见大势已去,联合汪安均、周文嘉等与谭绍光有隙的将领密谋投诚,通过淮军副将郑国魁向程学启、戈登发出约降请求。郜永宽、程学启、戈登等在阳澄湖商议投降事宜。郜永宽答应刺杀谭绍光,取其首级作为投名状,以表示诚意,并要求清军保全自己的性命,颁给二品武职等待遇。程学启假意与其称兄道弟,折箭立誓,戈登做了担保。二十四日,纳王郜永宽、比王伍贵文、康王汪安钧、宁王周文嘉及天将汪有为、张大洲、范起发、汪怀武,前往慕王谭绍光府中议事,趁机刺杀谭绍光,砍下其首级,随即大肆捕杀谭绍光亲信。郜永宽向淮军大开城门,献上首级,程学启等得以进入苏州城。

不过,太平军这八名降将没有迎来高官厚禄,第二天被悉数诛杀。据说这是程学启出的计策,得到了李鸿章的默许。程学启发现郜永宽的降兵没有剃发,所带兵卒还有很强的战斗力,城内工事仍在,这些迹象表明郜永宽等人没有诚意,如果不除掉他们,恐怕不好制服。李鸿章犹豫不决。程学启说:"宁负贼,不负朝廷。"当日,由李鸿章出面,设宴招待郜永宽等人。席间,他让八个武弁捧着红顶花翎的武服递给八位降将,郜永宽等人正要接受的时候，武弁拔出腰刀将他们砍杀。城内降兵多被屠戮，有一两万人遭到杀害。

拿下苏州城后，李鸿章在奏折中称赞程学启有勇有谋，为其表功。为了笼络常胜军，使之继续为自己效力，也表其战功。上谕加李鸿章太子少保衔，赏穿黄马褂；赏程学启云骑尉世职，赏穿黄马褂；黄翼升、李朝斌赏给云骑尉世职，交部从优议叙；赏给"权授江苏镇总兵"戈登头等功牌，赏银一万两；其他人分别给予不同奖赏。

在中间牵线劝降的郑国魁怨恨不已，因为有负于郜永宽，涕泣废食，辞不居功。李鸿章也觉得做得有点过分，让郑国魁为郜永宽等设立佛事，并亲往祭吊，还流下了几行鳄鱼眼泪。

苏州杀降事件引起了戈登的强烈不满，他指责李鸿章背信弃义，扬言不再为其效力，并要求李鸿章退出苏州，辞去巡抚职务，如若不然，就别怪他要发动军事攻击，炮轰李鸿章，夺还常胜军攻占的地盘给太平军。一时中外舆论哗然，纷纷将矛头指向李鸿章。李鸿章急忙派人多方调解、劝慰，戈登不听，带着郜永宽的义子郜胜镶离开苏州。常胜军暂由伯郎节制。伯郎开始也怒不可遏，前来问罪，要代表英国君主与李鸿章理论，让他写检讨道歉。李鸿章回答道："这是中国军政，与外国没有关系，对不起，我不能向您认错。"如果失去洋人支持，李鸿章知道后果不堪设想。他再三笼络，经海关总税务司赫德斡旋，托人给戈登送去了七万元的犒赏银，其中一万存入了戈登的私人账户，才得以平息，两方和好如初，戈登表示愿意听从指挥，协助作战。

对此事件，李鸿章也有自己的说辞：为恐太平军降将拥兵自重，不肯遣散，提出非分要求，割城以处，不好控制。卧榻之侧，岂容他人安眠？对此，心狠手辣、号称"曾剃头"的曾国藩评论说，李鸿章此举"殊为眼明手辣"。

3.四十一岁的新郎官

李鸿章进驻苏州城,同治二年十二月再添喜事,续娶赵小莲为妻。赵小莲父亲为赵昀,安徽太湖人,进士出身,曾任甘肃甘凉兵备道。咸丰三年和李鸿章同被吕贤基奏调帮办团练,官至广东按察使。赵昀长子赵继元,也中过进士,曾任江宁特用道节制督标,加按察使司衔。知名人士赵朴初是赵继元次子赵曾裕的孙子。

赵小莲,也叫赵继莲,生于道光十八年(1838年)二月十九日,比李鸿章小十五岁。李鸿章原配周氏死后,其兄李瀚章为之说媒,赵昀就答应了。李鸿章特意接母亲到苏州,为自己主持婚礼。

4.令曾国藩佩服不已

同治二年十一月初二,无锡、金匮被淮军攻克,李鸿章生擒潮王黄子隆父子。李鹤章被授以记名道员简放,郭松林、刘铭传赏加头品顶戴。

丢掉无锡之后,李秀成败走丹阳,十一月初十返回天京。此时,湘军已把天京包围得如铁桶一般,只等破城而入。在形势万分危急之时,李秀成认为天京已经难以立足,建议洪秀全弃城,另寻他处。洪秀全执迷不悟,反倒斥责李秀成:"朕奉上帝圣旨、天兄耶稣圣旨下凡,作天下万国独一真主,何惧之有?不用尔奏,政事不用尔理,尔欲出外走,欲在京,任由于尔。朕铁桶江山,尔不扶,有人扶,尔说无兵,朕之天兵多过于水,何曾惧妖者乎?尔怕死,便是会死。"

短短几年,洪秀全就愚昧若此,太平天国腐朽透顶。正应了那句老话:"其兴也勃焉,其亡也忽焉。"

十一月,淮军分兵入浙。见敌方来势汹涌,己方大势已去,太平军无心恋战，如平湖、乍浦、海盐等地，纷纷投降。淮军继而攻克平望，收复嘉善。李鹤章、刘铭传等部也已兵临常州城下。

十二月上旬，淮军分路进军增援武进、丹阳之间的奔牛镇，苦战八天，十四日击退李秀成及李世贤等太平军十万余众，烧毁李秀成购自洋人的"飞而复来"号战舰。不久前，"飞而复来"号战舰在太平军与清军展开的水战中大显神威，俘获炮船五十一艘。

这一仗是淮军独立完成的，对手是李秀成、李世贤，号称用四千余人战胜十万太平军，李鸿章分外高兴，称足以令太平军胆寒心悸。

攻打宜兴的时候，戈登自愿相助，李鸿章抽调郭松林、滕嗣武部的精锐会同前往。经过三天交战，击退首王范汝增，克复宜兴、荆溪县城。溧阳太平军守将吴人杰献城投降。

曾国藩闻讯，大加赞赏："威棱所指，无坚不摧，而驾驭洋将，擒纵在手，有鞭挞龙蛇，视若婴儿之风，尤以为佩！"

5.攻陷嘉兴，折损淮军第一骁将

按照预期，战事进行得似乎比较顺利。同治三年二月十八日，程学启率军与李朝斌部水师合力攻打嘉兴。不幸的是，程学启头部中枪，十天之后不治身亡。程学启本来是太平军的降将，加入淮军后死心塌地为李鸿章效力，很受重用，历经虹桥、北新泾、四江口三次大捷，都是以少胜多，威名大震。程学启智勇双全，每战必身先士卒，几乎战无不胜，攻无不克，而且对于洋枪洋炮等新式武器十分重视。

戈登痛惜程学启之死，索其打仗时随身携带的两杆长旗留作纪念。李鸿章上疏为程学启请恤。痛失良将，李鸿章扼腕叹息，在写给郭嵩焘的信中说："失此良将，左臂顿折，从此不敢轻议征伐矣！"李鸿章还记得，曾国藩曾让他派程学启增援曾国荃，因上海周边战事紧急，兵力不足，没有同意，没想到现在不幸去世。李鸿章有些自责。他写信给曾国荃表示遗憾，称借自曾国荃，却没有完璧归赵，并称赞程学启"用兵方略为十余年来罕有之将"。曾国藩的评价似乎更客观一些，他说："为沪军第一骁将，臣部诸将无及之者，惟性颇好利，屡获大捷，亦不免于骄矜。"指出程学启贪财，虽然屡立战功，但因此也有些骄傲。

程学启死后，开军由刘士奇、王永胜代统。

6.与左宗棠交恶

斗志昂扬、意气风发的李鸿章犯了一个忌讳，那就是他作为江苏巡抚，竟然闯入了浙江境内，不能不引起浙江方面的嫌疑。此时左宗棠正担任闽浙总督兼署浙江巡抚。李鸿章这样干事，左宗棠心里不痛快，难免有些嫌怨。另外还有一件事，困守海宁的太平军会王蔡元隆，后来向左宗棠器重的浙江布政使蒋益澧投降；而蔡元隆在守太仓的时候曾以诈降术枪伤李鹤章，李鸿章气极，屠戮太平军万人，在奏报太仓克复的时候说蔡贼已被擒获裂尸，没想到跑到左宗棠那里，改名蔡元吉，还得到重用。这让李鸿章感到难堪和气愤。对于自己跑到浙江地盘，那是战争需要，他在写给曾国藩的信中称"常谓苏之门户，嘉为淞沪门户"，为了"自固门户"，"不得不兼图常、嘉"，而且去年春天"浙帅未委一印官，先准苏为代办"，后来又遭到申斥；"左公乃衔怨若是，如果浙有兵与官来，俾敝境得松一面之防，并力于我土地，岂敢于太岁头动一撮土耶？"意思是说，如果你浙江在我江苏方面有抵挡太平军的兵力，我这边就不必费劲布防，也犯不着在你太岁头上动土，但是你没有啊，你没有那能力。李鸿章除了解释自己进入浙江辖境的原因，还指责浙江方面部署不周。另外提及"似降似叛"的蔡元隆，怪问左宗棠："浙帅置之城外，不解何意，未免多一防备耳。"

早先，李鸿章就向曾国藩诋毁左宗棠："季帅（指左宗棠）予圣自雄，不可一世，亦喜陵轹侪辈。蒋芗泉（蒋益澧字）衔怨入骨，其他闻亦难乎为下。"左宗棠不善交际，心高气傲，李鸿章说得不可谓不对，但通过捕风捉影，议论别人的缺点，抨击别人，抬高自己，显得不太厚道。

左宗棠在被太平军蹂躏过的浙江苦苦支撑，不像李鸿章那么财大气粗，兵强马壮。他现在的精力是准备克复杭州，再会攻天京，对于嘉兴尚鞭长莫及，无能为力。李鸿章则不然，坐拥富庶之地上海，以秋风扫落叶之势，扫清周边，兵力雄厚，装备精良，又有洋人相助，淮军实力已经开始超过曾国藩的湘军。如果他从上海经苏州、无锡、常州，直奔天京，太平天国的心脏——天京可能很快就会唾手可得。虽然他有这个能力，但他不能那么做，因为这意味着与正在围困天京的曾国荃争功。面对朝廷一再让他与曾国荃会攻金陵的命令，他无动于衷，只是围着太湖打转转，对付外围的太平军。

7.攻克常州

经过一系列战斗，攻城拔寨，上海西面、西南、西北方面的门户都已经被淮军把持，接下来继续向天京方向挺进。

在常州，淮军遇到阻碍，围攻三四个月不下。李鸿章于三月初十亲赴常州查看，布置攻城事宜。十八日，常胜军赶来相助。受到苏州杀降事件的恶劣影响，太平军拒不投降。淮军与常胜军伤亡有一千五六百人之多。这大大激怒了李鸿章，调集水陆大军合四万余人加强进攻，终于在四月初六克复，曾国藩写信大加赞赏："壮哉！儒生事业，近古未尝有也。"

8. 遣散常胜军

常州克复之后，戈登打算回国，自辞头领，准备将常胜军遣散。李鸿章为戈登向朝廷请赏，他在奏片中说明了遣散常胜军的理由和方案。结果共花遣散经费十二万二千八百元，补给月饷六万元；根据将官意愿，留下炮队，包括炮兵六百名，炮三十余尊，由罗荣光管带；留外国头领十一名担任教习；留洋枪队成员三百名及外国兵头一名，交给李恒嵩督带。

因常胜军是外国人领导的雇佣军，相对独立，初期淮军非常依赖，但调遣指挥不灵。李鸿章曾担心常胜军不好了结，怕其继续壮大，成为隐患。没想到一朝顺利遣散，各取所需，皆大欢喜，解决了一大难题。李鸿章非常高兴，在写给曾国藩的信中说："戈登今年忽变为忠直好人，非鸿章所能革其心面，乃中兴气运使然。"

9. 战天京

同治三年二月二十四日，曾国荃大军到达天京太平门、神策门外，将天京包围，断绝了城内粮路。嘉兴的克复也断了杭州太平军的粮路，在左宗棠的命令下，蒋益澧会同高连升及洋将德克碑，收复了杭州。四月初八，冯子材克复丹阳。常州、丹阳克复之后，在江苏，太平军只剩下了天京一座孤城。

但曾国荃却一时难以将天京攻破，为此大伤脑筋。在常州城下的李鸿章也有些犯难，因为朝旨令他率淮军会攻，早日除掉太平军，以空出手来对付捻军。但他不想掠人之美，得罪曾氏兄弟。曾氏兄弟经营了十年，盼望着能够一举拿下天京，为剿灭太平军画上一个圆满的句号。五月初八朝廷再次下旨，责备李鸿章坐视不管，令其迅速调动劲旅赶赴天京，与曾国荃会合。李

第二章
太平天国时期的李鸿章家族

鸿章立即给曾国荃去信，申明己意："屡奉寄谕，饬派敝军协剿金陵。鄙意以我公两载辛劳，一篑未竟，不敢近禁脔而窥卧榻。"

面对朝廷的催促，李鸿章告以军队疲惫，以天京周边州县没有克复，以及遣散常胜军后炮队尚需整合训练等为由，覆奏请缓。折子还没送到京师，朝廷接连于五月十一、十六、十九日寄谕，催促李鸿章拨兵会剿，不能因为避嫌而推诿。曾国藩、曾国荃兄弟也去函相催。李鸿章十分聪明，知道曾氏兄弟做的是表面文章，故意请求支援，实际上根本不想让别人分享来之不易的胜利果实。于是，李鸿章一再拖延，先说协剿长兴，又说会剿湖州，兵力有限，不能兼顾，最后竟然以目前天气炎热，枪炮不耐用为借口推辞。三个人来来回回写信，费尽心机，钩心斗角，李鸿章的意思就是两个字：不去！

到六月中旬，李鸿章等得实在有些不耐烦了，就写信给曾国荃，告诉他淮军打算前往赴援。

曾国荃得知李鸿章的用兵意图后，对部将说："他人至矣！艰苦两年以与人邪？"

众将官纷纷表示："愿尽死力！"

李鸿章的激将法果然奏效，六月十六日，曾国荃部攻进天京。城破后，李秀成拥幼主洪天贵福冲出，遭到湘军截击失散。李秀成被擒获，洪天贵福逃往广德与洪仁玕会合。

捷报传来，朝廷上下一片欢腾，廷旨论功行赏。主帅曾国藩赏加太子太保衔，封一等侯爵，世袭罔替；曾国荃赏加太子少保衔，赐封一等伯爵，两人均赏戴双眼花翎。李鸿章因为由上海一隅主动出剿，连克重要州县，阻挡了太平军的进路和退路，谋勇兼优，赐封一等伯爵，赏戴双眼花翎。左宗棠攻陷杭州时已经赏加太子少保衔，赐黄马褂，此次又封二等恪靖伯。

头功没有抢得，李鸿章改派各路淮军与左宗棠的浙军相配合，截剿四处败窜的太平军。同治四年初，郭松林、杨鼎勋率部扫清福建境内太平军。同治五年初，左宗棠在广东将李世贤等太平军残部剿灭。

至此,李鸿章的"平吴"行动基本告一段落。

此时,淮军兵力从初到上海的十三营六千五百人,扩充至水陆共一百四十营,约有七万人。

李鸿章的发展壮大,让曾国藩颇感意外。

当初曾国藩派李鸿章去上海,成立淮军,初衷是为了"济湘军之穷",为曾国藩"弥缝缺憾",李鸿章始终面临着湘军催饷求援的巨大压力。没想到短短三年时间,李鸿章在上海大展拳脚,带领淮军勇往直前,突飞猛进,竟然成了气候,成长为不可忽视的一股军事力量,也为他日后影响和主持大局积累了政治资本。

剿平捻乱李氏兄弟位列封疆

 # 曾国藩指挥不了淮军

1.僧格林沁败亡

捻军起义的时间比太平军还要早,初期比较分散,咸丰三年(1853年)太平军北伐,捻军四散流布,此起彼伏。太平天国运动失败,遵王赖文光、梁王张宗禹等重整旗鼓,袭用太平军年号和封号,整合余部及捻军,组成了一支新捻军。新捻军沿用了太平军的军事制度,采用机动灵活的战术,"易步为骑",变成了一支庞大的骑兵队伍,奔驰于河南、山东、江苏等地,以十万之众对抗清军,严重威胁着清政府的统治。

铁骑悍将僧格林沁也不敌新捻军的冲击,屡战屡败。僧格林沁是蒙古族人,与英法联军作战时取得过胜利,咸丰五年(1855年)正月至六月,击溃北伐太平军,俘虏林凤祥、李开芳,军功卓著,被视为清朝最后一位八旗名将。同治四年四月,对捻军穷追不舍的僧格林沁被诱至山东曹州高楼寨(今菏泽高庄集),在张宗禹的指挥下,七千清兵全军覆没,蒙古马匹尽归捻军,身负重伤的僧格林沁被一个年仅十六岁名叫张皮绠的小兵杀死在麦田里。

第三章
剿平捻乱李氏兄弟位列封疆

2.淮军成为剿捻主力

僧格林沁败毙之后,朝野震动。同治四年四月二十九日,上谕命钦差大臣、协办大学士、两江总督曾国藩赴山东督剿捻匪,江苏巡抚李鸿章署理(暂时代理)两江总督。另指示李鸿章立即前往金陵接任,悉心经理,随时与曾国藩商议,并为曾国藩筹划调兵、筹集军饷等事宜。当然,后者是主要的,也就是为曾国藩做好后勤服务工作。五月初四,朝廷任命曾国藩为钦差大臣,督办直隶、山东、河南三省军务。

湘军早已议定悉数遣散,曾国藩可依靠的只有淮军了。接下来他与李鸿章磋商,除了将铭、盛、树等军拨归曾国藩调遣之外,又派潘鼎新率十营由海路赴天津增援。这部分淮军由李鸿章兄弟苦心经营而成,曾国藩担心自己不好指挥,奏请开缺甘凉道,留李鹤章办理行营营务处,并令李昭庆赴营听候差遣。李氏兄弟又被绑在了战车上。

虽然李鸿章积极支持曾国藩挂帅镇压捻军,但是考虑到缺少强兵,剿灭太平军后精力疲惫,料定老师难以完成此次任务。后来果然如他所料,勉强应承的曾国藩剿捻不力,朝廷将其与李鸿章对调,曾国藩只能为李鸿章筹措粮饷,提供后勤服务了。

利害所系,李鸿章密切关注剿捻进展,不忘献计献策。五月初六,李鸿章上奏片,密陈剿捻事宜,提出剿捻的基本方略是令各地居民坚壁清野,由官方监督民团,各省须整练步兵队伍,驻扎在扼要处截击,更要多练马队,以便追剿。

闰五月二十一日,曾国藩也向上奏陈剿捻方略,其想法是在安徽临淮、河南周家口、江苏苏州、山东济宁设立老营,驻重兵,储粮械,彼此呼应,再以李昭庆训练的马队,加上僧格林沁的骑兵旧部,作为游击队,"以有定之兵,制无定之寇"。

由此可见,曾、李的剿捻思想是大体一致的。

同治四年，李瀚章被任命为湖南巡抚。兄弟两人均成为封疆大吏，不过担负着为出师剿捻的曾国藩筹集粮饷的艰巨任务。在金陵，曾国藩还丢下一个烂摊子有待收拾。正当李鸿章为筹措饷需头疼不已的时候，在京的吴籍官员殷兆镛、王宪成疏劾他在江苏厘捐过重，横征暴敛，要求裁并厘卡。这让李鸿章十分生气，复奏申辩，陈述苦衷，并对朝中士大夫的无识、互相攻讦、名实混淆、胆小怕事等流弊大加抨击。他认为这帮官绅之所以弹劾自己，是因为自己没有给他们送礼，"未送川资，未寄炭金"，因而嫌怨。他指斥他们欺软怕硬，"专欺善良"，如果换成处事周到的沈葆桢、暴戾恣狠的左宗棠，就不会发生这样的事。

六月初三，刘铭传、周盛波等率部在雉河集击破任柱（任化邦）、张宗禹等率领的捻军，捻军分两路西窜，张宗禹奔河南南阳一带，任柱、赖文光去往豫东。八月中旬，刘铭传在沈丘、阜阳击败任柱，任、赖回窜山东，皖境捻军被肃清。

由于豫军围剿张宗禹不力，上谕命李鸿章带杨鼎勋等军驰赴河洛防剿，军机中枢打算让吴棠署两江总督，李宗羲署漕督，丁日昌署江苏巡抚。曾国藩、李鸿章复奏表示不同意，理由是无兵分调、军饷难继、人员升迁过骤等。

九月二十八、二十九日，李昭庆率忠、朴等营败任、赖等部捻军于柳新庄，十月初三、初四，潘鼎新又败之于丰县。周盛波、刘铭传等部也打了胜仗。两路捻军逃往湖北。刘铭传率铭军赴湖北，同治五年（1866年）正月二十八日，攻克黄陂，又败捻军于颍州。三月上旬，李鸿章檄令刘秉璋、况文榜率部进驻宿迁，并襄办曾国藩军务。移师济宁的曾国藩根据捻军行踪特点及地理形势，提出了以静制动，"守河防运"的战略，约同山东巡抚阎敬铭、直隶总督刘长佑等沿运河一带分段布防。六月，张宗禹渡沙河，任、赖渡淮河。曾国藩调动铭、鼎、树各军及李鹤年、乔松年，加上水师、皖军进行会防；另派刘秉璋、杨鼎勋、王永胜所统淮军，刘松山、张诗日所统湘军，鲍超所统霆军，分路游击，期望将捻军逼入西南山多田少的地方一举歼灭。

3.走马换将，李鸿章担任剿捻主帅

不过，曾国藩辛辛苦苦筹划的河防被捻军冲破，加之对淮军指挥不灵，不得已，奏调李鸿章带两江总督关防出驻徐州，与山东巡抚阎敬铭会办东路剿捻；湖北巡抚曾国荃移驻河南南阳，与河南巡抚李鹤年会办西路剿捻；曾国藩自己驻扎周家口，负责联络指挥。

同治五年九月十二日，捻军在河南陈留、杞县被击败，分为两支：任、赖等走东北，回窜山东，是为东捻；张宗禹等走西南，拟进陕西，是为西捻。

李鸿章受命以后，于十月初三抵达徐州。不久，因为曾国藩身体不好请假调理，朝廷经过考虑，授李鸿章为钦差大臣，专办剿捻事宜，曾国藩回两江总督本任，为李鸿章筹饷。如此一来，曾、李两个人的职事做了对调。其实，早在九月十六日，李鸿章就致函曾国藩，提出了由自己赴前敌剿捻，曾氏主持后路的想法。更早些时候，曾国藩也预感到剿捻不顺，说过如果自己的工作没有起色，将奏请李鸿章北上剿捻的话。曾、李师生之间，可谓知己知彼。

4.督师剿捻，伤亡惨重

同治五年（1866年）十一月二十三日，李鸿章接受钦差大臣关防，开始督师剿捻。然而，上任后剿捻工作进展得并不顺利。

李鸿章采用的仍然是老师曾国藩的策略，略加改进，提出"扼地兜剿"，诱敌深入，困其于穷山恶水之处，再合各方军力围剿。扼地兜剿是明代孙传庭进攻李自成农民军时采用的方法。针对东捻任、赖等进入湖北，李鸿章派刘铭传、刘秉璋进军固始、商城，与周盛波、张树珊所部自河南分路进入湖北，会合湖北巡抚曾国荃的鄂军兜击；另派李昭庆率王永胜开字十一营、董凤高马步七营进汝宁、信阳，防止捻军北上回窜。

十二月初一，郭松林、彭毓橘等连破东捻军于应城、京山、钟祥。初六，东捻军在罗家集伏击郭松林部，郭松林受重伤，被活捉，但捻军不知道他是头领，将其弃置路旁，郭松林方才得以逃脱。其弟副将郭芳鉁战死，沈鸿宾被围困，郭松林部被歼近四千人。二十一日，追逐捻军的张树珊在德安杨家河中伏身亡，所部皆战死，淮军痛失一员大将。

同治六年（1867年）正月初，刘铭传在湖北宜城击败赖文光、任柱。

刘铭传率部追至德安，和东捻军遭遇，东捻军被击退后屯扎在京山尹隆河附近。刘铭传与鲍超相约兵分两路夹击，以图全歼敌人。刘铭传争功心切，提前进攻，结果被任、赖的东捻军包围，刘部大败，突围不成，坐以待毙。幸亏鲍超率领霆军如期赶到，救了刘铭传，将东捻军击溃。

事后，湘、淮互相攻讦。李鸿章偏袒刘铭传，按刘所说以鲍超误期上奏，鲍超遭到朝廷严责申斥。李鸿章并非不知详情，他这个人就是护犊子。他在家书中曾说："铭传冀独得首功，先一刻进攻，竟大败，所部唐殿魁等死亡。及霆军践期来，乃大破捻匪，杀敌万余，生擒八千有奇，救铭军于重围之中。"本以为有功的鲍超得知廷旨后愤懑不已，心灰意冷，托疾还乡。随后霆军被裁撤改编，为东捻军除去了一大劲敌。

同治六年正月十一日，李鸿章由江苏巡抚调任湖广总督，李瀚章由湖南巡抚调任江苏巡抚，因李鸿章督办剿匪事宜，湖广总督由李瀚章署理。从这样的人事安排能够看出朝廷对李氏兄弟的厚望和倚重，不过着急了点。朝廷的目的，既是为了安抚之前参劾原湖广总督官文的曾国荃，有所表示，更是为了便于李鸿章在前线剿匪所需军饷的筹措，以为军事上做呼应。为镇压太平天国立下汗马功劳的曾国藩、曾国荃兄弟的风头，大有被李鸿章、李瀚章兄弟盖过的架势。

然而，一朝捻军不除，李鸿章就一日不得安宁。四处奔走的捻军比太平军难对付得多。捻军十分精明，善于埋伏包抄，伏击敌人，其骑兵反应迅疾，无往不利，清军经常跟在屁股后面追赶而望尘莫及。捻军运用游击战术企图把疲于应付的官军拖垮，并四处骚扰劫掠，抢夺辎重。不堪其苦的李鸿章破口大骂捻军是"贼中偷儿""人中怪物"，追讨不得，只能"搔首呼天，抚躬忧国，尽瘁而已"。

5.剿平东捻

同治六年五月，东捻从河南跑到山东曹县境内。其先头部队进犯东平戴庙，击败东军统领王心安部，只用数十骑兵便冲破运河东岸圩墙，并将王心安等营的军资抢走，挟持王心安的眷船渡河，突破东军防线。守军的疏忽和不堪一击令李鸿章愤怒不已。运河防守失利，也引起了朝廷的不满，先后下旨将山东巡抚丁宝桢、河南巡抚李鹤年、湖北巡抚曾国荃交部议处，曾国荃、李鹤年均降二级留任，丁宝桢降三级留任，事关军务，不得抵销；李鸿章剿捻半年多来没有起色，殊负委任，戴罪立功，令赴山东剿捻。

经过与众将官商讨，李鸿章决定采用"倒守运河，进扼胶莱，将蹙之海隅"的作战计划，调集山东、河南、淮北等地军马，将东捻军引入山东境内，利用胶莱河、运河、黄河、六塘河等地理，困于胶莱河一带。五月底，任、赖率东捻军过潍县，趋向登莱。李鸿章派刘铭传部由济宁、泰安、莱芜赴青州为中路；潘鼎新部由潍县、昌邑赴莱州为北路；董凤高、沈宏富率军由郯城、兰山进驻莒州为南路，三路兜截，欲逼东捻军进入登、莱绝地。另外，李鸿章又派周盛波、刘秉璋、杨鼎勋、李昭庆等部配合豫皖鲁等军防守运河。

李鸿章对于单薄的防线担心不已，怕不能持久应付。果不其然，七月二十日，东捻军又选择王心安部所守的海神庙地段渡过潍河，致使清军处心积虑设置的胶莱防线溃败。李鸿章因此受到朝廷严责，与潘鼎新遭到交部议处的惩戒，丁宝桢亦被摘去顶戴，革职留任。

为此，丁宝桢与李鸿章发生了争执，互相指责。丁宝桢袒护王心安，归咎于潘鼎新，李鸿章则声称是王心安的责任，攻击丁宝桢慢师轻敌，袒护不公。丁宝桢早就对李鸿章引捻入鲁、在自己地盘作战的计划不满，对李鸿章的命令有所慢怠，粮饷供应不按时，防守也不严密，甚至想着随时准备让开渡口，以便东捻军趁早离开山东。据说丁宝桢还率军在滨海地区破坏李鸿章的剿匪计划。李鸿章要求杀王心安泄愤，丁宝桢坚决不干。

胶莱之役后，朝廷上下舆论沸腾，纷纷指责李鸿章，甚至是谩骂。"是时，蜚谤屡起，朝廷责备綦严，有罢运防之议。"李鸿章复奏朝廷，力主不能放弃运防，得到许可。此时的李鸿章别无选择，只有默念老师曾国藩的"挺经"，坚决实施围攻捻军的剿匪计划。同时他也对内讧事件进行反思，觉得臣子不和，非国家之福，主动与丁宝桢讲和，争取地方上的支持。

突破胶莱河防线以后，东捻军计划再突破运河防线，与西捻军会师，但遭到淮军拦击。十月间，任、赖东捻军缺粮，往潍县劫掠，在松树山与刘铭传部展开战斗，败后南逃。任柱受伤，逃往江苏赣榆，刘铭传、善庆追去，再获大胜。任柱被叛将潘贵升杀死。十一月二十九日，出没于昌邑、潍县、寿光及胶州之间的东捻军麇集在寿光南北洋河、巨弥河之间，与淮军进行决战。淮军大捷，擒杀两万余，捻军溃不成军。十二月十一日，赖文光逃到扬州境内，被吴毓兰统带的叶字营擒获。

至此，东捻军被全部荡平。

事后，李鸿章赏加一等骑都尉世职，刘铭传加三等轻车都尉世职，郭松林、杨鼎勋、善庆、潘鼎新加头品顶戴，李昭庆升为盐运司。

十二月，李瀚章调任浙江巡抚，赏头品顶戴。

淮军再起,李鸿章戴罪立功

1.剿捻不积极遭革职

同治六年(1867年)十二月底,李鸿章和他的将官们准备在济宁过年,好好休整和庆贺一番。早在肃清东南地区的太平军之后,将士们就纷纷要求放个长假,谁想接踵而来的是剿捻的重任。面对将士们的一再请求,李鸿章只好约以剿平东捻之后兑现承诺。自从离京回乡办团练,李鸿章的戎马生涯有十五年了,精力大不如前,他恳请朝廷赶紧把钦差大臣的大印收回,也要请假歇歇。本来上谕批准休息,但是没想到西捻军从陕西渡过黄河,星夜兼程,由山西、河南进入直隶、河北,直捣北京,抵达卢沟桥。这让朝廷继英法联军和北伐太平军之后,再次感受到了兵临城下的危险,吓破了胆,立时改变了主意,命令左宗棠、李鸿章、都兴阿为钦差大臣,以恭亲王奕䜣节制各路统兵大臣及各省督抚,严令各地将领,迅速率部北上"勤王"。

由于人心厌战,将领中有人打算坐享富贵,有的打算解甲归田,李鸿章分派诸将北援,却没有一个人应命,纷纷求退,吵闹不休。其中主力干将刘铭传、郭松林、潘鼎新要求放三个月假,刘秉璋、李昭庆要求退役还乡。

朝旨多次催促未果,同治七年(1868年)正月初九,严命李鸿章即日驰赴直隶，不得片刻延迟。为了断了李鸿章一再推辞、拖延不进的念头，先行交部议处。其他有关人员也遭到严谴：直隶总督官文、陕甘总督左宗棠交部议处，加恩革职留任；钦差大臣李鸿章应援不力，摘去双眼花翎，褫去黄马褂，革去骑都尉世职；河南巡抚李鹤年革去头品顶戴。朝旨还因李鸿章面对谕旨催促没有一字回复，质问他"是何居心"。

李鸿章受罚，将怨气撒到了左宗棠身上，认为是左宗棠剿匪不力，"放贼出山"，结果殃及池鱼。

谕旨连续下发，语气越来越严厉，淮军各将领意识到事态的严重性，不得不答应北上救援。李鸿章上奏，除刘铭传伤病发作给假调养外，他亲自督率潘鼎新、周盛波、周盛传、郭松林、杨鼎勋、善庆、温德勒克西等率部北上；并请命各地坚壁清野，不让捻军掠夺粮草。

刘铭传未能从行，主要原因是对赏罚不满。曾国藩写信给他，让他不要闹情绪，辜负了李少帅的心意。但是刘铭传还是回老家养病去了，让李鸿章不免有"减色"之叹。毕竟，在程学启之后，淮军第一精锐非刘铭传莫属，其他人无可替代。

同治七年二月十六日，郭松林、杨鼎勋部破西捻军于安平城下；二十三日，合豫军张曜、宋庆部再败西捻军于饶阳。三月初二，李鸿章从景州启行，经冀州，初十到大名，十四日到开州。西捻军见淮军在长垣、滑县之间布防，恐被围困，于罅隙处突过。淮军与西捻交战于滑县，失利，记名提督陈振邦因伤死。张宗禹由东昌渡过运河东逃。四月初六，李鸿章抵达东昌，十二日又遵旨进驻德州。李鸿章被牵着鼻子走，很是头痛。捻军逼近天津，郭松林、杨鼎勋、潘鼎新等部连胜于吴桥、东光、南皮、沧州、静海、天津等处，京津地带转危为安。

朝廷怪李鸿章没有严密堵截，调度无方，将其降二级留任。李鸿章到达德州之后，与山东巡抚丁宝桢商议，就地圈筑，布置运防。由于左宗棠无力协助，李鸿章只得自行联络鲁、皖、直隶的将帅布防。

第 三 章
剿平捻乱李氏兄弟位列封疆

刘铭传三个月假期已满,但迟迟不肯来报到。李鸿章一再延请,刘以眼疾拒绝,直到五六月份才奔赴前线。

2.不可能完成的任务

令人料想不到的是,朝廷给李鸿章下达了一个不可能完成的任务。同治七年四月十七日,根据恭亲王奕䜣的奏议,责成李鸿章一人在一个月内剿灭捻匪。完成的话,给以破格奖赏,如果完不成任务,就要重治其罪。

这又怎么可能?

李鸿章只得加紧驻防,提出新的围攻计划,在西面以运河为防线,北面以减河为防线,南面以黄河为防线,欲把捻军围歼在三河之间。

不久,李鸿章得到一位有力的帮手,袁保恒被派任马步全军翼长。袁保恒是前漕督袁甲三的儿子,进士出身,曾受降职处分。西捻军起义,袁请缨出战,以竟父志,并提到豫皖各路多为父亲旧部,遂被发往李鸿章军营差遣委用。

一个月的时间转眼即逝,捻乱依旧未平。朝廷依令将李鸿章、左宗棠交部议处,降三级留任。

朝廷对李鸿章、左宗棠没有信心,另派盛京将军都兴阿管理神机营事务,授钦差大臣,赴天津等地剿捻,并以三口通商大臣、兵部左侍郎崇厚帮办军务。由于令出多头,官军的指挥系统变得更加混乱。这让李鸿章和左宗棠十分不满。

五月十三日,潘鼎新败捻军于山东临邑。五月下旬,淮军连获胜仗。二十五日,郭松林在山东海丰打败捻军。二十七日,周盛波在吴桥破捻军,袭击德州七十里外的杨丁庄捻军,杀死张宗禹侄子张之彪,毙敌过半,夺获骡马三千余匹,堪称大捷。六月初二,郭松林、潘鼎新在沙河大败捻军,追至商河城下，张宗禹受枪伤，被部下扛着狼狈逃走。

六月初八，刘铭传回到东昌铭军老营，十四日至德州，与李鸿章商谈军事，随即统带铭军奔赴前敌。

十六日，杨鼎勋因旧伤复发去世，淮军又失去了一位得力干将。

3.剿灭西捻

也许是天灭捻军，五月以来，连降大雨，山东境内的黄河和徒骇河的水势高涨，黄翼升等人的水师有了用武之地。李鸿章计划乘水势发起进攻。六月二十八、二十九日，经过连续交战，节节败退的张宗禹被逼进入了李鸿章预定的徒骇河、黄河、运河之内的包围圈，捻军多被歼灭，走投无路的张宗禹投水自尽。

收到捷报，朝廷赏还李鸿章骑都尉世职、双眼花翎、黄马褂，取消降革处分；又降旨升刘铭传为一等男爵，赏加李鸿章太子太保衔，以湖广总督加协办大学士，赏加左宗棠太子太保衔，照一等功交部议处，其他立功人员各升赏有差。

4.左宗棠故意刁难

朝廷以李鸿章领导的淮军居首功，这让为剿捻付出多年心血的左宗棠感到不满，但又不能全盘否定。他抓住刘松山受赏太低这一点做文章，间接向李鸿章发难，以引起人们的重视。左宗棠觉得，西捻军进犯畿辅的时候，是刘松山不顾个人的得失安危，先于诸军追至直隶，奋力作战而劳苦功高，但在论功行赏的时候却仅仅得了个三等轻车都尉，给了件象征荣誉的黄马褂，

第三章
剿平捻乱李氏兄弟位列封疆

连个爵位都没混上,实在是太不公平了。他要上奏为刘松山表功。

在李鸿章看来,左宗棠这是在故意与自己唱对台戏,以抑压淮军。他给曾国藩写信,揭左宗棠的短,说消灭张宗禹完全是因为天时地利人和,方告成功,来之不易,当人们皆大欢喜的时候,只有左宗棠叽叽歪歪,不相信张宗禹投河而死,不依不饶地非要让刘松山、郭运昌到处搜捕,必须活要见人死要见尸,以致官军骚扰百姓,疑为贼寇;神机营屡屡下令收兵撤防,他也不听,还吓唬别人说尚有贼匪,不能撤防。左宗棠闹个不停,在当时传为笑谈。李鸿章斥左宗棠是"阿瞒本色"。左宗棠喜欢以诸葛亮自比,李鸿章讽之以奸雄曹操,可见两个人甚不相容。

就任湖广总督

1.第一次见到慈禧太后

同治七年七月二十七日，朝廷发布了一批新的人事任免决定，其中有命曾国藩从两江总督调直隶总督，马新贻从闽浙总督调两江总督，英桂从福州将军授为闽浙总督。由于丁日昌奏称撤军遣勇留有后患，朝廷又命曾国藩暂留两江，与马新贻筹商办妥之后再赴新任。

在京城待了近一个月，李鸿章从皇上、皇太后和处于权力中心的人物那里得到了许多建议和内部消息。比如做好善后事宜，朝廷料知左宗棠西去平乱不会太顺利，让李鸿章保留部分兵力将来以作援助，劝曾国藩北上任直隶总督，等等。在这期间，他还拜访了许多权贵高官，出手阔绰，据说有的直接送银十万两。李鸿章还发起兴建安徽会馆，慷慨捐金。反正是有钱好办事，李鸿章此行收获颇丰，他人虽然不在北京，但是拉好了关系网。

2.裁减淮军

像打败太平天国时一样,曾国藩为避嫌疑,再次奏称捻匪肃清之后,应当从速裁遣湘、淮各军,并函商李鸿章,准备给他留两万精锐以备兵事。

北京觐见归来,李鸿章心里有底了,他借题发挥,对当年吴籍官绅参劾自己借为军队筹饷横征暴敛的事耿耿于怀,称淮军裁撤之后就不会有流言蜚语了。他表示要解甲归田,做个不问世事的闲人,也就没有什么过错了。但李鸿章不像他的父亲李文安,以自命清高的士人自居,他的内心并不平静。李鸿章正当年,事业如日中天,雄心勃勃,勇于进取,归隐林下的话也就是说说而已。听曾国藩说应该留一些骁健的兵勇给他时,他是非常赞同的,在京城时上边也有这个意思。至于是不是李鸿章揣度圣意也未可知。曾国藩识人有术,非常了解李鸿章的心思,曾经半开玩笑地说他"拼命做官",就是看穿了李鸿章是一个热衷功名利禄的人。

南归的时候,李鸿章于沿途遣散了五十营马步队,勇夫三万人;又与曾国藩、马新贻、丁日昌等磋商,对现有军队进行裁撤安排:刘盛藻统带铭军,在东昌、张秋一带驻扎,潘鼎新部七营两哨驻防济宁,吴长庆十一营驻徐州,段喆带勋字五营驻江苏境内沿江一带,湘勇三营驻扎金陵城内,总兵刘玉龙带开花炮队一营驻扎下关;李鸿章亲带郭松林的五营、周盛传的九营、马队三营、亲兵枪炮队二营,赴湖广总督任所。

3.昼锦还乡

接下来该大肆庆贺了:大排筵宴,演剧三日,庆祝李鸿章大功告成。

同治七年十一月初十,李鸿章奏请给假一个月,回家乡扫墓省亲。李鸿章风风光光地回到合肥,以光宗耀祖的孝子贤孙祭扫祖坟。他还去兄弟们为父亲李文安建造的家庙祭祀,主持了落成典礼。家庙距离李鸿章的出生地祠堂大约有五里路,这里特意请风水先生看过,据说是块宝地。家庙修建于同治七年八月,李瀚章请曾国藩撰写了一副对联:"庭训差同太邱长,子孝孙贤,已迈元方季方而上;碑文虽逊鲁国公,功高德厚,实在颜庙郭庙之间。"据说慈禧还派人送来了亲笔题写的"李氏家庙"匾额。这座家庙占地约有一公顷,建筑气势宏伟,飞檐斗拱,雕梁画栋,金碧辉煌。当天,安徽各府州的官员都来祭奠瞻仰,一时盛况空前,车水马龙,以致阻塞了四方交通。

曾国藩闻听后,称李鸿章是"昼锦还乡"。

之后,李鸿章动身去安庆看望母亲,寓居此地过年。李鸿章是正月初五出生,"孩生日,娘苦日",守着母亲过生日也特别有意义。同治八年正月初十,李鸿章带着母亲家眷从安庆坐船,正月十六日到达湖北武昌,接任湖广总督。

二月初二是母亲李太夫人的生日,少不了同僚朋友前来祝寿,宴请宾客好几天。曾国藩早已请吴汝纶代为捉笔作《李太夫人寿序》,李鸿章同年俞樾作《李太夫人七十寿序》,极尽溢美之词。

4.湖广总督

在湖广总督任上,李鸿章并非总是那么悠闲。让他十分头疼的一件事是裁撤鄂军,按照湘军旧例,裁遣者应该补发全饷,而鄂军的军饷已积欠了两百余万。他还要奉命协济左宗棠在陕西的军事活动费用。因财税收入短缺,不能及时奉上,只好请求宽限。在支援左宗棠这件事上,出于私心,李鸿章肯定不会积极。

昔日的老部下也不能放手不管。

第 三 章
剿平捻乱李氏兄弟位列封疆

本来刘铭传应该到直隶提督任上履新，却坚决不去，亲自跑到武昌找老上司李鸿章代为转请开缺，回家养病。李鸿章告诉他，朝廷打算重用他，曾国藩也十分想荐举他，不要错失机会。刘铭传坚决要求退隐。李鸿章为刘铭传这样的大将得不到重用而感到惋惜，希望他能够在国家需要的时候挺身而出。当然，马放南山，也未尝不是国家之福。当他得知刘铭传沉湎于酒色，颓废腐化的时候，特意去信劝勉，嘱其"多读古人书，静思天下事"，并断言刘铭传不会终老林下，"后十数年之世界，终赖扶持"，不要放浪形骸，自暴自弃。李鸿章的话常常具有非常准确的预见性，往往日后应验。1883年，中法战争爆发，闲居十三年的刘铭传拍案而起，重赴沙场，杀敌报国；1885年，成为台湾省首任巡抚，任职期间大力发展工商业，加强防务，做出了重大贡献。

潘鼎新进京陛见，奉旨发往左宗棠军营，听候差遣。他不愿意去，以回籍省亲营葬为由告假。很明显，他是顾虑自己作为淮军不为左宗棠所容。李鸿章不得不代为转奏。

同治八年五月二十八日，李鸿章接到上谕，让他去四川查办总督吴棠被云贵总督刘岳昭参劾铺张贪污一案。据说吴棠在任清河县令的时候帮助过慈禧家里，慈禧太后对吴棠"圣眷颇隆"。吴棠又是李鸿章的好友。他感到这个案子不好办，拖到七月初二才从武昌登舟出发，于九月十八日到达成都。经查，吴棠并无劣迹，刘岳昭参奏不实。

在这期间，四川酉阳、贵州遵义先后发生教案，朝旨命他会同当地督抚查办。他派熟悉洋务的道员余思枢前往贵州会办，自己往重庆调查酉阳教案。

同治九年正月初七，李鸿章又接到了新的任务，让他去贵州督办军务，肃清苗乱，朝命湖广总督由李瀚章代署。此去贵州，比上次去成都还远，舟车劳顿，李鸿章当然不愿意去。他奏称存在饷项、地势军情、采办转运等困难，等后路筹备得差不多了，兄长李瀚章到湖北与自己交割之后，再去不迟。

5.赴援左宗棠

同治九年（1970年）正月，跟随左宗棠在陕甘剿回的刘松山战死。二月中旬，朝廷命李鸿章带兵赴陕西督办援剿事宜，使左宗棠可以安心在甘肃办理军事。李鸿章一面函嘱曾国藩调拨铭军骑营，以备入陕之用，一面找借口拖延。三月二十四日，与李瀚章交接后，李鸿章由水陆起程赶往襄阳，四月二十四日又从襄阳起程。同时，他派周盛传进军北山，让郭松林专顾腹地。

平回是左宗棠揽下来的活儿，虽然棘手，但是他对于李鸿章的到来，颇有疑虑，以借力于李鸿章为耻。他上疏陈说战斗形势，意思只有一个，那就是根本不需要李鸿章来添乱。

李鸿章于六月二十七日到达西安，七月初四接到了新的使命，迅速带军队到直隶，以应对因"天津教案"可能引发的中法冲突。此时，周盛传已于六月间连兵北山，先后擒获敌首马意龙、戴得胜等，七月初八戡平北山。李鸿章也不乐意与左宗棠共事，不想与他争功。李鸿章此时的心情是：让老子待，老子还不愿意呢！他觉得自己在陕西纯属多余，正有归心，借此销差，从今日起就一心想着去天津了。

出将入相，李鸿章时代来临

1.查办天津教案

同治九年（1870年）三月，天津境内发生了数起儿童失踪、绑架事件，民众不明真相，风传系法国教士所为。五月二十日，官府拿获迷拐幼童的案犯武兰珍，据供乃受一名叫王三的教民主使，因此引起民愤，牵连教堂，反洋教的情绪高涨。天津道周家勋、知县刘杰先后与法国领事馆交涉未果。二十三日，法国领事丰大业到三口通商大臣崇厚的衙门要求镇压，没有得逞，在去往教堂的路上与刘杰遭遇，并开枪打伤了刘杰的家丁，丰大业被群情激愤的民众乱拳打死。随后民众又杀死了不少修女、神父、领事馆人员、侨民，破坏教堂、领事馆等建筑设施，殃及英、美、俄、意、比等国的领事馆或教堂，并有死伤。二十四日，包括德国在内的七国公使联合照会总署，表示抗议，要求惩办凶犯，并调集军舰，鸣炮示威。

朝廷派曾国藩赶赴天津查办此案。曾国藩不想与洋人开衅，便颁布严戒滋事，查拿凶犯，修葺教堂等内容的告示。国人大为不满，一时民怨沸腾，朝中官员亦讥议纷起，以曾国藩偏护洋人大加责问。经过调查，曾国藩确认洋人没有诱拐伤害儿童之事，将天津知府张光藻、知县刘杰撤职，奏请治罪。但法方对处理结果不满,将兵船开进海河,以宣战相威胁。曾国藩焦虑不已,旧疾复发,卧床不起。朝廷命丁日昌赴天津协办,另派工部尚书毛昶熙会办,同时为防不测,调派淮军前来备战。

在接到赴畿辅布防命令之前,李鸿章获悉天津教案发生,曾致书总理衙门,建议跟洋人软磨硬泡,断不可用兵。他还与曾国藩、马新贻及丁寿昌通信,表明自己的态度和处理方法,如使用"痞子手段",不能一味顺从,须柔中带刚,对于洋人逼迫将当事官员正法抵命的过分要求,效法外国人办案方式,以能否拿出证据对质,压其嚣张气焰。李鸿章提出的最终解决方案是,鉴于此案我方"理亏",最好"议和赔款"了事。

天津教案引发的军事外交危机正在发酵的时候,南方又传来震惊朝野的消息:同治九年七月二十六日,两江总督马新贻被人刺杀。此案疑点重重,扑朔迷离,至今众说纷纭。

马新贻死后,两江总督空缺,朝廷随即发布新的人事调令:曾国藩由直隶总督调回两江总督,李鸿章由湖广总督调任直隶总督,李瀚章由浙江巡抚调任湖广总督,杨昌濬由浙江布政使升任浙江巡抚。

至此,李鸿章跃居各封疆大吏之首,哥哥李瀚章则成为八大总督之一。

赴直隶途中,李鸿章派郭松林在彰德、卫辉,周盛传在平阳、洪洞一带操练休息,自己于八月十二日抵达保定,以调养肝疾为名在原地逗留。他有他的打算。在这期间,他接见当地各级官吏,看望了曾国藩在保定的妻子家人,并写信给老师。他说,因为顶着酷暑远行,一路劳顿,不得不在此歇歇脚;他还说不想刚到天津就得罪各方面势力,否则将来就不好干了,等老师将凶犯定罪,结案之后,再去接任,剩下的事由自己负责承担。李鸿章不急于插手天津教案,一方面的考虑是为老师留面子,等他办结了再去,功劳还是曾国藩的;另一方面不想掺和,像曾国藩一样弄得里外不是人,有损声誉。朝廷可不管这些,命他与曾国藩等人会同查办,不能推辞。好在在他到天津之前,曾国藩已经奏结了第一批人犯,不致再触犯众怒。

九月初六，李鸿章从老师曾国藩手中接过直隶总督的关防印信，随后接手办理与法方的交涉。当时法国正忙于普法战争，无暇顾及外交，态度有所软化，使得李鸿章能够较为轻松地完成谈判。九月十八日，议定赔偿损失二十一万两银，英、意、比人抚恤银二十五万两，俄人抚恤银三万两。另派崇厚为特使，赴法国道歉。

2.直隶总督兼北洋大臣

不久，朝廷接受了工部尚书毛昶熙的建议，将三口通商大臣裁撤。十月二十日，派直隶总督李鸿章担任"北洋大臣"，颁给钦差大臣关防，兼管洋务、海防及三口海关事宜。

是月底，李昭庆送李鸿章眷属到天津定居。

从同治九年（1870年）起，至光绪二十一年（1895年）赴日本议和，再到光绪二十六年（1900年）庚子之乱复出，至光绪二十七年去世，李鸿章兼任直隶总督和北洋大臣之职长达二十六年之久，其一举一动，莫不关乎军国大计，为中外瞩目。

自此之后，晚清进入了李鸿章时代。

李鸿章在天津开始施政，海防和洋务成为关系未来国运的两大重点。

海防方面，他认为中国当前有三大弱点：一是筹饷困难，二是练兵困难，三是制器练器困难。他要做的是整顿海防、江防、养战，学习西方先进的军事制造技术，否则就会"张皇于外，自顾空虚"。他建议在运河北岸圈筑新城，添置炮台，并派周盛传所部一万两千人从济宁移驻静海、沧州之间，整肃操防。同治十年二月，周盛传所部移驻青县马厂。后来袁世凯编练新军的小站即在附近。

同治十年三月，李鸿章幕府增加了两位好手：周馥和凌焕，襄助洋务，办理交涉。

3.三次大寿

同治十一年（1873年）正月初五，是李鸿章的五十整寿，在保定自然有一些庆贺活动。

俞樾在上年冬天即预致贺寿，并作寿联：

> 以岁之正，以月之令，春酒一尊，为相公寿；
> 治内用文，治外用武，长城万里，殿天子邦。

黄彭年撰《合肥相国五十寿序》，比之以召公、韩琦。

此后每到二月初五这一天，李鸿章府上都挤满了来祝贺生日的人，无不大办特办。

光绪八年（1882年）正月初五，到了李鸿章六十大寿（虚岁）的时候，保定官绅准备为他庆贺，他却力辞不许，原因是非议太多，不能太过招摇。

不能上门庆贺，大家就改为作寿诗为贺。张佩纶即作诗祝寿，俞樾又作《李少荃相国六十寿联》。

光绪十八年（1892年）正月初五，李鸿章七十大寿，慈禧太后赐以"调鼎凝厘"匾额，还有"栋梁华夏资良辅，带砺山河锡大年"寿联；皇帝赐以"钧衡笃祜"匾额，有"奎卣恩荣方召望，鼎钟勋勚富文年"寿联。连皇上和慈禧太后都祝贺，大小臣子们更不用说了，一时宾客如云，寿联也很多。

老对头翁同龢撰联：

第三章
剿平捻乱李氏兄弟位列封疆

壮猷为国重,元气得春先。

张之洞撰联:

四裔人传相司马,大年吾见老犹龙。

刘秉璋撰联:

南平吴越,北定燕齐,二十年前人羡黑头宰相;
西辑欧洲,东绥瀛海,三万里外共推黄发元勋。

长期以来坚持不懈给李鸿章写寿联的古文大师俞樾更不用说了,连撰两联,其一曰:

五百年名世之才,上纬天维,下理地轴;
七十载从心所欲,西摩月镜,东弄日珠。

此时是李鸿章人生最辉煌的时刻,权力、威望达到了顶点。再过两年就是甲午,其命运陡转,受各方指责,声望便一落千丈,届时人们避之都唯恐不及了。

福兮祸之所伏。李鸿章忙着过七十大寿,忽视了小儿子经进的病情。第二天,经进因病去世,只有十五岁。翁同龢认为,李鸿章相信西医,其幼子是被西医所误。

福无双至,祸不单行。光绪十八年六月初十,继室赵小莲又过世,享年五十五岁。好友送的赙金,李鸿章概予退还。赵小莲死后,李鸿章泰极否来,就开始走下坡路了。

4.挽曾国藩

李鸿章虽然只有五十岁,但已觉得体力大不如前,冬春季节经常咳嗽(与他喜欢抽烟有关),平时少不了吃药滋补身体。人过生日的时候感触较多,竟然想到万一自己不禄,谁会是接班人的问题。他写信向老师曾国藩请教,但他还不知道曾国藩已于二月初四辞世。噩耗传来,他悲痛不已,想起以前与曾国藩交往的日子:"患难相依最久,艰难时局赖共支持……大乱人才辈出,今四方渐平,日益枯落。"在写给曾国藩儿子们的信中,他说自己"在诸门人中受知最早、最深,亦最亲切"。他作的挽联是:"师事近三十年,薪尽火传,筑室忝为门生长;威名镇九万里,内安外攘,旷世难逢天下才。"从道光二十四年(1844年)李鸿章进京参加乡试,以年家子受业于曾国藩,到跟随曾国藩攻打太平军,剿捻,先后履任要职,再到同治十一年(1873年)曾国藩病卒,两人深厚交集共有二十九年。

曾国藩去世后,李鸿章嘱咐曾纪泽兄弟,收集曾国藩的文章、奏疏、日记等遗稿,编订行述、年谱,请名手选校,他愿意负责刊刻印行。后来李瀚章编撰《曾文正公全集》,李鸿章校勘,光绪二年由传忠书局印行。

5.首席阁揆

同治十一年五月十七日,朝廷补授李鸿章为大学士,六月十一日,授为武英殿大学士。

同治十三年十二月初二,被授为文华殿大学士,位居各大学士之首,相当于首席阁揆。这一缺向来都是满族人的专利,李鸿章作为汉族人被补授,前所未有,创下了一项纪录。

第 三 章
剿平捻乱李氏兄弟位列封疆

同治十三年十二月初五，同治帝薨逝，年仅三岁的光绪帝即皇帝位，慈禧继续专政。

李鸿章赴京叩谒同治帝梓宫，其间三次觐见两宫太后，称慈禧太后有励精图治之意：

> 二十二、三、六日太后召见三次，悲伤迫切之中大有励精图治之意。嗣皇年甫四岁，教育需时，局势殊为岌岌。幸已垂帘十一载，政事条理明晰，驾轻就熟，可致太平，惟祝此后不另生波折耳。

之后李鸿章备受恩宠，被委以重任，几乎任何大事都离不开李鸿章的参与主持。

第四章
洋务运动时期的李鸿章家族

# 三千年之大变局

1. 洋务先声

清末洋务运动,又称自强运动,是同治、光绪年间(19世纪60到90年代),为维护清朝统治而进行的一场自救运动,其指导思想前期为"自强",后期为"求富"。主要内容是学习西方的先进技术,倡兴西学,创办军工厂,生产新式武器,建立新式军队,并兴办民用工业、矿业和运输业等,以抵制国外资本主义的侵略和扩张。

内忧外患的压力让一部分维护统治阶级利益的人意识到,必须通过新的渠道寻找新的手段自强自救,以图"中兴"。

十九世纪中叶,受到资本主义入侵的刺激,一些开明的官僚知识分子、有志之士提出了向西方学习,改革弊政,富国强兵的主张。魏源提出"师夷之长技以制夷",他认为:"夷之长技有三,一战舰,二火器,三养兵练兵之法。"他批判了那种把外国一切机械制造都斥之为奇技淫巧的守旧思想,主张在中国设立兵工厂、造船厂,聘请西洋技师,学习西方制造新式武器,进而自主制造商船和民用机器,并允许私人设立厂局。"练兵""制器"是其核心思想。曾国藩提出"师夷智以造炮制船"。李鸿章提出"取外人之长

技以成中国之长技"。冯桂芬主张"采西学"、"制洋器",学习西方先进的自然科学和生产技术,提出"以中国之伦常,名教为原本,辅以诸国富强之术"。张之洞将其概括为:"中学为体,西学为用。"

朝廷的许多中枢大臣最初也是排外的,受到外来威胁的时候主战,结果发现不行,打不过人家,这才认识到必须改弦更张,谋求自强。咸丰十年(1860年)十二月,恭亲王奕䜣、大学士桂良、户部侍郎文祥奏请设立总理各国事务衙门(简称总理衙门、总署),专门负责与洋人打交道,后又管理洋务事宜,一定程度上反映了统治者思想上的变化。

2.李鸿章的洋务思想

李鸿章率领淮军赴援上海的时候,见识了洋人坚船利炮的威力,下定决心学习效仿。同治元年(1862年)十二月,李鸿章以江苏巡抚兼署南洋大臣,给曾国藩写信说:

> 用兵在人不在器,自是至论,鸿章尝往英、法提督兵船,见其大炮之精纯,子药之细巧,器械之鲜明,队伍之雄整,实非中国所能及。其陆军虽非所长,而每攻城劫营,各项军火皆中土所无,即浮桥、云梯、炮台,别具精工妙用,亦未曾见……鸿章亦岂敢崇信邪教,求利益于我,唯深以中国军器远逊外洋为耻,日戒谕将士,虚心忍辱,学得西人一二秘法,期有增益而能战之。

中国传统的军事观念重视人才,而轻视武器装备。自从见识了英、法诸国的兵船、大炮、弹药、枪械之精良,士兵训练之有素,战斗力之强大,李鸿章深为折服,意识到中西之间存在巨大差距,他主张向洋人虚心学习,尤其是"军器"方面,应多借鉴,让中国军事变得强盛。

李鸿章的洋务思想集中反映在同治三年春天写给总署恭亲王奕䜣和文祥的信中。

> 鸿章窃以为天下事穷则变,变则通。中国士大夫沉浸于章句小楷之积习,武夫悍卒又多粗蠢而不加细心,以致所用非所学,所学非所用。无事则嗤外国之利器为奇技淫巧,以为不必学,有事则惊外国之利器为变怪神奇,以为不能学。不知洋人视火器为身心性命之学者,已数百年,一旦豁然贯通,参阴阳而配造化,实有指挥如意、从心所欲之快……前者英、法各国,以日本为外府,肆意诛求,日本君臣发愤为雄,选宗室及大臣子弟之聪秀者,往西国制器厂师习各艺,又购制器之器,在本国制习,现在已能驾驶轮船,造放炸炮。去年英人虚声恫喝,以兵临之,然英人所恃为攻战之利者,彼已分擅其长,用是凝然不动,而英人固无如之何也。夫今之日本,即明之倭寇也,距西国远而距中国近。我有以自立,则将附丽于我,窥伺西人之短长;我无以自强,则并效尤于彼,分西人之利薮。日本以海外区区小国,尚能及时改辙,知所取法,然则我中国深维穷极而通之故,夫亦可以皇然变计矣……鸿章以为中国欲自强,则莫如学习外国利器,欲学外国利器,则莫如觅制器之器,师其法而不必尽用其人。欲觅制器之器与制器之人,则或专设一科取士,士终身悬以为富贵功名之鹄,则业可成,艺可精,而才亦可集。

他批评了中国人不重实学、盲目自大而又自卑自贱的心理;从国际形势来看,英、法等国遥遥领先,日本改弦易辙,向西方学习,并且对中国图谋不轨,中国应该加强军备,有所防范;他认为,中国要自强,首先要学习借用国外的"利器",而"欲学外国利器,则莫如觅制器之器,师其法而不必尽用其人","欲觅制器之器与制器之人",需要对科举考试制度进行革新,选拔人才。从表象到根本,从宏观到微观,李鸿章看得非常清楚。

同治三年九月十一日,在写给陈廷经的信中,李鸿章再次强调效法西方,军事自强,批评了盲目主战的顽固派。

> 岛夷利器强兵百倍中国,内则狃处辇毂之下,外则布满江湖之间,实能持我短长,无以制其性命。盱衡当时兵将,靖内患或有余,御外侮则不足,若不及早自强,变易兵制,讲求军实,仍循数百年绿营相沿旧规,厝火积薪,可危之甚。或谓以各省战士补兵额,以无主荒田为屯粮,摭拾陈言,似尚近理,按之事实,殊为迂就。兵制关立国之根基、驭夷之枢纽,今昔情势不同,岂可狃于祖宗之成法,必须尽裁疲弱,厚给粮饷,废弃弓箭,专精火器,革去分汛,化散为整,选用能将,勤操苦练,然后绿营可恃。海口各项艇船、师船概行屏逐,仿立外国船厂,购求西人机器,先制夹板火轮,次及巨炮兵船,然后水路可恃。中土士夫不深悉彼此强弱之故,一旦有变,曰吾能御夷而破敌,其谁信之。然目前小胜,谓贼不足平,夷亦不足灭,其能自信耶。

面对敌强我弱的现实,许多人仍然盲目自信,对外国人颇多轻侮,认为洋人不足为虑,这是李鸿章最为痛心的。要实现变法图强,首先要改变保守派的思想观念,消除障碍。

同治十一年五月,内阁学士宋晋以花费太重奏请暂停轮船制造,李鸿章上《筹议制造轮船未可裁撤折》,痛加驳斥,掷地有声,陈说中国目前正处于三千年来一大变局之中,必须急起直追,学习西洋各项长处,力谋自强,才能适应。他说:

> 臣窃维欧洲诸国百十年来,由印度而南洋,由南洋而东北,闯入中国边界腹地,凡前史之所未载,亘古之所未通,无不款关而求互市,

> 我皇上如天之度，概与立约通商，以牢笼之。合地球东西南朔九万里之遥，胥聚于中国，此三千余年一大变局也。西人专恃其枪炮轮船之精利，故能横行于中土。中国向用之弓、矛、小枪、土炮，不敌彼后门进子来福枪炮，向用之帆篷舟楫、艇船炮划，不敌彼轮机兵船，是以受制于西人。居今日而攘夷，曰驱逐出境，固虚妄之论，即欲保和局、守疆土，亦非无具而能保守之也。

三千年之大变局，说得好！李鸿章对中国局势和世界大势有着清醒的认识和判断。在他看来，西方殖民扩张，不断入侵中国，而中国因军事落后而受制于人；要想阻止洋人，保卫国土，必须自强，枪、炮、轮船等器械并非不能学，西方也不过发明使用了百十年而已，从现在开始，还能赶得上；连日本都学习西方，一则自保，二则窥伺中华之地，中国不能不加强防范，不能再苟且偷安，妄自尊大，否则就会受到欺负，自吞苦果。

同治十三年九月，总理衙门筹议海防紧要事宜，定练兵、简器、造船、筹饷、用人、持久六条，发交各省督抚详议。李鸿章于同年十一月初二上《筹议海防折》，折中议论的精辟令人叹服：

> 历代备边，多在西北，其强弱之势、客主之形皆适相埒，且犹有中外界限。今则东南海疆万余里，各国通商传教来往自如，麇集京师及各省腹地，阳托和好之名，阴怀吞噬之计，一国生事，诸国构煽：实为数千年来未有之变局。轮船电报之速，瞬息千里；军器机事之精，工力百倍。炮弹所到无坚不摧；水陆关隘不足限制：又为数千年来未有之强敌。外患之乘，变幻如此，而我犹欲以成法制之，譬如医者疗疾不问何症，概投之以古方，诚未见其效也……总之，居今日而欲整顿海防，舍变法与用人别无下手之方。伏愿我皇上顾念社稷生民之重，时势艰危之极，常存歉然不自足之怀，节省冗费，讲求军实，造就人才，皆不必拘

执常例,而尤以人才为亟要,使天下有志之士无不明于洋务,庶练兵、制器、造船各事可期逐渐精强,积诚致行,尤需岁月迟久乃能有济。

但是大多数人不明白当时的大变局,对李鸿章变法图强、办理洋务、加强军事力量的建议大加非议,给他造成了很大的阻力,使得他所推行的洋务运动大打折扣。

强军根基,创办军事工厂

在上海指挥作战的时候,李鸿章认识到练兵与制器的重要性,决心效仿。他对部队进行改编,设立洋枪队和炮队,笼络常胜军头领华尔,让他代购洋枪,聘请外国铁匠制造炸弹,其兄长李瀚章也帮他采购枪炮弹药。除了供自己部队使用,还分配给曾国藩湘军各部队。他亲眼看到英法等国船坚炮利,深深认识到中外军事差距,"见其大炮之精纯,子药之细巧,器械之鲜明,队伍之雄整,实非中国所能及",所以千方百计设法购买威力巨大的枪炮,用于战斗。但是西方的这些重型武器一般禁止向清朝售卖,清政府很难买到,李鸿章迫不得已,只好筹备建厂,自己制造。

在洋务派创办的十几家军事工厂中,最具代表性的有四个:江南制造总局、金陵机器局、福州船政局和天津机器局。除了福州船政局由左宗棠创办以外,其他三个都由李鸿章创办或接办。

1.江南制造总局

1865年5月间,犯事收监的海关通事唐国华与同案张灿、秦吉等人,为

第 四 章
洋务运动时期的李鸿章家族

了赎罪,捐款四万两,再加上丁日昌从海关拨借银两,购得美国人设在上海的虹口旗记铁厂。该铁厂是上海洋泾浜地区最大的一座,能够修造大小轮船、开花炮、洋枪。李鸿章将丁日昌和韩殿甲在苏州主持的两个炮局的一部分归并其中。曾国藩派容闳到美国采购的一百多台机器,也交付江南制造总局使用。1867年夏天,江南制造总局迁到上海城南高昌庙,进行扩建,生产规模随之扩大,先后建成了机器厂、汽炉厂、铸钢铁厂、熟铁厂、木工厂、洋枪楼、火箭厂、库房、煤栈、文案房、轮船厂、船坞、汽锤厂等,设立了专门生产来复枪的枪厂,并将教授外国语言文字的广方言馆移来兼管。

办厂经费,李鸿章奏请从军需项下拨付,后来曾国藩、马新贻先后奏准以江海关二成洋税拨充。

到1876年,该厂占地四百多亩,雇用工匠两千多人,制造洋枪、洋炮、弹药、轮船、机器,设有翻译馆、广方言馆等文化教育机构。它是清末规模最大的兵工厂。虽然如此,核心技术却被外国人所把持,清朝只能制造一些没有技术含量的机件。

江南制造总局最初计划是以造船为主。当年为了让李鸿章带领淮军赴上海,因买船花费太大,只好租借英国商船,费用高达十八万两之巨,曾国藩和李鸿章皆感慨不已。李鸿章认为,中国不缺洋枪,而是兵船。后来军情紧急,为了满足国内作战需要,李鸿章改令先造枪炮。刚开始制造的都是一些旧式枪炮,后来逐渐仿造后膛枪支和新式钢炮,还有子弹、水雷、火药等。每年生产的军火主要供给南北洋军队使用,部分调拨给各省。

1868年制造了第一艘轮船"恬吉"号,接着陆续制造了"操江"号、"测海"号、"澄庆"号、"驭远"号等兵船。这些轮船名义上由中国人设计监造,实际上大宗材料购自外国,由洋人工匠主持制造。比如"恬吉"号上只有船壳和汽锅是自己制造的,其余则是向外国买的旧货,造价跟买一艘外国轮船差不多。"澄庆"号、"驭远"号在1885年中法战争中赴台湾布防御敌,因战斗力太差,速度太慢,来不及逃避,自己凿沉。"操江"号在

1894年参加中日丰岛海战的时候被日方俘获，编入日本海军服役。

由于成绩不大，1881年之后，该厂停止造船。

2.金陵机器局

金陵机器局是由苏州炮局搬迁到南京后扩建而成的。开始是上海的炸弹三局中的马格里、刘佐禹的洋炮局。1863年4月，在常胜军的帮助之下，淮军克复昆山，英国军医马格里向李鸿章建议成立军火制造厂，李鸿章让他留守松江，拨款雇工，在一所庙宇内制造弹药。淮军攻占苏州后，将这个小弹药厂迁到苏州，设在太平军纳王府内，扩建成苏州炮局。1865年曾国藩北上剿捻，李鸿章署理两江总督，将该炮局迁到金陵南门外，扩建为金陵机器局，又叫江宁机器局。

金陵机器局一直由李鸿章把控，专门制造枪炮弹药，是淮军的弹药库。起初李鸿章对马格里非常信任，为他请得三品顶戴，并加道员虚衔。但马格里是个军医，对制造技术是外行，而且后来变得专横跋扈，常常欺辱中国人，垄断技术，挥霍公款。这让李鸿章很不满意。1874年年底，马格里为天津大沽炮台制造六十八磅的炮弹，试射的时候有两门当场爆炸，炸死七人。事故发生后，李鸿章找马格里询问情况，傲慢的马格里拖了两个月才来。谁曾想，在现场试射的时候又再次爆炸。经过检查，炸炮的原因是采用了伪劣进口材料。李鸿章责令马格里承认错误，自请严处。可马格里态度恶劣，拒不承担。接着金陵机器局内又发生了一起爆炸事故，炸毁厂房，死亡三人，马格里被撤职。看在马格里效劳多年的份儿上，李鸿章将他推荐给驻英公使郭嵩焘当顾问。

1883年中法战争爆发后，金陵制造局生产的军火起了很大作用。因经费有限，两江总督左宗棠奏请江海关每年拨款五万两，江南筹防局拨款三万两，扬州淮军粮台拨款两万两，共有十万两作为常年经费。金陵制造局另从美国购进五十多台机器，进行扩建，每年增拨经费五万两。当时该局有一千多名工人，为满足各方面需要，加班加点制造军火。

3.天津机器局

同治四年，僧格林沁被捻军击毙于山东，京师大震。朝廷命李鸿章派洋枪队赴天津，并命他派员到天津设局制造炸弹。1866年，恭亲王奕䜣上奏在天津设立机器局，朝廷派崇厚筹办，翌年成立。机器局总管为美国驻天津领事密妥士。建厂使用了二十多万两开办费，每年从津海、东海两关拨银四成作为常年经费，但是成立了三四年却没有什么进展。

李鸿章接办后，对其进行整顿和扩充，撤换不懂机器制造的密妥士，调亲信、在上海制造总局的沈保靖主持。从香港招募外国工匠，把天津机器局扩充为东西两局，东局造火药、钢炮、枪支、弹药、水雷，后来成立的水雷、水师、电报各学堂都设于东局之内。西局制造器具、开花子弹，添备杂项物件为主。东西两局共有工人两千多人，规模仅次于江南制造总局。每年产量主要供应淮军和北洋水师。

 **打造北洋舰队**

1.李泰国购船闹剧

清朝的新式海军建设始于同治五年（1866年），时任闽浙总督的左宗棠在福州创办马尾船政局。

以前中国只有旧式水师，分为内河和外海两类，外海水师的作用仅仅是"防守海口，缉捕海盗"。道光十九年（1839年），林则徐到广州查禁鸦片，为了加强中国水师战斗力，防范英军入侵，从美国商人那里买了一艘一千零八十吨位的商船，改装为兵船使用。除了购买，林则徐还仿制过西式船只。清政府与太平军作战期间，曾经托上海海关税务司英国人李泰国买过两艘船，用来配合军事行动。据统计，从鸦片战争前期到1963年，中国一共从海外采购和仿造了六艘轮船。

外国船炮为镇压国内农民起义发挥了重要作用，曾国藩、李鸿章等对其称羡不已，十分膜拜。面对紧急的战斗需要，来不及自行制造，只能依赖于向洋人采购。

1861—1862年，恭亲王奕䜣和总理衙门大臣文祥等人都建议购买外国船炮用来剿贼，得到批准。海关代理总税务司赫德怂恿清军从英国购买，并派李泰国在回国休假期间承办。清政府先后三次拨款八十万两白银，用以购买三艘中号兵船,四艘小号兵船。原打算船到之后由中国主导事权,军械经费和外国水手兵丁的管理由湖广总督官文、两江总督曾国藩负责,并商请新任江苏巡抚李鸿章协办,甚至已经拟定了统带船只的中方将官。没想到的是,李泰国从中克扣经费,敲诈勒索,并且擅自招募了六百多名英国军官和水手,任命皇家海军上校阿思本为所谓的舰队司令,开赴中国。李泰国与阿思本私立了十三条条款,规定清政府必须任命阿思本为舰队"总统",中国所有的外国式样船只均归他管辖,阿思本只接受皇帝的命令,且须通过李泰国转达,而李泰国对皇帝的命令有权选择接受与否,等等。

合同递交总署,立刻引起朝野大哗,曾国藩、曾国荃和李鸿章等人极力反对。谁都可以看得出来,李泰国实际上是想自己控制这支舰队。正在围攻天京的主将曾国荃担心洋人争功,向朝廷表示,江路已通,不日攻克,不需要借助洋船。曾国藩指出,购买洋船不仅仅是为了一时剿匪,而是为了将来考虑,壮大国家军事实力。阿思本盛气凌人,以轮船奇货可居,把清朝管带当作仆役,清朝将士引以为耻,建议将这支舰队遣散。李鸿章支持曾国藩的意见。针对李泰国的合同,总署表示难以照办,并提出了五条章程,要求选派中国人为司令,聘请阿思本为副司令,舰队听从中国人指挥,接受驻地大员节制调遣,还得同意随时挑选中国人上船学习。

请神容易送神难,由于双方意见不能统一,清政府只好让李泰国和阿思本把船开回去变卖,又拿出了三十七万五千两银子作为遣散费,并支给李泰国七千两经办费,赏给阿思本一万两。这笔亏本的买卖让清政府白白耗费了九十万两银子,而一无所得。

2.自主制造

买船办海军的闹剧收场后,清政府开始转向自己设厂造船。起初曾国藩和左宗棠等人都以为造船不难，依靠当时中国落后的技术水平和生产方式，依葫芦画瓢仿造就可以，但试着造了几艘之后，发现不得要领。

左宗棠在福建建立船厂造船，还得请洋人主事帮忙，雇技师工匠，不过以合同规定实行，不至于受制于他人。据统计，从1869—1894年，福州船政局一共制造了三十四艘轮船，其中炮船、钢甲船、碰快船和鱼雷快船二十七艘，运输船六艘，练船一艘。

李鸿章在上海创办的江南制造总局主要生产枪炮，也造轮船，1885年之前一共造了八艘。

3.缩水的三洋海军计划

江苏巡抚丁日昌在《海洋水师章程》中提出了在中国海疆自北至南建立北洋、东洋、南洋三支海军，设定规模，以及三洋定期会哨等想法。正在筹建海军的李鸿章除了同意丁日昌的设想，还建议三洋各设铁甲船两艘，分驻沿海重要海口。这些建议都是为了防范日本。1879年，日本占领琉球，将其改为冲绳县。中日交涉期间，光绪帝询问李鸿章对于琉球事件的看法，李鸿章对以："惜我无铁甲船，但有二铁甲船，闯入琉球，倭必自退。"他在写给德国公使李凤苞的信中提到，日本仗着有新购的铁甲船，肆意妄为，而"中国须亟购铁甲数船，伐谋制敌"。只是朝中大臣对于买铁甲船存在争论，迟迟不能落实，直到1880年才向德国厂商订购了两艘。

建设三洋海军的方案已定，但是财力有限，只能先顾及重要的地方。光绪元年（1875年）四月，李鸿章奉旨筹办北洋海防，需要经费。费用从厘税项下支付，原来计划每年分别拨给南北洋各二百万。南洋大臣、两江总督沈葆桢觉得钱少不够分，建议都给北洋算了，让李鸿章集中全力办海军。北洋海军每年就有四百万两的经费，但只是名义上的，实质上并不足额拨发，而

第 四 章
洋务运动时期的李鸿章家族

且又常常挪作他用，实际只有半数。又因为左宗棠筹借一千万两洋款用于西征，国家财政困难，北洋的经费就成了空头支票。等北洋舰队编成之后，慈禧太后为了庆贺六十大寿，重修颐和园，又挪用海防经费两千多万两。

朝廷原来的设想是："先于北洋创设水师一军，俟力渐充，由一化三。"等李鸿章把海军搞成，再按照丁日昌的建议分成三支。然而，沈葆桢去世之后，实际上由李鸿章一人操控，一家独大；又在天津设立了办理海军事务的水师营务处，由道员马建忠负责。到1881年，北洋海军拥有十四艘舰船，其中向外购进的有：巡洋船"超勇"、"扬威"，炮船"镇东"、"镇西"、"镇南"、"镇北"、"镇中"、"镇边"；自产的有练船"康济"、"威远"，通报船"泰安"、"湄云"，运输船"操江"、"镇海"。李鸿章奏请以提督丁汝昌统领北洋海军，奏改三角形水师旗为长方形海军旗，纵三尺横四尺，黄底，蓝龙，红珠照旧。

在马尾海战中，福建海军遭到法国舰队的袭击，十一艘兵船全部被击沉，葬身海底，福建海军宣告夭折。南洋海军中的"澄庆"号、"驭远"号也被击沉。李鸿章以船小不敌为由拒绝派舰支援。左宗棠强烈要求，李鸿章不得不做做姿态，便派"超勇"号、"扬威"号南下，但中途以朝鲜发生内乱为由撤回。至此，北洋海军没有遭受任何损失，经过连年扩充，越来越壮大，结果不是"一化为三"，而是趋于"三化为一"了。

经过中法战争，清政府也觉得海军力量薄弱，加大了扩建力度。光绪十一年（1885年）九月，设立海军衙门，由醇亲王奕譞总理，庆郡王奕劻、李鸿章会办，都统善庆和兵部右侍郎曾纪泽帮办，因为这些人都不懂，实际上由李鸿章掌握大权。

由于中法战争的破坏，一时不能自主制造，只能依赖从国外进口。自从1885年以来，购进的舰艇主要有铁甲舰、新式巡洋舰和鱼雷艇，总共十四艘。其中有铁甲舰"定远"号、"镇远"号两艘，新式巡洋舰"致远"号、"靖远"号、"经远"号、"来远"号、"济远"号五艘，鱼雷舰"福龙"

号等七艘。光绪十四年（1888年）八月，总理海军事务大臣奕譞奏准颁布《北洋海军章程》，北洋海军宣告正式建军。根据李鸿章的提名推荐，任命丁汝昌为北洋海军提督，林泰曾为左翼总兵，刘步蟾为右翼总兵。

4.半支海军

北洋舰队组成的时候，实力确实超过日本海军，堪称亚洲第一。当时日本拥有十七艘舰船，能作战的只有五艘，其中"浪速"号、"高千穗"号是新式巡洋舰，"扶桑"号、"金刚"号、"比睿"号则是老旧的铁甲船。1891年之后，日本在三年间添置了六艘战斗力很强的战舰，其中有铁甲舰三艘，包括"吉野"号在内的巡洋舰三艘。如此一来，日本海军的装备质量远远超过了北洋舰队。北洋舰队成军之后就没有再进行大规模的扩充。而且正当李鸿章大力发展海军的时候，户部尚书翁同龢上疏奏请停止南北洋购买船只枪炮，一律暂停两年，省下来的钱作为军饷统一拨发。据猜测，朝廷不愿看到北洋舰队成为李鸿章的个人政治资本，一家独大，有意进行牵制。

李鸿章觉得清朝的海军力量与日本相比处于劣势，与西方相比差得也很远，仅可云"半支"。对于北洋舰队到底能起到多大作用，他坦言："亦不过聊壮声威，未敢遽云御大敌也。"

在建军之初，隐患早已经埋下。不管外国舰船质量如何，清廷都大量滥购，外国军火商人就乘机把废旧船只、过时的枪炮武器倾销给中国，获取暴利。比如从英国购买的"蚊子船"就是用旧机器、破铜烂铁和木头拼凑起来的，不仅不堪一击，维修费用也很高。

在中日甲午海战中，北洋舰队全军覆没，原因不仅是船械不如人，而且也怪李鸿章指挥不力，实行"避战保船"方针，不主动出击，未能有效打击或反攻敌人，结果被日本海军围歼。

第四章
洋务运动时期的李鸿章家族

创办民用企业，与洋人争利

十九世纪七十年代之后，洋务运动由以练兵制器为主的"自强"阶段，转向民用的、以营利为目的的"求富"阶段。早在同治四年，李鸿章就认为发展工业不仅专为制造军火，而且有益于民生日常需用。制造武器只是治标，并不治本。这一时期创办的工厂涉及矿业、铁路、航运、电讯、纺织等，它们是中国近代第一批具有资本主义性质的企业。其中，由李鸿章主持创办的有：轮船招商局、开平矿务局、漠河矿务局、上海机器织布局、天津电报总局和天津铁路公司等，规模较大，对中国的商业经济发展产生了深远影响。

1. 上海轮船招商局

创办轮船招商局的目的首先是为了"与洋人争利"。当时轮船公司主要由外国人成立并运营，控制着内陆江河以及沿海的运输网，借此可以对清朝进行商品倾销，以及搜刮原材料。著名的公司有美国的旗昌（1862年创办），英国的太古（1872年创办）和怡和（1881年创办），以及公正、北华、华海、扬子等。依靠在中国的航运业务，这些公司攫取了惊人的高额利润，也吸引着商人和买办资本纷纷投资。例如，旗昌轮船公司的一百万两资本中至少有三分之一是中国买办商人注入的。李鸿章的想法就是通过开办航运业，吸收民间资本，打破外资垄断，"借分洋商利权"，以开辟饷源，增加财政收入。

还有一项功能是承办漕运。过去南粮北运依赖运河，道光以后，河道堵塞，逐渐改为海运，但租借洋人商船成本过高。

更重要的是加强军事防务，在非常时期可以调兵运饷。李鸿章曾说，办招商局只是"藉漕运为词"，醉翁之意不在酒。

招商局正式成立于同治十一年（1872年）十二月十六日。主要业务是"承运漕粮，兼揽客货"。为了扶持，清政府将全部漕运业务交由招商局一家垄断经营，使其拥有了稳定而持续的收入。招商局成立之初也遇到了很多问题，比如华商反对加入，胡雪岩就因害怕洋人嫉恨而不敢入股。开业后面临着竞争对手的挤兑和打压，洋商保险公司拒绝给上保险。面对重重困难，总办朱其昂知难而退，主动辞职。李鸿章委任唐廷枢为总办，朱其昂、徐润、盛宣怀、朱其诏等会办。招商局的业务发展迅猛，从洋行那里夺走了不少客户，也开办了自己的保险公司。除了在上海设立总局，还在天津、牛庄、烟台、宁波、镇江、九江、汉口、汕头、福州、厦门、广州、香港等地，以及海外的横滨、长崎、神户、新加坡、槟榔屿、吕宋、安南等地设立了十九个分局。光绪二年（1876年），招商局收购旗昌轮船公司，作价二百二十二万两，次年过户。这是中国民族企业第一次收购外商资产。招商局船只增至三十三艘，吨位为两万三千九百六十七吨，成为中外轮船公司中轮船数和吨位数均居第一的公司，与英商轮船公司怡和、太古鼎足而三。

光绪三年，因为洋商降价，恶性竞争，加之刚刚收购旗昌，招商局面临着入不敷出的境地，李鸿章遭到弹劾。光绪十一年，重订招商局章程，改为官督商办，派盛宣怀为总办，马建昌、谢家福会办。官督实际上还是由官方控制，弊端重重，成了官僚们安置戚好、营私取贿的场所，不懂业务、尸位素餐、借机发财的大有人在，政府部门也不断对其进行变相勒索。慈禧太后过六十大寿的时候，招商局就孝敬了五万多两银子。直到1909年，招商局才改为商办。

2.开平煤矿

同治六年（1867年）十二月，时任湖广总督的李鸿章在奏折中曾谈到开采煤铁矿的好处："由官督令试办，以裕军需而收利权。"他还说："采炼得法，销路必畅，利源自开，榷其余利，且可养船练兵，于富国强兵之计殊有关系，此因制造船械而推广及之，其利又不仅在船械也。"

对李鸿章来说，开矿不仅可以为军工厂、船厂提供燃料和原料，还能够通过销售获得经济利益，大开财源，实乃富国强兵的好计策。李鸿章就任直隶总督以后，计划以官督商办的方式开办新式煤矿，曾在河北磁州（今磁县）、江西兴国、湖北广济等地堪矿。光绪三年，李鸿章听说唐山开平煤铁矿蕴藏量丰富，派唐廷枢前往查勘。光绪七年四月，开平矿务局正式成立，唐廷枢任总办。刚开始开平煤矿日产量为三百吨，投产后被官商资本看好，纷纷投资，成本降低，销路扩大，产量也迅速提升，到1894年日产量达到两千吨。开平煤矿的股票价格接连上涨，股息回报丰厚。

唐廷枢去世后，曾任醇亲王侍从的江苏候补道员张翼继任总办。八国联军侵华期间，张翼被外商讹诈，被迫交出开平矿务局管理权，倒卖给了英国墨林公司，经手人是时在墨林公司打工、来中国淘金、后来成为美国第三十一任总统的胡佛。

3.漠河金矿

漠河金矿是在李鸿章主持下，试用新法开办的，主要目的是为了杜绝俄国人觊觎中国领土，防止矿藏资源被掠夺。俄国人发现漠河地区有金矿之后就偷偷潜入采掘，甚至组织探矿队勘探开采，并在矿区擅自建立行政机构，私设法庭，组织军队，严重侵犯中国主权。光绪十二年（1886年），黑龙江将军恭镗奏请开办漠河金厂，朝廷命李鸿章派人筹办。光绪十四年成立漠河矿务局。漠河金矿开采比较顺利，每年产金量不下六万两，极盛时期年获净利三十万两银。八国联军侵华，沙俄出兵东北，霸占了漠河金矿，经过多次交涉才花钱赎回。

4.上海机器织布局

上海机器织布局是1878年由李鸿章主持筹建的，目的是为了打破西方国家对华纺织品倾销，发展和保护中国纺织业，追逐丰厚利润。1880年实业家郑观应等拟定了招商集股章程，1882年正式成立。1893年10月，车间发生了一场大火，消防设施损坏，厂房设备化为灰烬。由于没入火险，损失一百五十多万两。李鸿章是一个不轻易认输的人，同年派盛宣怀会同上海海关道、曾国藩的女婿聂缉椝恢复重建，在旧址上设立机器纺织总厂，规模更大，后来命名为华盛。

5.修筑铁路

除了发展海河运输，李鸿章也重视陆路交通。早在1863年淮军攻打苏州

第四章
洋务运动时期的李鸿章家族

城的时候，就有外国商人向他要求修筑上海到苏州的铁路特许权，李鸿章没有允许。同年又有一个英国工程师来华考察，提出建立铁路系统的计划，以保护英国人的利益，遭到清政府拒绝。碰壁之后，英国侵略者不再通过政府允许，开始擅自修筑铁路。1876年，怡和洋行以修马路为名，拿到了从上海到吴淞之间的一段地，铺设从上海到宝山江湾镇铁路，最后宣布通车。两个月后发生了火车轧死人的事故，当地人民群众抗议，反对通车。经过交涉，清政府出款二十八万五千银赎回，拆毁之后成为一堆废铁。

光绪六年十一月，刘铭传奏请兴修铁路，阐明其对于漕务、赈务、商务、矿务、厘捐、行旅等方面的作用，主要是为了充实国防。刘铭传的意见基本代表了李鸿章，但是遭到顽固分子保守派的反对。李鸿章上《妥议铁路事宜折》被驳斥，申明自强求富的主张，分析了修建铁路的九大好处。但是仍然遭到群起反对和攻击，计划不得不无限期搁置。

开平煤矿建成以后，为了运输煤炭，李鸿章奏请修筑唐山至北塘全长四十六公里的铁路，朝廷出尔反尔，没有批准。经过交涉，才准许修建从矿区到胥各庄之间仅十一公里的路段。愚昧无知的清政府担心火车行驶会惊扰遵化的皇陵，规定只能用骡马在铁轨上拖拉车辆！

中法战争之后，唐山胥各庄铁路延修至芦台。

1887年天津铁路公司成立，性质为官督商办，由伍廷芳主持，聘请英国人金达为技师，负责筑路工程。1888年修建了天津至芦台的铁路，贯通了唐山和天津，时称北洋铁路。为了运兵，清朝还修筑了天津至大沽的铁路。李鸿章准备修建从天津到北京的铁路线，遭到反对，引起轩然大波。后来朝廷听从了张之洞的建议，停止修建京津铁路，改修从卢（芦）沟桥到汉口的芦汉线（即京汉铁路）。李鸿章对此大为不满，只得以把北洋铁路接到山海关作为筹码，开始其修筑关东铁路的计划。直到1894年，朝廷才议定修建天津到北京的铁路，也是出于害怕火车行驶影响大清命脉的原因，路线改为从天津到卢（芦）沟桥。

甲午战争之后，外国列强通过修筑铁路圈划自己的势力范围，铁路成为瓜分中国的手段。在1895年至1898年仅三年的时间里，外国列强就掠夺了将近一万九千里的铁路利权。而在洋务运动期间，以李鸿章为代表的洋务派修筑的铁路长度总计不过四百公里。

6.兴办电报业

同治三、四年间，上海英国领事巴夏礼向时任江苏巡抚的李鸿章请求准许架设淞沪电线，遭到拒绝。洋商遂自行在浦东一带树立电线杆。丁日昌暗中让地方乡民于晚上进行破坏，迫其中止。李鸿章认为，电线花费不多，传递信息迅速，如果洋人一定要办，作为对抗，我们也要办。中国的很多洋务活动，实际上是出于对列强觊觎的恐惧，不得已而为之。

光绪五年（1879年），李鸿章在大沽、北塘、海口炮台试架电报线，利用电报传令各营。试办成功之后，李鸿章上奏朝廷，陈述电报线的意义。当时列强为了便于侵略中国，纷纷要求在上海设立万国电报公司。李鸿章的想法是："杜外人之狡谋，保我自有之权利。"光绪六年，李鸿章在天津成立电报总局，奏准架设天津到上海的电报线，接着通过招商，架设从上海到浙江、福建、广东各省沿海线路，并与香港接通。后来左宗棠将长江电报线通到武汉，张树声将广西电报线通到达州，李鸿章也派人将天津电报线通达山海关及东北地区，其目的是为了加速军情的传递和便于调度军队。天津经过通州到京师，山海关到旅顺，济宁到烟台，营口到奉天等线路也相继完成。光绪十一年，奉天到凤凰城边门通到朝鲜仁川的电报线架成。光绪十八年，新疆各要塞城市之间也架设了电报线。

7.开设邮政

光绪二年闰五月间,海关总税务司赫德请设信局,总理衙门让李鸿章与赫德酌商,李鸿章同意由赫德筹办。光绪四年,赫德派人试办邮政,先设天津、北京、烟台、牛庄、上海五处。七月,发行了一套三枚的蟠龙图案邮票,这是中国发行的第一套邮票,简称大龙邮票。

光绪二十二年二月初七,户部正式奏请设立邮政局,光绪二十五年设立邮政总局。第一任邮政总局局长由署邮传部左侍郎、铁路总局局长李经方兼任。

 **兴办新式教育，派遣留学生**

在办洋务的过程中，李鸿章深知，要想自强，必须重视培养国家需要的人才。培养人才的方法和途径主要有两条：一是创办新式学堂，在国内培养科技方面的人才；二是派遣中国留学生到国外，培养精通西学的人才，归国重用。

1.改革科举考试制度

经过两次鸦片战争的冲击，一些忧国忧民的有志之士逐渐意识到，传统的八股取士方式存在极大弊端，学、用脱节，不通中外，在时文帖括上空耗精力。他们纷纷要求改革考试制度，选拔时代需要的人才。李鸿章一向不屑于那些只知道章句小楷的士大夫，"以致所用非所学，所学非所用"。包括李鸿章在内，沈葆桢、丁日昌等人不断上疏要求改革科举考试制度。在这方面，李鸿章受到幕僚冯桂芬的影响很大。冯桂芬于1861年完成了《校邠庐抗议》，对腐朽落后的科举制度进行了批评揭露，还提出了一些针对性的改革措施。李鸿章提出的"专设一科取士"与冯桂芬的"特设一科"大同小异。

第四章
洋务运动时期的李鸿章家族

他说："中国欲自强，则莫如学习外国利器。欲学习外国利器，则莫如觅制器之器，师其法而不必尽用其人。欲觅制器之器与制器之人，则我专设一科取士，士终身悬以为富贵功名之鹄，则业可成，艺可精，而才亦可集。"李鸿章还提出了另设洋务一科的设想。1874年海防议起，李鸿章在《筹议海防折》中进一步提出了变通科举制度的问题。经过辩论和深思，他深知科举制度根深蒂固，难以撼动，建议稍加变通，"另开洋务进取一格，以资造就"。在京城同文馆、上海广方言馆研习算学的学生，以及出洋子弟学成回国，都可调入教习，"并酌量派往各机器局、各兵船差遣"。

为了解决"世家有志上进者皆不肯就学"的问题，李鸿章决心为新式学堂人员争取"与正途并重"或是"由科甲进身"。中法战争失败后，他上疏要求编练水师，"选将取才"，为了让有志之士加入学堂，提出变更对学堂学生的出身方面的规定，"定以登进之阶，令学成者与正途并重"。1887年4月，江南道监察御史陈琇莹上《奏请将算学归入正途考试疏》，提出将习算学的人员归入科举正途考试并量予科甲出身的建议。建议一出，立即引起争论。李鸿章上疏《奏议覆御史陈琇莹奏开算学取士折》，支持陈琇莹。清廷迫于社会舆论及洋务派的强烈要求，终于同意将算学科归入正途考试。1888年，天津水师武备学堂的学生及教习与上海广方言馆肄业生、京师同文馆的学生一起参加了顺天乡试，对学生试以算学题目。这是一千多年来科举考试破天荒的第一次。

2.设立广方言馆

同治二年（1863年）正月二十二日，李鸿章奏请在上海、广州两地仿照京师同文馆，设立外国语言文字学馆。他认为中国人的智商并不比外国人低，"果有精熟西文，转相传习，一切轮船火器等技巧，当可由渐通晓，于中国自强之道，似有裨助"。李鸿章所奏内容，也是从冯桂芬那里来的。上海广方言馆的章程十二条由冯桂芬等拟定施行。聘请英国教习两人，以附近品学兼优的绅士为总教习，举贡生员四人为分教习，分教经史算学词章。三年学习期满，学生能够翻译西文，文理可观，通过考验的，作为附生，到各衙门充任翻译官。

1874年，李鸿章还奏请创办了江南制造局附设操炮学堂，后来与上海广方言馆合并，改设为工艺学堂，分为化学工艺、机器工艺两科。

3.创办天津水师学堂

1880年奏设，次年创办，设立于天津制造局内，也叫北洋水师学堂，是中国第二所培养海军军官的新式学校。规章仿照福建船政学堂，开始只有驾驶科，又增设轮机科。招收14至17岁的读过书的良家子弟，学习五年，其中一年上船实习。驾驶科的课程包括英语、地理、几何、代数、天文、导海、航海术、测量学、发射鱼雷等。轮机科的课程包括英语、几何、代数、物理、力学、轮机、机械制图、应用工程等。1900年因校舍被八国联军炮火所毁，学堂停办。

4.创办天津武备学堂

1885年创办，是中国近代第一所培养军事人才的陆军军官学校。杨宗濂为首任总办。军事教习多聘用德国退役军官，因此仿照德国陆军学校开办。首期有百余学员，系从淮军中选拔的"精健聪颖"弁兵。设步、马、炮、工程四科，后增加铁路科。课程分学、术两科，学科教授中国经史、天文、舆地、格致、测绘、算学、化学、战法、兵器等，术科教授马、步、炮队操演阵式，枪炮技艺和营垒工程等。学习年限原定为一年，实际上两年结业。毕业生段祺瑞、冯国璋、王士珍、曹锟、吴佩孚等，后来成为北洋军阀首领。校舍毁于1900年。

军事类的还有1890年在旅顺口鱼雷营内设立的北洋旅顺口鱼雷学堂，以及1894年设立的山东烟台海军学堂。

5.创办北洋电报学堂、天津西医学堂

实业技术方面有北洋电报学堂、天津西医学堂等。

北洋电报学堂创设于1880年，又叫天津北洋电报学堂，前身是1878年李鸿章在天津机器局内设立的天津电报学堂。学堂建设之初是为了配合架设天津与上海之间的电报线。原定只开办一年，聘丹麦人为教习，最初只招收32名学生。所学课程为电学与发报技术。后又因架设苏州至广州的电报线，决定续办一年，在原来的基础上，又招收了40至50名懂英语的学生，另调回20名赴美留学生分批学习。1900年八国联军攻占天津，学堂停办。

天津西医学堂，又叫北洋西医学堂，或北洋海军医学堂。1894年创办，前身是1881年设立的天津西医医学馆，即"总督医院附属医学校"，聘请马根济和驻津英美海军中的外科医生授课。1888年，马根济去世，该院被伦敦传教会收买。李鸿章在天津创建了一所新医院——天津储药施医总医院，并将附属医学校并入，改名为北洋西医学堂。它是中国近代最早的官办西医学堂，为近代中国培养了一批最早的西医人才。

6.向外派遣中国第一批留学生

容闳,广东香山人。他是第一个毕业于美国耶鲁大学的中国留学生,最早提出选派幼童去美国学习,作为先驱,被誉为"中国留学生之父"。在洋务运动中,容闳参与促成了两件大事,一是倡议建成中国近代第一座完整的机器厂,即上海江南制造总局;二是组织了第一批官费赴美留学幼童。

容闳归国之后,先到天京考察,向洪仁玕建言献策,但是迫于形势而无法实行。他到安庆谒见曾国藩,受到重视。他先是接受委派为筹建江南机器制造总局到美国采购机器,然后提出留学教育的建议。同治六、七年间,容闳向江苏巡抚丁日昌上四条陈,丁转奏朝廷。其中第二条为:"政府宜选派颖秀青年,送出洋留学,以为国家储蓄人才。"经过丁日昌与曾国藩、李鸿章商议,同治九年九月奏定留学章程十二条,从上海挑选各省聪颖幼童,每年三十名,分四年出洋学习,共计一百二十名,在外学习十五年后返回效力,前后二十年,费用一百二十万两,从海关洋税项下拨付。同治十一年正月十九日,曾、李会奏请派刑部主事陈兰彬、江苏候补同知容闳为留学生正副监督,候补知府刘瀚清在上海选拔幼童。条件是十二岁至二十岁的满、汉子弟,经考察后,先在上海局学习六个月,资质好的送出。学习十五年,不准半途而废,不准入外国籍,学成后不准自谋职业,听候奏明委用。目的地是美国,因为中美两国在签署的中美协约中有两国互相优待留学生的规定。自同治十一年到光绪元年,共有四批留美幼童陆续出国。由于幼童到美国后主要学习西学,生活和思想观念越来越倾向于西方,引起争议,最后留学生被召回,没有完成原定十五年的学习时间。归国留学生分别送到电信局、船政局、上海机器局、天津水师等部门委用。这批留学生中的几位著名人物值得提及,比如:第一批中的蔡绍基回国后曾任北洋大学校长,詹天佑是著名工程专家,主持修建中国自主设计并建造的第一条铁路——京张铁路;第二批中有唐国安,曾任清华学校第一任校长;第三批中有唐绍仪,曾任民国首任内阁总理。

除了留美,还有不少留欧学生。

国内学堂以及军工企业中,往往雇用外国人为教习或总管,不仅花费成本高,而且被外人把持,缺少自己的技术工程师。为了培养船舰方面的人才,李鸿章、左宗棠、沈葆桢等人呼吁通过派遣留学生来解决。

光绪二年三月二十六日,李鸿章奏派武弁卞长胜等七人随同在北洋当教习期满归国的德国军官李劢协赴德国学习。同年十一月,与沈葆桢会奏,选派李凤苞、法人日意格率领闽厂前堂学生十四名,艺徒四名,去法国学习制造,后堂学生十二名去英国学习驾驶和水师兵法。光绪三年二月,第一批学生出国。在法国学习制造的学生,分赴各矿厂学习开采、煮炼、冶铸工艺等方法,毕业后游历英、法、比、德等国新式机器船械工厂。在英国学习驾驶、操战的学生,先入格林尼茨官校,后调到铁甲船实习,并到各洋面操练水师战法,离船后又专请教习,补授电气、枪炮、水雷各法,都拿到了船长文凭。刘步蟾、林泰曾、萨镇冰等是其中的佼佼者。后来,又续派数十名学生赴欧学习。

7.设立译书馆

除了创办新式学堂、派遣留学生外,李鸿章还意识到西方科技书籍也是学习传播科技知识、培养人才的重要方面。他说:"西洋兼博大潜奥之理,苦于语言文字不同,将欲因端意委,穷流溯源,舍翻书读书无其策。"

1868年,在进步学者华蘅芳、徐寿等人的建议下,曾国藩会同李鸿章及丁日昌一同上奏,请求在江南制造局设立翻译馆。设馆之初,聘请英国伟烈亚力、美国傅兰雅、玛高温三名国外学者,与中国的科学家合作,翻译关于数理和军事工程方面的书籍。到1879年刊印译书98种,共计235本,销售了8万多本。译书馆为19世纪中国最大的西书翻译出版机构,为近代科技知识在中国的传播做出了重大贡献。

第五章

爱国者与卖国贼之间的界限

 **中了小日本的圈套**

1.近代史上第一个平等条约

晚清外交是中国近代史上屈辱而又令人愤怒的风景。李鸿章的后半生参与处理的难题大都是外交方面的。

十九世纪六十年代,明治维新之后的日本走上了资本主义发展道路,成为近代亚洲第一个工业强国。日本"不甘处岛国之境",积极推行所谓的"大陆政策",使用战争手段对周边大陆国家进行侵略和吞并,实施武力扩张,梦想称霸亚洲,继而征服全世界,实现"海外雄飞"。

针对中国,日本通过干涉朝鲜内政,进兵台湾,谋划占领东北及内蒙古与俄国交界地区,达到侵吞中国的目的。

因此,后来发生的中日甲午战争并不是偶然的。日本从变得强大那一天开始,就扮演着帝国主义的角色,极力加入侵略中国的战队。

在十九世纪七十年代以前,中日并没有外交关系。同治九年(1870年)六月末,日本政府派遣外务权大丞柳原前光为代表来华交涉,主动要求与中国通商。九月初八,拜访李鸿章,声称日本也受到英、法、美等国逼迫通商,遭到欺凌,希望与中国通好,同心协力,联合对抗。这让李鸿章觉得大

第五章
爱国者与卖国贼之间的界限

有联合日本牵制他国的必要，遂函告总理衙门，为其说情。总理衙门最初以日本在上海已经正常通商，两国彼此相信，不必立约，予以婉拒。柳原前光再三请求，不达目的，誓不罢休，表示如果得不到同意就不回国。

安徽巡抚英翰认为，应该拒绝日本，以免引狼入室，他日成为后患。恭亲王奕䜣以及接任北洋大臣的李鸿章上疏，认为"笼络之或为我用，拒绝之则必为我仇"，不如暂且答应。李鸿章拉曾国藩上疏支持自己，朝廷只好同意与日本立约。

同治十年五月，日本派伊达宗城为通商谈判全权大臣，柳原前光为副使，来中国修约。清廷命李鸿章为全权大臣，以江苏按察使应宝时、天津海关道陈钦帮办。伊达宗城和柳原前光等人到达天津后，与李鸿章会晤，呈递两国外交部门照会。谈判时，李鸿章对日方提出的条约款项大吃一惊，因为内容与之前跟英法等西方列强缔结的不平等条约差不多，日本要求在华利益一体均沾！李鸿章先让应宝时与柳原前光反复辩论，然后亲自出面，与伊达宗城辩驳。经过多次谈判，双方于七月初八商定《中日修好条规》及《中日通商章程》，二十九日画押钤印。

因为中方坚决反对，日本从中没有获得最惠国待遇，各条款体现了互不干涉内政，平等互利的原则。比如第一条规定："嗣后大清国、大日本国倍敦和谊，与天壤无穷。"即两国所属邦土，亦各以礼相待，不可稍有侵越，俾获永久安全。互相尊重主权和领土完整，互不侵犯，意在杜绝日本的觊觎之心。假如日本遵守条约，近代以来中华民族就不会有那么多的磨难屈辱了。第二条："两国既经通好，自必互相关切。若他国偶有不公及轻蔑之事，一经知照，必须彼此相助，或从中善为调处，以敦友谊。"这是李鸿章答应与日本修约的一个前提，即两国结成同盟，共同对抗西方列强。在通商章程中，中日双方互相开通口岸，并约定了互相贸易和关税原则。对领事裁判权的规定，两国商民不得携带刀械，以及不得进入内地贸易等条款，是基本对等的。

日本主动上门要求与中国缔结条约，而且并没有额外获得好处，是很不合情理的。实际上，日本有自己的阴谋打算，想通过与中国签约，向中国的藩属国朝鲜显示自己与中国取得了平等地位，以获得朝鲜对自己的特殊礼遇，进而强迫朝鲜屈服；万一与朝鲜开战，也好与中国交涉。

日本政府对条约很不满意，伊达宗城回国后不久就被免职。第二年，柳原前光再次来华会见李鸿章，要求修改条约。李鸿章认为日本"狡黠可恶"，"坚守前议，不稍松劲"，先是拒绝接见柳原前光，继而当面严词驳斥，并照会日本外务省，拒绝了日方要求。同治十二年四月初四，日本外务卿副岛种臣与李鸿章在天津互换条约，意味着条约正式生效。

2.日本取得与列强平等地位

友谊的小船并没有向前航行多久，1874年日本入侵台湾，首先翻脸撕毁了条约。

副岛种臣借换约试探中国，又上演了要求修改前约的一幕，被李鸿章断然拒绝。柳原前光跑到总理衙门质问中朝关系，以及台湾土著居民误杀琉球遇难船民的事，被毛昶熙以台湾是中国领土，琉球是中国藩属，干卿底事怼回。他说："二岛具我属土，属土之士相杀，裁决固在于我。"

当时，同治皇帝刚刚亲政，英、俄、德、法、美等国公使联合照会总理衙门，请求觐见，当面致贺。副岛种臣知道后也想跟着觐见。为了争取与其他各国的平等地位，副岛种臣表示拒绝行跪拜礼。跟列强交涉见面礼仪，已经让总理衙门头疼不已，最后妥协为五鞠躬。而在文祥看来，一百个鞠躬都不如一个磕头。副岛提出了折中建议，除了五鞠躬，还得三作揖，使得鞠躬礼成为共识。除此之外，副岛种臣坚持要求头班觐见，以显示自己的特殊地位。被拒绝后，副岛种臣以拒绝觐见、回国要挟。没办法，总理衙门只好同

第 五 章
爱国者与卖国贼之间的界限

意了他的要求。同治十二年六月初五，日、俄、美、英、法、荷等使臣来到紫光阁，按次序先后觐见同治皇帝，并呈递国书。

3. 入侵台湾

李鸿章没有料到日本竟然敢于入侵台湾，翻脸比翻书还快。他预感到不妙，说："日人力小谋大，尤为切近之患。中土不亟谋富强，俶扰正无已时耳！"

同治十年十月，琉球的一艘船只遇到风暴漂流到台湾，五十四名船员被当地高山族土著居民杀害。日本与清政府交涉，被驳回。同治十二年二月，四名日本人也因海难漂流到台湾，被当地人劫持，后遇救被送往福州和上海。副岛种臣来华换约时提出与清政府交涉，清政府置之不理。同治十三年二月十八日，日本以陆军中将西乡隆道为台湾番地事务都督，参议大隈重信为台湾番地事务局长官。三月二十二日，日军在台湾兰峤登陆，不久占据牡丹社一带，台湾人民奋起反抗。二十五日，李鸿章致函总理衙门，提出应对策略，主张通过交涉与积极备防逼使日本退兵，要求美国遵照《万国公法》严禁帮助日本运兵，同时调派陆军数千人赴台，先发制人，使敌人无隙可乘；另外建议清政府招抚台湾当地百姓，抗击外敌。

朝廷于四月十四日授沈葆桢为钦差大臣，兼理各国事务大臣，办理东南海防及外交。四月十八日，李鸿章写信给沈葆桢，发表了对于日本侵略台湾的看法。

> 日本自九年遣使来津求约，厥复岁辄一至，弟与周旋最久。其人外貌呴呴恭谨，性情狙诈深险，变幻百端，与西洋人迥异。会订条规内第一、第三条均系鄙见创例，原防其侵越属疆、干预政事起见。换约甫一

年，乃先自乱其例……彼果怀叵测之志，挟成算而来，恐非口舌之力所能禁。

李鸿章大骂日本背信弃义，狗猪不食其余，并分析敌我利弊，指出我方海军力量薄弱，只是虚张声势，还得靠陆军枪炮。他叮嘱沈葆桢，因为战备不充分，尽量避免军事冲突，忍辱负重。他的态度是以战备促和局，"明是和局，而必阴为战备，庶和可速成而经久"。据他判断，即使清军的沿海兵力、饷力不足，日军也未必能够得逞。

六月初八，朝廷命李鸿章调洋枪队三千人赴台。初十，李鸿章奏称，筹派唐定奎所部武毅铭字一军六千五百人，航海赴台，听候沈葆桢调遣；驻陕西的刘盛藻部武毅铭军二十二营调扎山东济宁及江苏徐州一带，以备南北海口策应。

4.失去琉球宗主权

在当地人民的奋力抗击，以及沈葆桢防御部署下，日本发现夺取台湾存在很大难度，军事上恐无把握，便一面使用武力进攻，一面进行外交讹诈。六月十一日，柳原前光到天津与李鸿章会谈，李鸿章"深知若辈伎俩，又恨其行径诡变，不得不嬉笑怒骂，厉声诘责"。

日本派内务卿大久保利通来华交涉。七月二十一日先到天津，打探到李鸿章的语气严谨，姿态强硬，决定不与他见面，直接进京与总理衙门谈判。美国副领事毕德格与李鸿章密谈时说，大久保利通来者不善，建议中国妥协，给点抚恤，否则一旦打起来各国只能坐视不管。李鸿章将密谈内容向总理衙门做了报告，希望总理衙门与日方妥为谈判，先表示惩凶、抚恤的意思，不可决裂交兵。谈判的时候，大久保利通开口索要二百万两，后来请英使威妥玛出面调停，同意清政府支付日本国以前被害难民（琉球人）抚恤银十万两，日本退兵后留下来的房屋道路，清政府以五十万两银子买下自用。九月二十二日，双方签订《北京专约》（《中日台湾事件专约》），承认台湾土著"曾将日本国属民妄为加害"，日本出兵是"保民义举"。条约内容无异于承认琉球为日本藩属，从而断送了中国对琉球的宗主权。

虽然条约不是李鸿章经手签订的，但是总理衙门听取了他的意见，因此很多人把这条投降主义的罪状算在他的头上。

其实，李鸿章对谈判结果并不满意。他写信给沈葆桢说："弟初尚拟议，番所害者琉球人，非日本人；又津案（天津教案）戕杀领事、教士，情节稍重，碍难比例。今乃以抚恤代兵费，未免稍损国体，渐长寇志。"李鸿章指出台湾土著杀害的是琉球人，而不是日本人，抚恤金与天津教案的赔偿相比，过高。如此一来，未免有些吃亏，从而渐渐助长敌人的野心。尽管如此，他又表示，比起与日本开战，这点小钱还是合算多了，真打起来的话破费不止数千万，如果把这些钱省下来，筹备海防，"忍小忿而图远略"，不是更好吗？能用钱解决的，绝不打仗，花钱消灾，这是李鸿章的一贯主张。

经此事件，李鸿章认识到日本比那些西方列强更为可怕："泰西虽强，尚在七万里以外，日本则近在户闼，伺我虚实，诚为中国永远大患。"这次算是花钱买个教训，"愿我群臣上下，从此卧薪尝胆，力求自强之策"。

李鸿章欲借联合日本对抗列强的幻想彻底破灭了。日后，甲午之役让他身败名裂，成了他死不瞑目的噩梦。

5.日本吞并琉球

到了十九世纪七十年代末八十年代初，中俄关系因为新疆伊犁争端趋于紧张，小日本借此机会，阴谋吞并琉球，并谋求在华侵略特权。一朝被蛇咬,十年怕井绳。权衡利弊,对日本极度厌恶的李鸿章产生了"联俄制日"的想法。

光绪五年三月初三,日军侵入琉球,占领首都那霸,废黜琉球国国王。三月十三日,宣布将琉球改为冲绳县。

清政府的反应是,出兵干预力有不逮,应该依据情理进行辩论。闰三月二十日,总理衙门才向日本使节发出抗议照会。为防万一,命李鸿章整顿北洋海防,并命前福建巡抚丁日昌加总督衔,会同沈葆桢及各督抚筹办海防。日本方面驳复总理衙门照会,称琉球废番改县为日本内政。

四月,退休后漫游世界的美国前总统格兰特来到中国,李鸿章为了请他主持公道,热烈欢迎,盛情款待。格兰特答应从中斡旋。不过,格兰特理解为中国也想争琉球土地。在格兰特的调解下,日本方面与李鸿章商议分割琉球方案,将琉球分成三部分,南部给中国,北部给日本,中部归琉球国王复国。光绪六年三月十二日,日本令驻华使节转告清政府,答应将琉球群岛的宫古、八重山二岛归中国,前提是必须修改中日商约,允许日本人到内地贸易,并享受利益均沾的最惠国待遇。总理衙门同意了这个方案,答应与日使约定来年正月交割,并实施变通后的商约。

宫古和八重山都是远离琉球本岛的偏僻小岛,两者面积加起来还不到二百平方公里,如果清朝答应割占二岛,也就等于将琉球拱手送给日本。当时中国正在跟沙俄交涉修约,听说俄国将兵船开赴日本长崎附近,预备战事,清朝害怕日俄结盟,不如干脆答应日本提出的条件。

朝中大臣意见不一,总理衙门奏议速结琉球案,陈宝琛奏疏不宜遽结,旧约不宜轻改,张之洞奏疏商约可允,琉球案宜缓。清廷拿不准主意,十月初四,令李鸿章筹议琉球案及中日条约。李鸿章认为,对待琉球案及修约的态度全在中国与俄国之间纠纷的交涉情况,如果俄事已了,日本自然收敛,如果俄事未了,恐怕日本就要乘人之危。他指出:"与其多让于倭而倭不能助我以拒俄,则我既失之于倭而又将失之于俄。何如稍让于俄,而我因得

第 五 章
爱国者与卖国贼之间的界限

借俄以慑倭。"意思是说，如果让日本得逞，日本是不会帮助我们抵抗俄国的，那么我们不但吃了亏，还将失去俄国的友谊，不如稍稍让俄国赚点便宜，可以借助俄国来威慑日本。这也就是李鸿章所谓的"联俄制日"的主张。因此，他建议借口需要皇上批准，进行拖延，留出处理中俄争端的时间。

此主张受到了前常胜军统领戈登的影响。戈登来中国后，曾到总理衙门以及面见李鸿章时提出自己的观点，认为俄国强大，两个月内能够占领北京，赔款割地，损失更大，不如议和。

李鸿章的意见与总理衙门存在分歧，朝廷便命沿海各省督抚刘坤一、何璟、张树声、谭钟麟等筹议，意见仍不统一，只好听从李鸿章等人的建议，进行拖延。日本使臣多次催促，均未得到明确答复，不得已离京回国，并说清朝迟疑不决，主动放弃了之前的谈判方案。中日之间关于琉球的交涉不了了之。日本占据琉球，将其变为自己的领土，而中国则什么都没有得到。

与英国签订《烟台条约》

1.马嘉理案

两次鸦片战争逼迫清政府向英国开放了沿海五处通商口岸,让英国在中国获得了巨大经济利益,然而英国并不满足,企图在中国其他地区伸出触角。从十九世纪五十年代起,英国就想经过缅甸,从中国南部开辟一条进入内地的路线,并为此进行多次尝试,探索了八莫和斯普莱两条路线。

同治十三年(1874年),英印政府决定组织探路队,分两路勘查、开拓八莫路线。驻上海的英国领事马嘉理赶赴八莫迎接探路队,伊利亚斯率领一支小队从猛卯向云南前进,柏郎在马嘉理陪同下率大队经蛮允进发。

两支队伍均出现情况。光绪元年(1875年)正月十六日,马嘉理一行在蛮允附近遭遇土匪,马嘉理及四名随行人员被打死,柏郎等人撤回八莫。这就是所谓的马嘉理事件,也叫滇案。

事发后,威妥玛接连十六次照会总理衙门,在英政府的授意下,提出六点要求:一是展开中英联合调查;二是准许英印政府派遣第二次远征队入滇;三是清朝先付十五万两银子办理善后;第四和第五点是重申以前缔结的条约给英方的待遇;从税收等方面保护英商贸易;第六点是立即满足英方的要求。

清廷接到总理衙门关于马嘉理事件及威妥玛申诉的奏报后，令云贵总督岑毓英查办此案，并筹备腾越防务，防止英国人挑衅要挟。对于威妥玛提出的要求，原则上同意。岑毓英接到命令后，立即派人会同地方官员赴边境地区勘查，并密饬提督杨玉科等率领官军布置防务。五月十六日，调湖广总督李瀚章为四川总督，赴云南会办。六月十二日，岑毓英奏报调查结果，称马嘉理是被野人（土匪）所杀，马嘉理明知野人素以抢掳为生，却用厚币贿赂，雇佣驮运，实乃咎由自取。威妥玛照会总理衙门，称马嘉理遇害是腾越副将李国珍唆使，又称中方查案都是虚饰，事件是由中国官员导致的。岑毓英拿获十五名案犯，并各赃物押往云南省城，马嘉理案的侦破阶段宣告结束。

2.迹似汉奸

早在马嘉理案发生之后，李鸿章就指出英国人"必多意外刁难"，真意在于胁迫与中国通商，因此他主张不要轻易用武，指示潘鼎新派杨玉科查明真相。清廷派李瀚章赴滇查办马嘉理案，作为弟弟的李鸿章更是特别上心。

七月初三，威妥玛在天津与李鸿章交涉，声称中方把责任推到野人身上，谈判就无法进行；不满以李鸿章为代表的清政府拖沓敷衍，不照章办事，并称李瀚章到云南也无计可施，并以绝交相威胁。七月初十，威妥玛三访李鸿章，提出六项要求，如派大臣到英国通好谢罪，将岑毓英议罪，对英国人开放缅滇交界道路，订立贸易章程等。由于无法达成共识，威妥玛或以去烟台调海军，或以撤出京师英国人官商相威胁。

光绪二年三月二十六日，李瀚章、薛焕等奏报马嘉理被害实情，基本与岑毓英所查一致，系山匪见财起意劫杀，地方官有失察之咎。审案时有英方代表参赞格维讷在场听审，所以说云南大员主使包庇一说不成立。但是威妥玛心有不甘，又向总理衙门提出六项要求，要求张贴惋惜马嘉理以及保护洋人的告示，会商云南边境商务，准许英国派员在大理、重庆驻居，增开口岸等；并且要求派大使到英国道歉，并定赔偿。在要求没有得到满足后，威妥玛出京，以断交开战相威胁。

为了尽早了结此案，朝廷派李鸿章与威妥玛谈判，威妥玛又提出将岑毓英带京讯问。因为岑毓英是朝中有名望的功臣，拿功臣到京质问，朝议万万不可。威妥玛又以谈判不妥为由离开天津返回上海。李鸿章有意妥协，主张委曲求全，牺牲个人，保全朝廷，只要岑毓英到京，就可以推翻洋人提出的八条要求，洋人的气儿也消了，何况岑毓英是否主谋查无实据，未必获罪。而且这样要比英国再提出更多无理要求，甚至双方开战，要合算得多了。李鸿章提起咸丰十年时发生的第二次鸦片战争，仍心有余悸，让大家吸取教训，最好不要动兵。这是个馊主意，李鸿章为了屈服洋人，还是做了。他在写给大哥李瀚章的信中说："明知举朝以为不可，我从而倡其议附和外人，岂非迹似汉奸！"

3.签订《烟台条约》

总税务司赫德在李鸿章和威妥玛之间进行调解，六月初二，传话告诉李鸿章，威妥玛答应让中国派全权大臣到烟台跟他会商。清廷命李鸿章为全权大臣赴烟台。对于此行，李鸿章是不大乐意去的，但又不能不接受。他给沈葆桢写信时说："稍不如愿，恐兵端随其后；若使其如愿，天下之恶皆归焉，此所谓进退两难者也。"临行前，李鸿章前后计议，跟总理衙门商讨对策，提出开放口岸应该将计就计，对其他国家也一律允许开放，这样就不仅仅显示对英国特殊厚待，从而分化列强，偏向中国。

第五章
爱国者与卖国贼之间的界限

李鸿章要去烟台赴约,坊间盛传此行凶险,天津官绅民众纷纷挽留,数千人请愿,不要让李鸿章去烟台冒险。李鸿章借以要求在天津谈判,但被威妥玛拒绝。六月二十八日,李鸿章带着黄彭年、许钤身、薛福成等人从天津去烟台赴会。

在烟台期间,有人担心英国人会挟持李鸿章,像第二次鸦片战争期间被俘的叶名琛一样,遭到囚禁。叶名琛是处理"亚罗号事件"的当事人,被俘虏后押往英属印度加尔各答,一年多以后绝食而死。李鸿章是不是也将步叶名琛的后尘呢?

七月初三,李鸿章与威妥玛进行第一次会谈。威妥玛仍然坚持将岑毓英提京覆讯,李鸿章以没有确切证据证明岑毓英主使为由予以反驳。这样每隔一天就会谈一次,没有什么大的进展。

为了炫耀武力,对李鸿章施以军事威压,初十这一天,威妥玛邀请李鸿章登上铁甲舰,观看士兵操练。

当李鸿章得知俄国、德国、法国、美国、奥地利、西班牙等国使臣在烟台避暑时(威妥玛有意安排,名为调停,实为施压),眉头一皱,计上心来。他一向相信《万国公法》,希望利用列强之间的矛盾,互相牵制,有意拉拢,至少能够从中调停。七月十二日,李鸿章以慈安皇太后万寿节(诞辰)名义,宴请在烟台的各国使臣、提督。席间,洋人挨个举杯祝贺慈安皇太后生日,李鸿章频频应酬,搞活气氛,并借机谈到与威妥玛处理马嘉理案的事情。参加宴会的列强都觉得将岑毓英提京不太合适,再说跟他们想要的利益也没什么关系,还是围绕着威妥玛提出的八条进行磋商最好。本来威妥玛就是无理取闹,李鸿章这次宴会搞得十分盛大,大家都觉得很满意,也是给了威妥玛很大面子。吃人嘴短,在众列强的说情之下,威妥玛答应可以免提岑毓英,另议条款。

七月二十六日,经过各方劝解,双方进行了妥协,签订了《烟台条约》。条约共分三大部分十六款,第一端是"昭雪滇案",涉及赔款以及遣使赴英国道歉等；第二端是"优待往来各节"，商定双方往来会晤及文移往返礼节，完善双方交涉案件章程，派员在上海设立承审公堂，案件审断，交被告者国家控告，原告国家官员可以观审；第三端是通商事务，增开湖北宜昌、安徽芜湖、浙江温州、两广北海四处口岸，英国可派员驻寓重庆，划定租界。另有专条允许英国人明年前往甘肃、青海一带，或者由四川等处入藏，以通达印度，探访路程。

至此，因一桩劫杀案引发的外交纠纷尘埃落定。由于英方阴险狡诈，咄咄逼人，特别是威妥玛诡诈难缠，致使尽管李鸿章花费了很大的精力，据理力争，还是让中方蒙受了不小的损失，让英国榨取到了最大利益。经此屈辱的谈判，李鸿章对国家前景有些悲观，但是不得不振作起来，继续鼓吹洋务自强运动，并借机要求加大力度购置军事装备，加强边防力量。

第五章
爱国者与卖国贼之间的界限

中法战争，不败而败

1.法国侵略越南

法国对越南的觊觎由来已久，可以上溯到十七世纪。十八世纪下半叶，法国企图把越南、老挝、柬埔寨等国作为在亚洲进行扩张的据点，从而达到阻止英国，独占远东利益的目的。同时，法国也想从越南开辟一条通向中国西南和中部地区的侵略道路，进一步与其他列强争夺在中国的势力范围。

法国先是胁迫越南阮氏王朝签订了《西贡条约》，强行割占了以西贡为中心的嘉定、定祥、庆和等省，将越南南部沦为法国的殖民地；后来又控制了湄公河下游广大地区，吞并永隆、河仙、安江。为了能够进入中国云南，法国决定占领北圻，沿着红河上溯中国云南。法国西贡殖民总督杜白蕾以法国商人运货受阻为由，派兵侵占北圻重镇河内，并攻陷海阳、宁平、南定等，骚扰红河三角洲一带。

2.中法交涉

越南阮氏王朝多次向清政府求援，但是清政府自顾不暇，不敢贸然出兵，又不甘心藩属国被别人宰割。广西巡抚刘长佑出面示意越南向驻扎在中越边境的黑旗军求援。

黑旗军原为活跃于两广边境的一支农民起义军，首领是刘永福。刘永福出于爱国热忱，率领黑旗军沿红河南下，配合越军抗击法军。后来，越南东京总督阮知方不向法商开放航运，法国将领安邺向河内发起进攻，占领了河内及周围几个城市。法国驻广州领事照会两广总督瑞麟，要求撤回河内清军驻军，被拒绝。十一月初二，刘永福率领的黑旗军与法军大战于河内，一举击败法军，并击毙不可一世的安邺。阮氏王朝害怕招致更大的报复，急于与法国议和，便与法国签订了第二次《西贡条约》，将越南置于法国控制之下，由法国把持越南的外交事务，并让法国顺利获得了红河航行的权利。

同时，阮氏王朝授予刘永福"三宣副提督"之职，由黑旗军控制着红河上游地区。鉴于北圻在侵略清朝中的战略地位，法国一心要拔除黑旗军这个眼中钉。

光绪元年（1875年）四月二十一日，法使罗淑亚以法越《西贡条约》照会总理衙门，要求清军不得进入越南，并请开放云南蛮耗为商埠，以通红河，遭到拒绝。七月初四，罗淑亚再次向总理衙门申请，再次被拒绝，并重申越南为清朝的属国。五月到十月，黑旗军及清军进入越南剿匪，擒获匪首黄崇英、周建新。后来，曾参加剿匪的李扬才反叛入越，假冒自己是李氏王朝后裔称王，扬言要夺取朝鲜阮氏江山。越南向清朝求援，清政府派李扬才的老上级广西提督冯子材率军讨伐，光绪五年九月初三，擒获李扬才，全歼叛军。

光绪六年九月，总理衙门获悉法国谋占越南北部，通商云南，与李鸿章、丁日昌商量对策，命刘坤一、刘长佑、张树声等商同妥办。出使英法的

第五章
爱国者与卖国贼之间的界限

曾纪泽两次照会法国外交部,声明不承认《西贡条约》,抗议法国侵略越南。但是法国驻华公使宝海,不承认清朝对越南的宗主权,声称越南受法国保护,北圻问题与中国无关。

光绪七年六月初五,越南使臣来京乞援。在西南诸省督抚建议下,清政府派人联络刘永福,为其提供保护,暗中向越南北部增兵。

光绪八年三月,法国明确向总理衙门表示将进攻河内。曾纪泽连续向法国外交部抗议,要求法军退出河内,并以强硬口气警告法国,如果法国占领越南土地,中国必然干预。

十月十六日,法使宝海到天津会晤李鸿章,提出中法搁置对越南宗主权的争议,只谈边界及商务,并要求中方撤兵。李鸿章信以为真,派人与宝海商定三条办法:中国撤兵,通商,中法分巡红河南北。但是到了十一月份,得知法国议院已经决议向越南增兵,宝海也从上海忽然发出消息说议定的三条不算数。

光绪九年二月,法国茹费理再度上台组阁,推翻了这份草签的办法,召回宝海,派德里古为驻华公使。德里古到天津后与李鸿章晤谈,双方对在越南划分保护区没有达成协议,法军就越南宗主权及清军暗助黑旗军抗击法军进行指责。

七月二十三日,越南被迫与法国签订《顺化条约》,承认法国为越南的保护国。

3.战、和之争

中法虽然没有正式宣战,但是决裂在即,双方都在积极增兵备战,陈师于中越边界。值得提及的是,针对法军的挑衅和攻击,刘永福率领黑旗军予以抵抗回击。

此时，朝廷又出现了主和、主战两种论调。主和的如奕劻、李鸿章、翁同龢，主战的如奕譞、曾国荃、左宗棠、曾纪泽，还有朝中的清议派。在前线的彭玉麟、张之洞等人更是等得不耐烦了，纷纷喊话，是战是和，给个准信。

清廷倾向于主战，并对主和派进行了打压。光绪十年二三月份，清廷处理了一批临阵退缩和战斗不力的将官，比如唐炯防守山西时率军退缩，被革职拿问；北宁、太原失守，徐廷旭被拿问，黄桂兰、赵沃被逮问；失守北宁炮台的陈得贵、副将党敏宣被军前正法。三月份，主张对法作战的慈禧太后对军机大臣们办理的中法交涉事宜表示强烈不满，十三日，罢黜全班军机大臣，换任他人：恭亲王奕䜣停职，回家养病；大学士宝鋆休致；协办大学士吏部尚书李鸿藻、兵部尚书景廉停职，降二级调用；工部尚书翁同龢革职留任，仍在毓庆宫行走；所有人都退出军机处；又命礼亲王世铎、户部尚书额勒和布、阎敬铭、刑部尚书张之万在军机大臣上行走，工部侍郎孙毓汶、刑部侍郎许庚身也入军机处学习。三月十四日，朝廷命醇亲王奕譞会办军机处的紧要事件，后来主持军机处。

总理衙门随之也进行了调整，命奕劻代替奕䜣主理，内阁学士周德润，以及阎敬铭、许庚身、工部尚书福锟、理藩院尚书昆冈、左都御史锡珍、侍郎徐用仪、内阁学士廖寿恒等在总理衙门行走。七月十四日，因为对法主和，朝廷将张荫桓、周家楣、吴廷芬、昆冈、周德润、陈兰彬免去总理衙门的职务。

在中法之争中，李鸿章是力主议和，一直主张退让，放弃越南，并称开放通商对清朝也没什么大的损失。

朝廷对越事的态度十分明确，不放弃对越南的宗主权，不赔款，杜绝通商，保全刘永福的黑旗军。

但朝廷并不是反对议和，而是要保证中法双方能够形成和局，底线就是上面几条。

第 五 章
爱国者与卖国贼之间的界限

光绪十年四月份，李鸿章旧识法国水师总兵福禄诺愿意从中调解，与之达成五款协议（《简明条款》）：法国保全助护清朝南界，不令受到侵犯；中国撤出北圻的军队；法国不索赔款，清朝允许法国在南境通商；清朝承认法越条约，但约内不得出现伤碍清朝体面的字样；三个月内各派全权代表会议详约。

清朝让步的部分基本上出于李鸿章的意见。条款电寄总理衙门后，朝廷允准，但引起了主战派的不满。主战派群起而攻之，并有四十七名御史会同翰林院对李鸿章进行弹劾，朝廷不得不表现出主战的姿态。同年五月二十五日，命主战的左宗棠在军机大臣上行走。对此，李鸿章也有自己的解释，他天真地说："鄙欲挽回大局，故冒不韪为之，知我罪我，听之而已，以后只要我不翻悔，法人决不动兵。"

同年五月十三日，法越第二次签订《顺化条约》；同年二十四日，法军进攻柬埔寨，强迫订约，柬埔寨名存实亡。

4.李鸿章的惧战表现

为了与法国议和，李鸿章告诉潘鼎新，如果受到法军攻击而出战，只能说是自卫还击，而不能说是朝廷下令；他又告诉岑毓英，暗中帮助黑旗军，但不能表明是云南官军所为。

李鸿章还私下向曾国荃表示，如果法方要求，赔偿几十万两银子也不是不可以。

预感到中法要决裂，法国军舰可能北上，李鸿章有些惊慌失措。六月初六，因为害怕自己掌控的招商局轮船被法国劫夺，他也听说战争中多有互夺轮船的故事发生，于是将之暂时卖给美国旗昌洋行，挂上美国国旗，以免被法军掠夺。此事被慈禧太后知道，密电责问，李鸿章奏称是为了保护轮船，事后当即收回。

　　李鸿章不光对自己创立的产业不放心，还两次提醒未来的女婿、会办福建海防的张佩纶，让他做人不要太高调，法国并不遵守协约，由于福州首当其冲，小心遭到攻击而毁于一旦，建议赶紧撤走舰船。所有事情不幸被李鸿章言中，不到一个月，法军舰队突袭马尾港，捣毁船政局，福建海军全军覆没。

　　李鸿章还散发不敌法军的言论。他想起在烟台签约时观看外国海军操演时的情景，见其船坚炮巨，南、北洋海军无法与之相提并论。何况，福州船政局是由中方聘用的一帮法国技术高管在领着中国工人造船！

　　如果不是慈禧严责，敲打主和派，李鸿章还不知道要放出什么言论来！

5.中法开战

　　在闰五月、六月间，清廷立场有所软化，同意撤军，进行谈判。闰五月二十七日，任命曾国荃为全权大臣，赴上海与法使巴德诺议约。军机处告以几项原则，如不赔兵费，越南照旧封贡，刘永福由我方处置，分界设立缓冲区，在保胜通商等。谈判中，法方执意要求赔款两万五千万法郎（合一千二百五十万两），曾国荃只答应名义上给五十万两。因曾国荃轻许法国恤银，触碰朝廷要求的底线，遭到申斥。

　　法方想请李鸿章出面谈判，曾国荃知难而退，建议换人，但未获准。其实，李鸿章的主张是适当赔款，保证和局。

　　六月下旬，法国政府对外宣布，拒绝其他国家干涉中法争端。五月起，法军开始大举进攻，法舰炮轰基隆，法军登陆后又被击退。七月初一，法使离京。总理衙门电告各省督抚备战。

　　七月初二，法国海军部长命令将领孤拔攻击清朝舰队。早在一个月前，

第 五 章
爱国者与卖国贼之间的界限

孤拔就率领舰队闯进闽江口，在马尾停泊，伺机挑衅。因为朝廷命令"不可衅自我开"，张佩纶、何如璋等不但没有阻拦，还对孤拔进行款待，命令手下不准先行开炮，违令者虽胜亦斩。中法双方谈判破裂后，清政府仅仅指示不准法舰再驶入，但没有解除不得主动出击的禁令。初三，法国舰队偷袭马尾，将南洋舰队的扬武、福星、振武、飞云、济安、福胜、建胜等七艘船舰击沉，炮轰船厂。

七月初六，清廷被迫下诏正式对法宣战。清廷决定不惜一战，并下谕旨一道，如有人再提赔偿，就交给刑部论罪。

偷袭马尾成功后，法国远东舰队意欲继续北上，袭击威海卫、旅顺，进而威逼北京。

此时，因英法两国争夺埃及，无心顾及东方，法国国内舆论不主张扩大对华战争，期盼尽快结束争端。

在北圻方面，法军计划占领谅山，进犯中国广西。

东南沿海则是法军侵略的重点。

八月十一日，孤拔命利士比率舰三艘赴沪尾，自率大队十一艘战舰攻基隆。十三日，攻陷基隆炮台。十四日，利士比部炮击沪尾。二十日，法军陆战队登陆沪尾。清军守军并不抵抗，故意放法军上岸，当法军向炮台扑来时，提督孙开华等部分别从两翼杀出，法军不敌，损失严重，退回舰船。九月初二，孤拔宣布从五日起封锁台湾海峡。初八，朝廷命北洋海军赴援台湾；十一日，再命南北洋及闽粤接济台湾；十四日，又命南北洋兵轮在上海会合，由杨岳斌统带赴援。十八日，严令曾国荃、李鸿章多派兵轮，解台湾之困，并命彭玉麟、张之洞助援。可气的是，李鸿章以朝鲜发生甲申政变为由，请将援台的五船及北洋二船改驶朝鲜。十二月二十九日，南洋舰队的五艘船舰由总兵吴安康统带，起程开赴台湾。孤拔得到情报，率领七艘舰艇北上拦截，在浙江潭头山洋面遭遇。南洋船舰不敌，分别退入石浦港、镇海港。其中"澄庆、驭远"号两艘航速较慢，驶入石浦港躲避，三天后的大年初一被法舰用水雷击沉。光绪十一年（1885年）正月中旬，法军进攻镇海宝山，遭到浙江提督欧阳利见阻击。欧阳部据岸守卫，在炮战中痛击两艘法国巡洋舰，毙伤法军多人。据说孤拔也中弹受了重伤，不得不返回台湾洋面。二月十五日，法国海军占领澎湖，后来孤拔伤死。

为了配合东线作战，牵制法军，光绪十年八月十二、十六日，清廷两次命岑毓英、潘鼎新迅速进兵越南。桂军、滇军、粤军及刘永福的黑旗军，在法军所据宣光、清军所据谅山一带，分别与法军展开激战，互有攻守胜败。十二月二十八日法军攻占谅山，潘鼎新、苏元春部退入镇南关。光绪十一年正月初二，法军统帅勃利也派兵三千增援宣光，十六日大破黑旗军，十七日败丁槐、何秀林部，解宣光之围。谅山失守后，张之洞严令冯子材、王孝祺出战，否则参奏治罪；二月五日，严旨潘鼎新、冯子材、苏元春迅速克复谅山。九日，法军攻陷镇南关。两日后清军以兵力不足，火焚镇南关，退守谅山。十三日，严旨令冯子材等进剿，否则军法从事。至此，中法两军在中越边界的战斗形势是法军占据上风，清军处于不利地位。

6. 不败而败

直到三月份，冯子材等率军取得镇南关大捷等一系列战斗的胜利，夺回文渊州，克复谅山，战争形势才发生逆转，向清军倾斜。

清法在前线的战斗影响着法国政局，中国取得镇南关大捷的消息传到法国本土，引起了本来就对茹费理政府殖民扩张政策不满的法国人的公愤。总理内阁否决了茹费理增拨军费的提案，茹费理被迫引咎辞职。茹费理刚倒台，法国就同意给在越南作战的法军拨发军费。茹费理的政治生涯以战争失败告终，成了法国人的笑柄。临死前他不无幽愤地说："是那些中国人毁了我的一生。"

第 五 章
爱国者与卖国贼之间的界限

谅山胜利，茹费理下台，中国驻英公使曾纪泽急电总理衙门，称"宜乘机议和，较为有体面"。李鸿章也认为不能错失良机，议和赔偿不致有大的损失，否则"兵又连矣"。

光绪十一年四月，在居间调停人、海关总税务司赫德安排下，英国人金登干与法国代表毕乐在巴黎签订了《中法和平草约》，宣布中法言和，停战撤兵。

朝廷派李鸿章为全权大臣，负责与法使拟定条约。六月，签订《中法新约》。条约的主要内容对法国有利，规定越南受法国保护，法国获得了在清朝西南通商以及在清朝境内修筑铁路的特权。

有人评价中法战争时说："法国不胜而胜，中国不败而败。"可谓一语中的。

 # 为海外华工维权

1. "玛也西"号事件

同治十二年（1873年）春天，总理衙门听说秘鲁国将派使臣来中国，议立通商友好条约。六月份，英美等国的驻京使节向总理衙门说情，希望中秘能够达成协约。显然，秘鲁想效仿西方列强，在中国享受一体均沾利益，索要最惠国待遇。这让总理衙门想起去年在日本审判的一桩拐卖华工的案子，国际影响很大。

同治十一年四月二十二日，一艘名为"玛也西"号的机帆船从澳门起航，在驶往秘鲁途中遭遇风暴受损，六月初四驶入日本横滨港口维修。初七深夜，一名男子从船上落水，被附近的英国军舰救起。该男子声称自己是中国广东人，被骗到船上，要被卖到秘鲁去做劳工，因为不堪船长虐待而跳海，船上还有二百多名中国人。在英美两国公使的敦促支持下，日本副岛种臣派员对该事件展开调查，证实该船船长涉嫌非法运送、虐待华工。事件被揭露后，引起了国际社会对华工的广泛关注。日本开庭审理，判定"玛也西"号船长虐待被拐华工、从事奴隶贸易。"玛也西"号船长不服，状告被拐华工违约，要求其履行合同，或赔偿损失。被骗华工在中国商人的资助下

第五章
爱国者与卖国贼之间的界限

与"玛也西"号船长对簿公堂，打赢了官司。

在第二轮审判环节，日方将事件经过通告中国，经北洋大臣李鸿章、南洋大臣何璟报总理衙门会商，派候补知县陈福勋赴日办理善后事宜，并负责将被拐华工带回。

总理衙门函告李鸿章，因为秘鲁有欺凌虐待华工之事，让他同秘鲁使臣辩论，要求秘鲁将华工全部送回中国，以后也不准来华招工，只有答应了这个条件，才能商议立约的事情。

2.力主保护华工权益

秘鲁使臣葛尔西耶先经日本，再至中国，乘坐一艘轮船，外带一艘铁甲兵船，颇为威风。此次来华，其原意是议约，并顺带招工。

九月初四，葛尔西耶到天津拜访了李鸿章。李询问华工之事，葛尔西耶说，秘鲁现有十万多华人，或做生意，或者当工人，相安无事，并没有被凌辱虐待，各地的报道失实，不能相信。李鸿章质问道："贵国向来没和中国通商，却拐骗那么多人出国，已经多次被控告，留有案底。"对于秘鲁拐卖华工的行径，李鸿章事先掌握了一些材料，比如1868年有华人向美国驻秘鲁公使投诉华工受奴役的禀文，1869年由驻京美使代递报告秘鲁华工受虐的禀文等，都是确凿的证据。葛尔西耶矢口否认，并说就怕中国不相信，所以才来商议今后如何设立章程来保护华工，如果清政府仍然不相信的话，那就先派人到秘鲁调查。李鸿章说，以前中秘未立约你们就拐去了十万多人，现在请你们全部将他们送回，再作商谈。葛尔西耶说，这些华人都是自愿去的，或者搭乘其他国家的船只陆续前去，现在大多在秘鲁成家立业，不想立即回国，怎么能够强迫他们全都回来呢？中国要保护华工，可往秘鲁派驻领事官，若有欺凌虐待华工的事，立即与地方官商同究办，绝不敢偏袒。李鸿章说，贵国祸害华人太多，谁还敢去当领事，去了也是势单力薄，无能为力。葛尔西耶又说，我们怕华工吃亏，所以派人来好意商量，我们没什么过错，中国要是不跟我们商量，恐怕各国也认为你们做得不对。李鸿章说："此事难得商量！"

九月初六，李鸿章照例到葛尔西耶处答拜，将美使转送的两份禀文当面交给对方。葛尔西耶坚称，事情绝对没有禀文说得那么严重，肯定是恶意中伤，现在秘鲁新总统上台三个月，仁厚公道，订立了保护华工的章程，因为此事要紧，立即派人来商议。李鸿章就让他抄送所定章程来看。葛尔西耶要求定时间商议，李鸿章认为"虽可坚拒，未便不与订期，拒人于数万里之外"，就答复说如果贵国能够将招去的华工悉数送回，十八天之后再来商谈吧！葛尔西耶对李鸿章说，他在日本耽搁了七个月才商定和约。李鸿章听后笑了，说你来中国恐怕三年也未必能议成。葛尔西耶被惊呆了，说在日本是因为会商"玛也西"号船案才耽搁那么久，在中国又没有什么事儿。李鸿章回答说，贵国拐去十万多华人，哪能与日本的那一桩案子相比，不交涉三年怎么能够说得清楚？

李鸿章仔细阅览了经人翻译的秘鲁关于所谓保护华工的章程，怕他们不能照办，他又找到了往年秘鲁拐卖、虐待华工的许多案例，明显违背《万国公法》，愈觉气愤。李鸿章建议总理衙门向英、美、法等使臣说明秘鲁向来专门拐贩华工，令华工受尽苦处，与别国情形不同，必须令秘鲁先将招去的华工全部送回国内，并声明不准再招，方可商谈议约。

由于双方争执不下，经过英使威妥玛出面调停，李鸿章答应先拟定四条查办章程，并派负责管理留美儿童的容闳去秘鲁调查。

3.妥协签约

经过多次辩论交锋，以及其他洋人从中协调，中秘双方同意将商约与查办专条同时议定。同治十三年三月二十九日，朝廷派李鸿章为全权大臣，与秘鲁订约。在谈判过程中，争执的重点主要有两条，一是葛尔西耶要求将利益一体均沾的条款列入，以享受最惠国待遇；二是李鸿章要求保留"查办华工若不如法，条款即作罢论"，以防被秘鲁欺骗，或者两条都删去。葛尔西耶坚决反对，因为得到最惠国待遇是协约的核心条款，这是他此行的主要目的。由于僵持不下，葛尔西耶以回国相威胁，谈判濒于破裂。李鸿章听说葛尔西耶准备要走；而且受到来自各方的压力，同时海疆正值多事之秋，觉得不宜与之决裂，遂告妥协。秘鲁如愿以偿得到了与其他列强相同的最惠国待遇，而中国在协约中为保护华工争得一些书面上的权益保障，另外加入了"不准在澳门及各口岸诱骗中国人，运载出洋，违者其人严惩，船只罚办"的内容。五月十三日，中秘双方签署了《中秘查办华工专条》和《中秘友好通商条约》。

光绪元年（1875年）六月，秘鲁派爱勒莫尔来华换约。李鸿章已经得到了容闳发来的调查报告，不仅没有像葛尔西耶说得那样美好，而且在条约签订后，秘鲁迫害华工的状况没有得到任何改变。双方又经过了一个月的激烈辩论，秘鲁方面终于同意以添加照会的方式，切实保护华工权益，使华工不再被凌辱迫害。七月初七，丁日昌与爱勒莫尔在天津正式换约，中秘关于华工的交涉才算告一段落。

第六章

甲午战争时期的李鸿章家族

防范日本，争夺朝鲜控制权

1. 日本"诚为中国永远大患"

早在同治九年（1870年），日本派使臣柳原前光来中国要求通商，引起了李鸿章的注意。九月二十七日，他给鸿胪寺少卿许庚身写信，认为日本是中国的潜在威胁。

日本在军事技术方面的领先让李鸿章产生了紧迫感，但他还是建议与日本立约通商，并根据他的观察和判断发出警告。

忧患意识纵然可贵，但李鸿章没有把日本视为假想敌，没有彻底看清日本的侵华本质，没想到日本会有那么大的野心和胃口。

到了同治十二年，日本派人前来换约，并与中国交涉琉球岛民被台湾原住民所害事件，这让李鸿章对日本产生了相当反感的情绪，他认为日本"百年后必为中国肘腋之患"。

岂止百年，短短十年二十年，始终在朝鲜、琉球等藩属国作梗的日本就给大清国带来了血的教训。

李鸿章毕竟是自诩为天朝上国的大臣，以其传统的观念，日本不过是历朝历代向中国俯首称臣的蕞尔小邦，不屑一顾的倭夷而已。日本使臣突然

第六章
甲午战争时期的李鸿章家族

变得咄咄逼人，这让李鸿章难以接受，感到非常气愤，他一反常态地说道："所以骄强之由，不过该国近来拾人牙慧……即使兴兵，又何畏此小国！"

然而，现实是令人尴尬的。

同治十三年，日本悍然进兵台湾，其侵略之心昭然若揭，局势随之骤然紧张起来。李鸿章在《筹议海防折》中呼吁朝廷暂弃新疆、加强海防，不想引起了海防与塞防之争，给后人留下了卖国贼的口实。对于东南沿海形势的判断，李鸿章比谁都清楚，面临来自日本的骚扰，东南沿海的防务是当务之急。在谈到日本时他不无焦虑地说：

> 其势日张，其志不小，故敢称雄东土，藐视中国，有窥犯台湾之举。泰西自强，尚在七万里以外，日本则近在户闼，伺我虚实，诚为中国永久大患！

光绪元年（1875年）二月，李鸿章在奏片中再次强调日本"诚为中国永久大患"。从"肘腋之患"，到"永久大患"，李鸿章对日本的认识已经大大提高了。不久，琉球被日本吞并。

李鸿章防范日本的主张与朝中的少数大臣意见相一致，比如大学士文祥就非常支持他。文祥对李鸿章说："海防一事仅备日本，非为西洋所设。"

为了壮大北洋海军，压过日本，李鸿章暗暗筹划着与日本展开一场军备竞赛。他特别渴望能够买到顶级的铁甲舰船，但因花费巨大而遭到很多人的非议，进展极不顺利。有一次朝廷让他谈谈对"球事"的看法，他说："惜我无铁甲船，但有二铁甲，闯入琉球，倭必自退。"在他看来，日本之所以敢于挑战中国，胡作非为，就在于军备精良，拥有铁甲船这样的超级武装。李鸿章已经看出来了日本的意图。如果中国有了铁甲船，可能不用打，就可以对日本起到震慑作用，令其知难而退。为此，李鸿章积极托人购置，但因筹款困难而一度中止。

光绪十一年，北洋海军终于拥有了定远和镇远两艘铁甲船，后来证明在战争中确实相当给力。不过，大多时候只是用来撑撑门面，由于不再添置，也不进行更新换代，被锐意进取的日本海军再度超越。

吞并琉球之后，时值中法战争期间，趁中国无暇东顾，贪心不足的日本又打起了侵略朝鲜的主意。虽然李鸿章口头上说："日本小国，无能为。"但他预感到这一天迟早会到来。他希望冲突晚一些来，好给他充足的准备时间，但这不是他说了算的。他向日本和其他列强一再申明，朝鲜是中国的藩属国，不能和越南、琉球相提并论，敢动朝鲜的话后果非常严重："日本如来攻朝鲜，中国必出兵相助。"

朝鲜需要中国出手相助的时刻马上到了。

2."云扬"号事件

早在十六世纪下半叶，日本处于丰臣秀吉统治时期，就梦想着在亚洲建立一个大大的帝国。其计划是先征服朝鲜，再征服中国，然后征服印度，从而称霸亚洲。万历二十年（1592年），丰臣秀吉出兵二十万征伐朝鲜，占领汉城和平壤后直奔明朝国境，最终被明神宗派大军击败。三百年后，日本贼心不死，以小谋大的诡计没有改变。从明治维新运动前后开始，日本国内就蔓延着一种"征韩论"的论调，即侵略朝鲜，用武力打开朝鲜封闭的大门。

这次他们成功了，使用的是二十二年前美国动用黑色铁甲战舰敲开日本自家大门的方式。

为了挑起事端，光绪元年（1875年）四五月间，日本派军舰"云扬"号到朝鲜沿海示威，以军事演习为借口进行各种挑衅，并在朝鲜沿海搞非法测量。八月二十一日，派军舰驶进江华湾，逼近江华岛的炮台，侦察朝鲜火力。朝鲜士兵开炮警告，引来日本军舰的猛烈还击。随后几天，日军将朝鲜

第六章
甲午战争时期的李鸿章家族

炮台击毁，派兵登陆，屠杀当地百姓，引起朝鲜上下剧烈震动。这就是"云扬"号事件，又称江华岛事件。在日本的威逼之下，朝鲜被迫与之签订了不平等的《江华条约》，朝鲜开始沦为半殖民地、殖民地国家。

日本当然知道朝鲜与中国存在宗属关系，数年前日本还与中国签订了"修好条约"，明文规定不能互相侵犯所属邦土。为了试探清政府的态度，以请中国居间调停为名，派使臣森有礼到中国说明缘由。在李鸿章的建议下，总理衙门告以中国不干涉朝鲜政事，希望日本能够遵守《中日修好条规》，互不侵犯，并劝说朝鲜方面委曲求全、息事宁人。李鸿章这样做是为了让中国免受牵连。

十二月二十八日，森有礼专程到保定拜访了李鸿章，受到设宴款待。在谈话中，森有礼认为中日和约没什么用，藐视《万国公法》，否认朝鲜是中国的藩属国，又要求中国劝说朝鲜与日本议和。森有礼的话十分无理，李鸿章一一予以回斥。

森："中国与日本在亚洲，可惜被西方国家压住了。"

李："在东方各个国家中国最大，日本次之，其余都是小国，我们需要同心和气，挽回局面，才能敌得住欧洲。"

森："据我看来，和约没什么用处。"

李："两国和好，全凭条约，如何说没用。"

森："和约不过是通商方面的事，至于国家打仗，只看谁强，不必都依着条约。"

李："此是谬论，持强违约，万国公法所不许。"

森："万国公法亦可不用。"

李："叛约背公法，将为万国所不容。"李鸿章指着酒杯说，"和是和气，约是约束，人的心如这酒杯，围住了这酒，不教泛溢。"

森："这个和气，无孔不入，有缝即去，杯子如何拦得住。"

李："森大人年少气盛，发此谬论。郑翻译是我们立约时的人，你把情况详细告诉他。"

　　森："日本与中国的和约，是中堂定的吗？"

　　李："是我与伊藤博文大人商定。伊藤大人现在何处？"

　　森："拿着退休金退居林下了。立约的人去了，和约便靠不住。"

　　李："约书奉有谕旨，盖用国宝，两国臣民子子孙孙当世守之。"

　　森："高丽与印度同在亚洲，不算中国属国。"

　　李："高丽奉正朔，如何不是属国？"

　　森："各国都说高丽不过是朝贡受册封，中国不收其钱粮，不管他政事，所以不算属国。"

　　李："高丽属中国几千年，何人不知。和约上所说所属邦土，土字指中国各直省，此是内地，为内属，征钱粮，管政事。邦指高丽诸国，此是外藩，为外属，钱粮、政事向归本国经理。历来如此，不始自本朝，如何说不算属国？"

　　跟森有礼说了半天，生了一肚子闷气，李鸿章手书"徒伤和气，毫无利益"八个字送给他，打发他走了。从谈话中可以看出，李鸿章非常遵守规则，有西方人的契约精神。但是正是这种精神害了他。在那个弱肉强食的野蛮时代，他过于相信甚至是迷信《万国公法》，即使在于己不利的时候仍然坚持，让他从固执走向偏执，从天真走向愚蠢。

　　森有礼回到北京，继续与总理衙门辩论朝鲜是否是中国属邦的问题。清政府虽然声称朝鲜确实是自己的藩属国，但当时正忙于交涉马嘉理案，不想替朝鲜出头，也就没有对日本提出正式抗议。

3.壬午兵变

　　清政府虽然自顾不暇，但没忘训导朝鲜这个小弟。光绪五年闰三月，福建巡抚兼充总理各国事务大臣丁日昌就海防事宜提出十六条意见，其中建议派人"密劝"朝鲜与西方各国通商，假如日本和俄国企图侵略，中国可约同通商各国"鸣鼓而攻"。英使威妥玛认为，如果朝鲜不与各国通商，必将步琉球后尘。七月份，朝廷命李鸿章给朝鲜老太师李裕元写信，开导开导。李鸿章便以清朝当前形势为例，给李裕元做了分析，建议朝鲜既然与日本订约通商，干脆来个"以毒攻毒，以敌制敌"，分别与其他列强缔约，牵制日本，以免遭琉球之祸。朝鲜的守旧派接受不了这样的建议，认为这是卖国，有人声称"与其通洋而存，不如绝洋而亡"。当政的闵妃集团为了维持统治，被迫自强，效仿中国进行改革。

　　朝鲜的改革十分有限，没有达到富国强兵的目的，加之日本对朝鲜的掠食日益加剧，朝鲜百姓更加贫困不堪，国内的阶级矛盾也空前尖锐，对统治者的不满也达到了顶点。光绪八年（1882年）六月初九，一场因粮饷而引发的士兵起义在汉城爆发，在大院君李昰应的密谋指挥下，起义军杀死前领议政——兴寅君李最应、大臣金辅铉和闵谦镐，以及七名日本人，还围攻日本公使馆，日使花房义质烧毁使馆并逃之夭夭。闵妃化妆成宫女逃出，被叛乱者宣布死亡，并举行了国葬。李昰应再次摄政。这就是壬午兵变，或壬午军乱、壬午事变。

　　壬午兵变为蓄谋已久的日本侵略朝鲜提供了契机，日本决定发动对朝战争。花房义质会同日本军官率领一千五百名士兵开赴朝鲜，兴师问罪，要求谢罪、惩凶、赔款、通商，并不允许中国干涉。

　　得到朝鲜壬午事变的消息后，清朝令在家丁母忧的李鸿章速回天津应变。代李鸿章署理直隶总督的张树声派北洋水师提督丁汝昌率三艘兵船，携候选道马建忠，前往朝鲜；又派广东水师提督吴长庆率所部淮军六营赴朝鲜，张謇、袁世凯同行。花房义质提出的要求没有得到满足，愤而离开表示决裂，为清军后发制人、平息朝鲜内乱赢得了宝贵时间。马建忠受到李昰应的邀请来到汉城，他一面与花房义质联系，避免与日方发生冲突，一面与李昰应会谈，摸清其想法，假意与两边达成默契。光绪八年七月十二日，吴长庆、丁汝昌分别率军先后进入汉城。十三日，按照拟定的计划，吴长庆将李昰应诱捕，塞进轿子里，带到兵船上，押往天津，后来软禁在保定。三年后李昰应才被释放回国。清军随即对乱党进行捕剿，平定了朝鲜内乱。"被死亡"的闵妃再次上台执政，并由过去的亲日转向亲清。

朝鲜与日本签订了《济物浦条约》，基本满足了日本提出的要求，使得朝鲜主权受到进一步侵犯。

事变之前，在李鸿章的安排下，朝鲜与美国建立了通商关系，美国答应不过问朝鲜向中国朝贡的事。接下来酝酿中朝签约，后因事变而搁置。平定朝鲜内乱之后，中朝通商谈判再次启动，李鸿章是主要策划人，马建忠和周馥代表清政府与朝鲜签订了《中朝商民水陆贸易章程》。通过这个章程，清政府获得了在朝鲜通商的特权，正式确定了两国之间的宗属关系，强化了对朝鲜的宗主权。

清军在处理壬午事变过程中表现果断，非常顺利，甚至还有点儿轻松，让一部分人找回了"天朝上国"自高自大的感觉，产生了轻敌心理，飘飘然不知所以。这部分人主要是李鸿章所痛恨的"空谈误国"的清流。张謇写了《朝鲜善后六策》呈给李鸿章，建议将朝鲜"废为郡县"，变成一个省，纳入中国版图；对日本，则"三道出师"，逼其"归复"琉球。御史邓承修也主张派知兵大臣驻扎烟台，让日本归还琉球。清流派主将张佩纶主张调派水陆大军东征日本。

对于这些论调，李鸿章觉得有些不值一驳，置之不理，有的也根据朝廷指示认真对待，予以驳斥。他认同精练南北洋水师的建议，但反对东征日本，"未有谋人之具，而先露谋人之形者，兵家所忌"，而且"日本步趋西法，虽仅得形似，而所有船炮略足与我相敌""若必跨海数千里与角胜负，制（致）其死命，臣未敢谓确有把握"。但他认为，"东征之事不必有，东征之志不可无"，主张"先练水师，再图东征"。李鸿章还顺便再度抱怨说，要不是经费紧张，水师早已练成，也早已拥有大型铁甲舰了。而据他掌握的情况，现在南北洋到账的军费只有预算的四分之一。

当然，李鸿章也采纳了部分合理化建议。对于朝鲜善后问题，除了派商务委员驻扎汉城，他又提出了几条，比如代朝鲜练兵，在朝鲜驻军防日，加强辽东海防，防止俄国人入侵，等等。

4.甲申政变

光绪十年（1884年），壬午兵变之后，因朝鲜国内"开化党"和"事大党"两派之间的矛盾斗争而演化成了又一场流血政变。

开化党是那些受到日本明治维新以来资本主义的影响，渴望在国内实施改革，摆脱与中国的宗属关系，鼓吹独立的人物，比如金玉均、洪英植、朴泳孝等。事大党即守旧派，指的是那些效忠宗主国，奉行闭关锁国政策的人物，大院君李昰应就是代表。两派之外还有一部分中间派，即稳健开化派，不那么激进，主张效仿西方，进行改革，维持中朝之间的宗藩关系，代表人物有金允植、金弘集、鱼允中等。

壬午兵变之后，大院君被清政府软禁在保定，再次上台执政的闵妃集团对中国充满感激，逐渐由亲日开化派转化为亲清的事大党。由于路线方针不同，关系国家前途，民族危亡，两派之间明争暗斗，势同水火。开化派一方面走高层路线，接近高宗李熙和闵妃，争取他们的信任和支持，一方面利用自己的政治地位，采取一些改革措施，并组建了忠于自己的军队。

光绪十年初，慈禧对总理衙门、军机处等部门人员进行大调整，让恭亲王奕䜣回家养病，由醇亲王奕譞领班。醇亲王是光绪的亲生父亲，这让闵妃联想到大院君和高宗李熙的关系，认为这是清政府释放大院君的信号，心中忐忑，开始疏离清政府。中法战争爆发后，战事吃紧，吴长庆奉调带领一千五百名清兵回国驻防，让依靠清军的事大党势力有所削弱。马尾海战之后，福建水师几乎全军覆没，清军节节败退，也让中国在朝鲜的威望大大降低。另外，朝鲜国内出现了一些反清情绪。一直在寻找机会的开化党决定利用清政府无暇东顾的时候发动政变，并且得到了日本人的支持，答应由开化党将日军引入，借以击退清军。他们甚至说服了高宗李熙，组织了敢死队，拉拢了部分亲军营的军人。

十月十七日，政变开始，开化党的邮政局总办洪英植，与金玉均、朴泳孝、徐光范、徐载弼等人，在邮政局落成仪式期间故意纵火，砍伤闵泳翊。金玉均将国王转移至景佑宫，杀死被骗来的守旧派。然后成立了新政府，任命开化党主要官职，宣布了十四条政治纲领，其中有要求清政府释放大院君回国，断绝与清朝的宗藩关系等。

政变当晚，参加宴会的商务委员陈树棠从邮政局逃回公署，将目睹的情况通知了袁世凯。在袁世凯、吴兆有的带领下，清军冲进王宫，镇压乱党，将主要的几名开化党成员杀死，解救国王李熙。开化党的政变只有三天就宣布终结，被人称为"三日天下"。

甲申政变之后，日本又借机勒索，于十一月二十四日与朝鲜签订了《韩城条约》，规定了朝鲜向日本赔款、谢罪、惩凶、增兵等条款。

光绪十一年正月二十五日，清廷任命李鸿章为全权大臣，负责与日方代表伊藤博文谈判。伊藤博文刚到天津时，气焰熏灼，拒绝与李鸿章在天津会晤，坚持进京，被总理衙门要求回天津找李鸿章。伊藤博文铩羽而归，只好与李鸿章会谈，连续数天争执不下。李鸿章向总理衙门提议做出让步之后，三月初四签订了中日《天津条约》，规定双方同时从朝鲜撤兵，中日均不在朝鲜派驻兵，两国出兵朝鲜须互相照会。这个条约将朝鲜置于中日共同

第 六 章
甲午战争时期的李鸿章家族

监管保护之下,中国失去了对朝鲜的独家保护权,让日本在朝鲜取得了与中国同等的地位,以及向朝鲜派兵的权利,为九年之后的中日甲午战争埋下了祸根。

在清军占据绝对优势的情形下,李鸿章代表清政府对日本做出让步,令日本的阴谋得逞,无疑是外交政策的一次巨大失败。

朝鲜内乱为日本侵略创造了机会,也将战争祸水引向中国。

对日本来说,侵占朝鲜是为图谋中国铺设的一块跳板。李鸿章明显感受到了来自日本的威胁,但没想到会成为他心中永远的痛,带给他一生都无法洗刷的耻辱。

中国本来能打赢吗

1. 出兵朝鲜

光绪二十年（1894年），朝鲜爆发了"东学党起义"，成为中日甲午战争的导火索。

无力抵抗的朝鲜政府一面向中国驻朝鲜通商大臣袁世凯求援，一面向东学军求和。四月三十日，李鸿章接到袁世凯报告朝鲜方面请求支援的电文，五月初一日命丁汝昌派济远、扬威二舰赴仁川，直隶提督叶志超率同太原镇总兵聂士成选派淮军劲旅一千五百人，分坐招商局轮船先后进发，并令驻日公使汪凤藻照会日本外务部。

早在1887年，日本军方就制定了《征讨清国策》，妄图使用武力攻占中国沿海，将中国肢解，阻止中国变得强大。据推测，日本针对中国的战备在1890年就已经基本完成。日本缺的是发动战争的机会，眼下中国出兵朝鲜就是最好的机会。

以李鸿章为代表的清政府害怕与日本动武，出兵朝鲜，难免投鼠忌器。

在东学党起事之前，李鸿章闻听日本要派兵赴朝，便命袁世凯调查。被狡猾的日本人蒙蔽了的袁世凯回复说日本不会出兵。岂知日本巴不得中国出

第 六 章
甲午战争时期的李鸿章家族

兵朝鲜，日本使馆人员向袁世凯建议，清政府应该派兵替朝鲜平乱，并表示日本"并无他意"。李鸿章也中了日本人的圈套，天津的日本使臣向他打听朝鲜请援之事，他回答说肯定会出兵。当李鸿章在天津坐等朝鲜请援的正式电文时，日本方面已经决定出兵朝鲜了。

叶志超和聂士成的两千淮军分两批在朝鲜牙山登陆的时候，东学党和朝鲜政府达成停火协议，即《全州和议》。没等清军投入战斗，动乱就平息了。与此同时，日本驻朝使者大鸟圭介也率军抵达。朝鲜政府要求中日两国撤兵。大鸟圭介主动找袁世凯商议中日共同撤兵，暗地里却继续增兵，根本停不下来。李鸿章命令停止进军之后，坚持要求日本按照中日《天津条约》共同撤兵，但日本拒绝了这一要求，抛出了两国共同协助朝鲜改革内政的方案。清政府表示拒绝，同时李鸿章请英、俄、美等国出面调解，均无成效。

五月初九，日本外相陆奥宗光训令小村寿太郎照会中国，否认朝鲜为中国属邦。六月初七，小村寿太郎与庆亲王奕劻会晤，小村主张先改革朝鲜内政，再谈撤兵，而奕劻的要求则是相反，先撤兵，再谈其他事宜。从日方决绝的态度来看，已经没有缓和的余地。达不成协议正是日本想要的。

日本逼迫朝鲜改革内政，遭到拒绝后于六月二十一日派兵包围了朝鲜王宫，挟持高宗李熙和闵妃，拥大院君主政。大院君将闵妃集团铲除，宣布废除中国光绪年号，以及与清政府签订的一切条约。同日，日本袭击了中国驻朝鲜总理公署。代理总办朝鲜交涉通商事务的唐绍仪躲入英国领事馆。从五月底就一再请求回国的袁世凯，得到批准后已于十六日离开汉城返回天津。

在六月二十三日中日战争爆发之前，朝中存在着对战争持不同态度的两派：主战派以光绪帝、翁同龢、李鸿藻为代表，主和派以慈禧太后、李鸿章为代表。抨击李鸿章者甚多，大都是主战派。侍读学士文廷式批评他说："调兵赵趄不前……藉资洋人，故终身以洋人为可恃……故一有变端，彷徨而罔知所措。"礼部侍郎志锐说："一味因循疏误，辄藉口于衅端不自我开，希图敷衍了事……事既急切，专恃外国公使从中调处。藉作说和之客，以图退兵之计。事起之初，则赖俄使，俄使不成，复望英使，英使不成，又将谁易？"

当意识到日本不会撤兵，中日难免一战的时候，清廷严令李鸿章备战进兵。留给李鸿章的时间只有十几天了。之前李鸿章就共同撤兵事宜与日本交涉，日本或虚与委蛇，或置之不理，故意拖延。李鸿章又施展外交手段，企图请洋人从中调解，利用英国、俄国等力量阻止日本。而日本也在使用外交手段，令俄国等采取消极行动，大家只谈友谊，不谈战争。战争爆发后，各国均作壁上观，保持中立，期待最后坐收渔翁之利。对于前方传来的日军增兵的消息，李鸿章始终不是十分重视，没有做出针对性的周密军事部署。他命令叶志超静守勿动，忍耐忍耐再忍耐，不能开第一炮，担心授人以柄。这种种行为，都表现了李鸿章害怕战争的心理，以及缺乏军事谋略的致命弱点。当日军大兵压境，不惜一战的时候，朝廷命令他速速备战，可他仍然幻想在各国调停下日本会退兵。

尽管惧战，李鸿章还是做了一些安排，即刻部署往前线调兵：卫汝贵盛军七千人由新城出发，马玉昆毅军两千人由旅顺出发，派往牙山两千人，租用招商局轮船十只，英轮三只；左宝贵马步三千五百人，丰升阿统带的三省练军马步一千五百人，从陆路开赴朝鲜，援军总计一万六千余人；丁汝昌派方伯谦带济远、广乙、威远开赴牙山巡航。

2.中日军事实力对比

战争迫在眉睫，光绪帝命李鸿章迅速奏报应对办法。五月二十七日，李鸿章上《酌度倭韩情势豫筹办理折》，汇报了日本意欲大兵压境，以及大清国北洋海军实力情况。

按照他的分析，北洋海军能打仗的只有八艘舰船，其他用来运兵。近

第六章
甲午战争时期的李鸿章家族

些年来,因为部议停止采购兵船军械,没有再添置新舰,日本则是每年都要增添一两艘新船,因此海战的话恐怕没有胜算。从陆军方面来看,虽然沿海各军将领都是久经沙场,经验丰富,武器装备精良,训练有素,但是兵力太少,只有两万人,而且各司其职,守护海口炮台,不好抽调,如果调走,容易让人乘虚而入。这两方面很难有所改善,所以李鸿章请求先筹备二三百万的军饷,以备拨用。"但使挽回有术,断不敢轻启衅端。"

李鸿章的报告让光绪皇帝大吃一惊,然后十分生气。多年来朝廷让李鸿章督练海军,前些时候还将检阅海军的情形详细汇报,说能够应付缓急,现在却说能战的军舰只有八艘,简直是欺君罔上。光绪不满于李鸿章提供的含糊其辞的几个简单数字,以五百里加急命令他再将详细情况上报,到底有哪些军舰可以作战,海陆及绿营兵有多少可以备守。

六月初二,李鸿章上《复陈陆海兵数请为倭事筹备饷折》,奏报北洋海军现有军备为:定远、镇远铁甲两艘,济远、致远、靖远、经远、来远快船(巡洋舰)五艘,这些都是从国外购进的;平远快船一艘,由福州船政局制造;这是李鸿章提到的那八艘能打的军舰。另外,超勇、扬威两船是旧式舰船,蚊炮船只能用来守卫海口,威远、康济、敏捷三船专门用来教练学生,还有一船用来运输粮械。

沿海陆军兵力情况:山东威海卫有绥巩军八营、护军两营,奉天大连湾有铭军十营,旅顺口有四川提臣宋庆毅军八营及亲、庆六营,山东烟台有嵩武军四营,直隶北塘口有仁字两营,大沽口炮队六百七十名士兵。这是李鸿章上次汇报的扼守炮台的两万人。后路还有天津青县的盛军马步十六营,军粮城的铭军马队两营,芦台的武毅两营,主要用来保卫京师,游击策应。

至于光绪提到的绿营兵,因嘉庆以来就失去了战斗力,早已被裁汰,被曾国藩的湘军和李鸿章的淮军收编消化,改为类似警察性质的巡防营,主要用来抓贼捕盗,名存实亡。

根据情报,日本有五万兵力可供调用,想要跟日方持平,至少还需要几十个营（按每营五百人计）的兵力。

当然，这是李鸿章认为的自己能够调动，而且是能够走上战场打仗的精锐部队。当时清朝的总兵力号称有百万之师，刨除烂到极点的八旗军和绿营军，以及各地守军，事实上只有曾国藩残存的湘军和李鸿章经过裁汰的淮军可以依靠。

李鸿章一下子向朝鲜派出了一万六千人，可谓下了血本。

在海军实力方面，很多人认为北洋舰队和日本舰队不相上下，但是经过比较后发现两者之间存在的差距。

1888年，北洋舰队成军的时候，实力是超过日本舰队的。当时拥有两艘铁甲舰、九艘巡洋舰、两艘鱼雷巡洋舰、六艘炮船、四艘练船、两艘通报船、三艘运输船、两艘差船、十三艘鱼雷艇，还有数艘运煤船，大小舰船总计近五十艘，吨位约五万吨。

北洋海军或者北洋舰队的基地有两处：一是旅顺口，是修治船只的地方；二是威海卫，为北洋舰队永久停泊之所。

日本方面，两千吨级以上的战舰只有浪速、高千穗、扶桑、金刚、比睿五艘，排水量共一万四千七百八十三吨。相较于日本，北洋舰队两千吨级以上的战舰有定远、镇远、致远、靖远、经远、来远、济远七艘，共两万七千四百七十吨，是对方的两倍。但是，到了甲午战争爆发前夕，日本新添了两千到四千吨级的战舰松岛、严岛、桥立、吉野、秋津洲、千代田六艘，总吨位增加到了三万七千二百二十二吨，大大超过了北洋舰队。如李鸿章所说，自从光绪十四年（1888年）后，北洋海军就没有再添购一艘战船。原因是缺钱，而慈禧为了个人的享乐，挪用国防经费修颐和园，据算从海军经费中挪用的金额高达两千万两以上。两千万两买像定远号一样的铁甲舰，可以买十一艘，买致远舰这样的巡洋舰，可以买二十四艘！

后来中国战败，向日本赔款白银两亿两，财政困窘的清政府只能向列强借款，三年内按期还清。假如这些钱用来装备中国军队，能够打造至少十支

第 六 章
甲午战争时期的李鸿章家族

北洋舰队。日本得到赔款之后,百分之八十五用来发展军事,另有一部分用于发展教育。没过几年,日本海军实力就跃居世界第四,成为海上强国。这一切,都拜懦弱无能的清政府所赐。

如果数量还说明不了问题,在质量方面,差距就更大了。中国早期从国外购买军舰存在很大的盲目性,也没有人懂,花大价钱买到的都是一些级别比较低的,质量很差的,陈旧落后的船舰。倒是买了不少炮舰,又被称为"蚊子船",炮大船小,头重脚轻,行动迟钝,守卫炮台还凑合,到了海上就不堪一击了,不等敌人来打,自己先把自己给搞掉了。小型炮舰比如1867年买的"飞龙"号,在海上竟然被风刮沉;"镇海"号用了几年就几乎散架,驾驶不灵了。1881年从英国买了超勇、扬威巡洋舰,是丁汝昌、林泰曾和邓世昌亲自去开回来的,节省了一大笔佣金。这两艘船与日本同级别的扶桑、金刚和比睿相比,炮火威力大一些,时速快两海里,但防御能力弱。日本的扶桑铁甲厚约23厘米,金刚、比睿铁甲厚4.5厘米,而超勇和扬威的外壳是木质,包着5厘米的铁皮。后来北洋买的铁甲舰和几艘巡洋舰质量还可以,但与日本舰队相比,仍然处于弱势,比如武器装备落后,平均舰龄较大,功率和时速也不占优势。

尽管北洋舰队的训练由洋人佐助,但官兵内部腐败,劣迹斑斑,声名狼藉。

日本的陆军,在1893年,平时兵力为六万三千多人,战时可达二十三万人。

日本的海军,甲午战争前夕,总共拥有三十二艘军舰,吨位为六万零七百七十一吨;鱼雷艇二十四艘,排水量为一千四百七十五吨;还将西京丸、山城丸、相横丸、近江丸等商船改为军舰,共有九千七百九十九吨;实际共有七万两千多吨。

为了适应侵略战争需要,日本还整顿舰队编制,以便统一指挥,提高战斗力。原来日本将全国海岸划为五个海军区,分属于三个镇守府。1894年六月初八，日本取消了按区域划分海军舰队的方法，改为常备和警备两个舰队。六月十七日，又把警备舰队改为西海舰队，与常备舰队组成联合舰队。联合舰队司令官为伊东祐亨，先锋队司令官为坪井航三，参谋长为鲛岛员规。

第六章
甲午战争时期的李鸿章家族

北洋舰队覆灭记

1.丰岛海战

六月中旬，日军开战的迹象越来越明显，在朝廷严令之下，李鸿章调兵增援静守牙山待变的叶志超和聂士成。六月十九日，租用英商爱仁、飞鲸号运送两千人赴牙山。二十一日，丁汝昌派方伯谦带济远、广乙、威远赴牙山巡航。二十二日凌晨，爱仁、飞鲸到达牙山。方伯谦派威远舰去仁川发送电报，返回时带来从英国兵船上获得的消息——第二天将有日本大队兵船来袭。方伯谦有些慌乱，令将士们赶紧卸货，并派威远到牙山海口外巡哨。晚上十一点，方伯谦突然想起来，威远是一艘木质练船，航速又慢，如果遇上敌人，只能白白送死，于是令其驶往大同江一带，等候第二天与他会合。方伯谦在牙山港战战兢兢住了一夜。早上四点钟，天还没亮，方伯谦率领济远和广乙从港口鱼贯而出，进入汉江。

七点半钟，驶到汉江丰岛西北时，远远望见三艘日本军舰朝自己驶来，它们分别为吉野、浪速、秋津洲。方伯谦令济远、广乙做战斗准备。七点五十二分，两军相距三千米左右，只见吉野舰先是发出一枚号炮，紧接着三艘军舰齐向济远、广乙开炮，济远、广乙开炮还击。

济远是巡洋舰，1885年购自德国，广乙是鱼类快船，也算巡洋舰，1890年由福州船政局制造。日本吉野、浪速、秋津洲三舰都是巡洋舰，前两艘购自英国，后一艘自造。日本这三艘战舰在动力、航速、装备、火力等方面都占据很大优势。

战斗中，日方炮弹击中"济远"号瞭望台，大副都司沈寿昌被击中头部，倒在与他并立的方伯谦身旁，一下子就把方伯谦吓瘫了。接着，二副守备柯建章、学生守备黄承勋、管旗头目刘鹍等中炮阵亡。顷刻之间，济远舰上死亡十三人，受伤的有数十人。

广乙舰被秋津洲和浪速紧紧缠住，基本上只有挨打的份儿，舰上官军牺牲三十多人，受伤四十多人。仓皇中广乙舰撞滩搁浅，管带林国祥自焚船舰，率余部登岸逃跑。

方伯谦被吓破了胆，钻进舱内躲避炮弹，将士请求开炮，也不知所措。众将士只好自己奋起，与敌人展开激战，双方互有重伤。

酣战之间，不远处出现两艘汽船，一艘为高升，一艘为操江。高升号是李鸿章为了增援牙山租借的英国商船，运送北塘口仁字营一千余人。行进途中遇到了运输物资的操江号，遂结伴而行。操江号是江南制造总局于1869年制造的第二艘轮船，属于炮船，排水量只有六百四十吨，动力和航速很小，用来做运输船。操江号上面装有二十门大炮，三千支步枪，还有大量的弹药、银钱。

济远舰不敌日舰，掉头逃跑，迎面遇见了高升和操江。操江看到济远桅杆上先是挂着日本海军旗和白旗，一会儿日本旗又降下升起，知道对方被敌军所追，自知不敌，急忙调转船头，向西逃避。高升号则继续前进。日方也发现了这两艘行踪诡异的船，先锋舰司令官坪井航三立即命令秋津洲追击意欲逃跑的操江。经过几个小时的追击，操江号举白旗投降，被秋津洲俘获。

被吉野舰追击的济远舰，一边挂白旗示降，一边还击逃跑，最终脱离险境。

至于高升号，李鸿章天真地认为只要挂着英国旗帜，日本就不敢动，谁知不是这样。高升号在看到济远舰升降日本海军旗子的时候，还以为是日本军舰在向自己致意。在经过检查交涉后，日舰决定将高升号扣押带走，因船上中国官兵坚决不同意，遭到浪速猛烈炮击。半个小时后，高升号被击沉，船上一千多人只有二百多人侥幸逃脱，近九百人遇难。这艘船上装载的是李鸿章淮军中最精锐的一部分士兵，还没来得及登陆，就这样窝窝囊囊地葬身海底了。

此役被称为丰岛海战。

七月初一，日本天皇正式下诏向大清国宣战，清廷也不约而同地向日本宣战。

方伯谦逃回威海之后，捏报战绩，谎称大捷。李鸿章虽然有所识破，但没有认真究查，竟然让方伯谦获得了传旨嘉奖。而在海外，方伯谦及其他将官的怯懦表现和投降行为，一时被传为笑谈，国际影响极坏。

2.清军被赶出朝鲜

陆军方面，李鸿章派出的援军，爱仁、飞鲸先一日抵达牙山，一千七百人补充叶志超和聂士成部队。高升号遇阻。时叶军兵力共三千余人。六月二十三日，丰岛海战当天，日军少将大岛义昌率领一支四千人的混成旅向驻扎牙山的清军进犯。叶志超和聂士成以牙山无险可据，转移到东北部的成欢驿。聂士成在成欢驿构筑工事，叶志超退守公州，以为后援。二十七日天亮前，日军趁夜色进攻成欢驿，经过激战，清军不敌撤退。二十八日，聂士成在退奔公州途中不想遇到无故向北撤退的叶志超，便一起退往平壤。

奇怪的是，时有消息传叶志超部大胜，毙敌两千余人，自己仅亡二百余人。因为日本控制了朝鲜南部的电报线，自六月二十日起就信息不通。李鸿章只是听说叶军获胜，但没有准确消息，甚为焦急。一直到七月初三，李鸿章还相信叶军大获胜仗，士气高昂，不过叶志超仍然处于失联状态。朝廷也非常着急，怕叶军势单力薄，遭到更多敌人的阻击。初三日，李鸿章奏称叶志超部打了胜仗，慈禧和光绪特意加恩赏银二万两给叶志超部，以"鼓励戎行"。但据唐绍仪探得的消息，二十四日叶军打了胜仗，二十八日日军调集万余人合攻，叶军失利，死了千把人，叶军恐不可保；又有叶志超和聂士成逃走的说法。这一消息无异于是对李鸿章的迎头痛击。在拍给总理衙门的电报中，李鸿章转述唐绍仪得到的消息，但夸大了日军的人数，称有两万人，所以才导致叶军寡不敌众。朝廷并没有责怪叶志超，反而认为他"打仗奋勇，惟以少敌众，致有挫失，朕心实深廑念"，让李鸿章"设法接济"。

叶志超于七月十三日才到达汉城西北的金化，朝廷和李鸿章接到消息后十分关心，甚至在七月二十五日下令，以"叶志超战功夙著，坚忍耐劳"，任命其为前敌总指挥。在给李鸿章的电文中，叶志超讳败为胜，假报战功，声称在成欢驿战斗中以少击众，与敌酣战六小时，杀敌三千，而清军只损失了两百多人；在撤退过程中，历经艰险，不辞劳苦。李鸿章代他向朝廷奏请，称"叶志超督军血战，以少胜众，冒险出围，厥功甚伟"，并对其慰劳，勉励有加。朝廷对上报有功将士优加奖叙，赏给叶志超白玉翎管一枝，小刀一柄，大荷包一对，火镰一把。二十九日，慈禧太后以清军冒着酷暑征战，备尝艰辛，怕水土不服，易生疾病，往前线发去四十匣平安丹，颁给将士，以示体恤。

败逃之将叶志超被任命为前敌总指挥，将士们不服，调度出现困难。

紧接着，一场大战正在等待着新上任的叶志超，真正考验他的时候到了。

清军原来的计划是采取南北夹击的作战方略，由于叶志超部战败，退到平壤，南路援军在丰岛海战中被日军歼灭，只剩下了北路军。驻扎在平壤的北路四大军分别为：卫汝贵盛军七千人，马玉昆毅军两千人，左宝贵奉军马

第六章
甲午战争时期的李鸿章家族

步三千五百人，丰升阿奉天练军盛字营和吉林练军一千五百人。加上叶志超和聂士成从成欢驿败退归来的残兵，清军驻守平壤的兵力，包括步、马、炮兵约计一万五千人。

日军方面，已经制定了与清军作战的方案，计划水陆并进，陆上牵制清军，海上与清朝海军决战，夺取黄海和渤海制海权，然后将清军赶出朝鲜，扶植朝鲜独立。

日军麇集了一万六千人向平壤进发。接到日军进攻的报告时，清军并没有积极出战，而是龟缩平壤，让日军从容完成了对平壤的包围。八月十五日中秋节，日军在元山、朔宁的部队从平壤北面发起进攻。城北由左宝贵指挥奉军及奉天练军、江自康仁字营驻守。左宝贵亲自督军出击，但处处受到叶志超掣肘，无法施展，只好退入城内。贪生怕死的叶志超见形势危急，主张弃城逃跑，遭到左宝贵痛斥。因此，战争刚刚打响，主帅就畏敌如虎，使得清军失去统一指挥，各自为战。

十六日，日军从大同江南岸的船桥里、玄武门外、城西南三处顺次发起总攻。在船桥里战场，大岛义昌指挥的第九混成旅团大约三千六百人，从三路向守护堡垒的清军发起进攻，马玉昆指挥自卫反击。经过半天的激战，日军因伤亡惨重以及补给不足，只得退却。日军主攻方向是玄武门、牡丹台，进攻部队为元山、朔宁两个支队，兵力最壮，有七千多人，是清军守军的近三倍，指挥官分别为步兵第十八联队长佐藤正大佐、陆军少将立见尚文。从凌晨四时左右，朔宁支队和元山支队分别从玄武门、牡丹台外发起攻击。清军不敌，两地先后失守，左宝贵中炮身亡。在城西南作战的是日军第五师团本队，约五千四百人，由野津道贯率领。这一路清军由卫汝贵指挥，有七千盛军，还有丰升阿的奉天练军盛字营马队，防守甚严。

日军进攻并不太顺利，两军处于相持阶段，不得不休战。平壤三处战场的战况为一胜一负一平。

从天时地利人和等方面来说，日军并不占据优势。当时平壤降雨，日军露宿城外，苦不堪言。经过战斗，日方损失并不比清军小，粮食、弹药也供不应求。而且，日军自从登陆朝鲜之后，朝鲜国内反日情绪高涨，不得民心，沿途始终遭到民众的袭扰。据悉，曾有日本陆兵一千人由釜山赶赴汉城，途中被朝鲜人民半途攻退，死了二百多人。对待清军，朝鲜人则是敲锣打鼓，热烈欢迎。

在势均力敌，甚至略占上风的情况下，贪生怕死的叶志超再次表现出了投降主义的嘴脸。他与众将商议，以补给不够，军心惊惧，不能抵挡日军进攻为由，提出放弃平壤。并且可笑地认为，此举可以"令彼骄心，养我锐志，再图大举，一气成功也"。实则为自己的惧敌怕战找借口。对此马玉昆提出异议，叶志超不听。

叶志超写了一封退兵书，由一名朝鲜人冒雨送到日本元山支队佐藤正大佐手中。信被雨水打湿，无法辨认，佐藤又交给传令骑兵，转给朔宁支队立见尚文。立见尚文还没把信看完，就有人报告说，平壤各城门之上升起了白旗。

立见尚文率队前去交涉，向清军喊话，如果投降的话，赶紧打开城门，向日军缴械。清军以士兵多，天气不好，不便立刻疏散为由拒开城门，答复说明天再开。日军料定清军晚上会逃走，于是设下埋伏。果然，到了晚上，清军轻装出城，向北奔窜，毫无意外地进入了日军的埋伏圈。天亮之后打扫战场，清军被击毙在路上的有一千五百人之众，被俘虏七百人左右，军火弹药、粮食及各种物资被缴获无数。日军进入平壤城中，没有发现一个清兵。

叶志超狼狈逃窜，马不停蹄，一夜狂奔五百里，经由安州、义州，渡过鸭绿江，逃回中国境内。在安州，叶志超向朝廷谎报军情，称"各军苦战五昼夜，子尽粮完"，因日军在平壤四面山头安置大炮轰击，只得"且战且退"，"层层打出"。李鸿章转奏朝廷，称叶志超等"均督军苦战数昼夜"，"因子尽粮绝退出平壤"。

叶志超蒙蔽了李鸿章，蒙蔽了朝廷，但是蒙蔽不了别人的眼睛。英国

第六章
甲午战争时期的李鸿章家族

的电报让李鸿章大跌眼镜：在平壤决战中，中方两万人溃散，伤亡被擒者有一万六千多人，最终日军在没有多少伤亡的情况下占领平壤。此时的李鸿章大感不妙，开始对叶志超失去信心。李鸿章给叶志超去电，称卫汝贵"受恩至重，此行甚不做脸，若再稍有欺饰，真无一点天良矣"。他指桑骂槐，借骂卫汝贵而骂叶志超不给脸，没有良心。可以想见李鸿章当时的绝望，以及骑墙难下的窘境。

在大战之前就有人参劾卫汝贵平时克扣军饷，不得军心，怯弱无能，部队不听调度，闹出兵乱数次。由他率领的盛军纪律已经败坏，"遇贼即溃，遇物即掳"。在去朝鲜途中，卫汝贵的军队沿途骚扰，声名狼藉。临行前，李鸿章曾再三告诫，务必检点约束，否则遇到强敌，容易酿成大祸，兵败身死，而且势必毁坏自己的"颜面声名"。卫汝贵到朝鲜后，李鸿章再次致电叮嘱，并告诉叶志超，此人"算小惜费，刚愎自用"，如果"决裂"，一定要"请旨在军前正法"。由叶志超、卫汝贵这样无能的人，统率着一支军心涣散的部队，焉有不败之理。

聂士成对叶志超甚为不满，他给李鸿章拍电报，担心一路败逃的叶志超不积极备战，连累自己。李鸿章劝他顾全大局，设法在义州整顿布置。同时说："敌氛尚远，徒自张皇贻消，真不爱体面矣。"李鸿章再也忍不住，不禁大骂叶志超真不要脸。

叶志超知道必败无疑，受命之后，连连致电李鸿章告急，"粮钱缺少，日寇四逼，剿不胜剿"。在大战之前的十四日，叶志超以日军难防，物资难运等理由，竟然先行请求万一兵败的话免除自己的罪责，毫无担当意识。

平壤之战后，日军高歌猛进，掌握了战争主动权，把战火燃烧到了鸭绿江边，进一步威胁中国。日军全面占领朝鲜，清军则被赶出朝鲜，节节败退，一再龟缩。

八月十六日平壤失守之后，李鸿章被罚拔去三眼花翎，褫去黄马褂，交部严加议处。

3. 黄海海战

八月十八日，黄海海战（大东沟海战、甲午海战）爆发，北洋海军遭遇惨败。

丰岛海战结束后，中日宣战，日本即积极备战，向朝鲜境内运兵，派出舰只巡逻。在黄海海战之前，日本对联合舰队进行了局部改编，形成了由本队、第一游击队、第二游击队、第三游击队、本队附属队等组成的阵容。本队有旗舰松岛及千代田、严岛、桥立、扶桑、比睿六舰；第一游击队有先锋队旗舰吉野及秋津洲、浪速、高千穗四舰；第二游击队为金刚、葛城、大和、武藏、高雄、天龙穴舰；第三游击队有筑紫、爱宕、摩耶、鸟海、大岛五舰，本队附属队有八重山、盘城、天城、近江丸四舰，另有鱼雷艇母舰山城丸一艘。

自七月初九起，日本舰队便到黄海的中朝海域搜索中国军舰，并侵袭威海卫，轰击炮台，配合日本陆军登陆朝鲜，夺我粮饷，完成舰队作战布置。

丰岛海战失败后，清朝归罪于丁汝昌，斥其"不知缓急"，"观望迁延，毫无振作"，"畏葸无能，殊堪痛恨"，于七月二十六日将其革职，令其戴罪立功；还认为丁汝昌难以胜任统带之任，让李鸿章遴选他人代之。李鸿章为之说情，朝廷还是强令李鸿章换将，称丁汝昌"万不可用"，不得再袒护，"致误大局"。

李鸿章命令丁汝昌，一旦遇上敌军，立即接仗，希望以一场胜仗打消朝廷的疑虑和怒气。丁汝昌的运气不太好，虽然有几次接到日舰军报，但始终没有碰上。实际上，这是日军故意采用的围魏救赵之计，在黄海骚扰，以援助陆军作战。等到攻占平壤之后，日本海军就开始采取主动，正面进攻中国海军了。

八月十六日，为了增援平壤，丁汝昌率领北洋舰队大小舰艇十八艘，护送五艘运兵船——载有刘盛休的铭军和枪械，从大连湾出发，于十七日中午抵达鸭绿江口西面的大东沟。十八日早晨,驳运士兵完毕。中午时分,日本军舰出现在中国士兵的视野中。丁汝昌同右翼总兵刘步蟾、总教习汉纳根登高观望,只见那艘军舰挂着美国旗帜。丁汝昌感到来者不善,为了防止是日军偷袭,决定发出准备战斗的信号,实弹以待。

丰岛海战之后,北洋海军受到很多非议,早就想大显身手,洗刷耻辱,所以士气高昂,迫切渴望与敌军一战。

来舰越来越近了,正在观望间,忽然那艘船上的美国旗被降下,换上了日本旗,并发出了备战的信号。日本舰队摆出了"一字竖阵",以先锋队四舰居前,本队六舰继后,赤城、西京丸移到左侧,列入非战斗队列。

丁汝昌见日舰易帜,下令停泊在港口外防备敌人偷袭的十艘战舰迅速起锚,以定远、镇远为第一队,致远、靖远为第二队,来远、经远为第三队,济远、广甲为第四队,超勇、扬威为第五队,排成双纵阵,以每小时五海里的速度驶向敌舰,准备迎战。在冲向敌阵的过程中,丁汝昌根据对方阵型做了调整,改为人字阵,丁汝昌所乘的定远居中,镇远、来远、经远、超勇、扬威在右,靖远、致远、广甲、济远在左,像一把匕首直插敌群。

十二点五十分,在相距五千三百米左右的时候,定远舰管带刘步蟾决定先发制人,下令朝日本先锋舰吉野号首先发出了第一枚炮弹,炮弹落在吉野舷侧,没有击中。相隔仅十秒钟,镇远舰发出第二枚炮弹。紧接着北洋舰队各大炮齐发。十二点五十五分,日军先锋队在近至三千米时开炮还击。中日海上鏖战正式拉开序幕。

整个海战可以分为四个阶段:

第一个阶段,定远打响第一炮,而一放炮就掉锈的老船超勇、扬威中弹起火,但重创日舰比睿、赤城二舰,日本联合舰队暂时处于失利地位。丁汝昌受伤,刘步蟾代为督战。

第二阶段,日本联合舰队改变战术,第一游击队迎面居前,本队绕至北洋舰队后面,想从腹背两面实施打击。停泊在大东沟港口的平远、广丙二舰前来助战，不敌而去。欲与敌舰同归于尽的致远舰中鱼雷沉没，管带邓世昌落水，与其爱犬"太阳"同沉。方伯谦见致远舰沉没，大惊失色，带领济远舰转舵逃遁，仓皇间将起火的扬威舰撞沉。吴敬荣率领广甲随之开小差，后搁浅逃跑。这一阶段，超勇、扬威俱毁，致远、经远沉没，济远、广甲逃跑，只剩下定远、镇远、靖远、来远还在坚持战斗。经远舰管带林永升中弹殉难。中方损失惨重，形势极为不利，日本联合舰队仍有十艘战舰。

第三阶段，靖远、来远中弹甚多，不得不冲出包围，一边瞄准对敌，一边灭火修补。此时，北洋水师仅有的两艘铁甲舰定远、镇远发挥了巨大威力。尽管日舰还有四艘铁甲，但以速射炮为主，对付一般的军舰比较迅捷。定远、镇远依靠的是30.5厘米的重炮，一旦集中要害，必受重伤。将士们破釜沉舟，前仆后继，奋勇作战，令日军心惊胆寒。日舰松岛号差点被击沉。见中方作战英勇，日方受创严重，不得不撤逃。此阶段日军表现逊色。

第四阶段，定远、镇远追击逃跑的敌舰，敌舰不得不回头复战，但已无斗志。靖远、来远经维修后归队，靖远舰管带叶祖珪升起帅旗，率领来远、平远、广丙诸舰，以及福龙、左一鱼雷艇，镇南、镇中二炮舰，左二、左三鱼雷艇，出港会合。北洋舰队声势大振。日本舰队见状，害怕被歼灭，挂出"停止战斗"信号，向南遁去。

在黄海海战中，北洋舰队虽然没有完全战败，却遭受重创，付出了惨重代价：致远、经远、超勇、扬威以及广甲舰损毁，一千余官兵战死，四百多人受伤。邓世昌、林永升的牺牲，是中国海军不可弥补的损失。而日本联合舰队没有一艘战舰沉没，死伤仅六百余人。

丁汝昌的指挥虽然有可指摘之处，战略不够周妥，但失利的主要原因还是敌众我寡，敌强我弱。加之内部不团结，消极作战，更有方伯谦这样的软蛋一打就跑，自乱阵脚，战败在情理之中。方伯谦绰号"黄鼠狼"，早为海军官兵所忿恨。没过几天，在李鸿章的建议下，方伯谦就被丁汝昌军前正法。

经此一役，李鸿章的家底基本上葬送得差不多了，他只得收拾残局，命令部下抓紧修补战舰，防止日本趁机深入。

4.翁师傅问罪

九月初二，翁同龢奉光绪帝和慈禧太后旨意到天津问罪，李鸿章诚惶诚恐，谢罪不已，一个劲儿地自称"缓不济急，寡不敌众"。翁同龢责问李鸿章海军和陆军战败之事，李唯唯诺诺，不出一言。

胡思敬《国闻备乘》记载的是另一个版本，说翁同龢到天津问责，当问到北洋海军军舰的时候，李鸿章怒目而视，好半天没说一句话。过了一会儿他才徐徐地说："翁师傅掌管财政拨款，我要军费的时候，你总是故意刁难，不肯拨付，现在打仗了，又来跟我要兵舰，现在兵舰还能指望得上吗？"翁同龢说："管理国家财赋的臣子以节省开支为职责所在。事情果然紧急，为什么不再次申请啊？"李鸿章说："朝廷怀疑我跋扈不臣，御史参劾我贪婪无度，我再争个没完，今天还有我李鸿章吗？"翁同龢语塞，回去后再也不主战了。

海陆战事不利，李鸿章难辞其咎，朝廷对李鸿章大失所望。九月初三，朝廷让宋庆帮办北洋军务，除了依克唐阿所部外，所有前敌各军，均归宋庆节制，如有不遵者，军法从事，实际上剥夺了李鸿章的前敌军事指挥权。之后李鸿章主要负责军需转运、旅顺大连防务、北洋水师，还有就是转发朝廷谕旨与前敌军情报告。

想要完全踢开李鸿章是不可能的，因为李鸿章最了解前方战事，作战官兵仍然听命于李鸿章。在对外交涉争取列强支持方面，朝廷更离不开他。他的洋幕僚毕德格到美国争取支持，经过日本，与日本外务省人员讨论战事，曾问："试问朝廷不用李中堂，更有何人足与东洋抗手乎？"日本官员说："中国如罢斥李中堂，我等军务更易成功矣！"

5.旅顺失守

八月底，清军渡过鸭绿江，从朝鲜全部撤离。为了防止日军由朝鲜进入辽东半岛，继而深入腹地，鸭绿江一带成为清廷防御的重点。当清军调集三万兵力在鸭绿江北岸布防，重点驻守九连城，日军随后抵达义州。日本第一军三万人在山县有朋率领下从防守薄弱的安平河口过江，轻松地进入了刘盛休闻风而逃、弃守的九连城。九月二十八日，日军占领了安东县。三万重兵把守的鸭绿江防线一触即溃。

与此同时，九月二十六日，日本第二军两万五千人在大山岩的指挥下，由军舰掩护，从花园口登陆。尽管李鸿章向守军指示："宁失湾（大连湾），断不失旅（旅顺港）。"可日军一路冲杀，还是占领了大连湾，攻陷了旅顺。在旅顺，日军进行了惨绝人寰的大屠杀。十月二十五日，日军占领了北洋海军在旅顺口的基地。

旅顺告急时，李鸿章令丁汝昌率战船迎护。旅顺重要，不仅因为它是进入渤海湾，扼控京畿的门户，还是北洋海军的基地之一，而且有定远、来远两艘战舰在里面维修，尚未完工。十月十三日，朝廷以维修逾期斥责丁汝昌，并命他到船坞将两艘战船带出，如若有失，军前正法。十六日，丁汝昌带着两艘战船返回威海。在进入港口时，镇远舰不慎被水雷浮标擦伤进水，管带林泰曾以时局危急时刻损伤巨舰，为自己的失职深深自责，服毒自杀。

6.威海卫之战，北洋舰队彻底覆灭

日本从陆路和海上侵略中国的行动全面展开。

在占据了大连湾和旅顺口之后，日军有了更为充足的力量向拱卫京畿的另一翼——北洋舰队的基地山东威海卫发起进攻。如果将中国海军歼灭，届

第六章
甲午战争时期的李鸿章家族

时日军就可以进兵渤海湾。

日本舰队在黄海海战之后进行了重新编队，本队与第一游击队合并，分为两个小队，第一小队包括桥立、扶桑、浪速、吉野等舰，第二小队包括严岛、千代田、高千穗、秋津洲等舰。

北洋舰队方面，拥有大小舰艇四十余艘，其中包括李鸿章心爱的铁甲舰定远、镇远，巡洋舰靖远、来远、济远、平远、广丙，炮舰镇东、镇西、镇南、镇北、镇中、镇边，以及十三艘鱼雷艇等。

战斗随时都有可能打响，李鸿章更加害怕，继续奉行"避战保船"策略，命令北洋舰队龟缩威海港内，即使"有警时，丁提督应率船出傍台炮线内合击，不得出大洋浪战，致有损失"。李鸿章想保存实力，他认为威海防守严密，光水雷就够日军喝一壶的。李鸿章已经输不起了，他给丁汝昌等将领发电报，除了叮嘱固守阵地，剩下的几乎是哀求："半载以来，淮将守台守营者，毫无布置，遇敌即败，败即逃走，实天下后世大耻辱事。汝等稍有天良，须争一口气，舍一条命，于死中求生，荣莫大焉！"

十二月二十五日，日军第二师团及第十一旅在山东荣成湾登陆。在陆军配合下，日本海军对刘公岛、日岛及威海港内的北洋舰队发起了进攻。从光绪二十一年（1895年）一月初五到十三日，日军接连发起了五次进攻，但均被丁汝昌指挥的北洋舰队击退。由于敌众我寡，援军不至，南北炮台丢失，威海陆地被日军占领，北洋舰队失去后防，只有刘公岛和日岛可以依恃。尽管如此，丁汝昌仍然督战反击，重创日本联合舰队的松岛、桥立、严岛、秋津洲、浪速等舰。正当战事对中方稍微有利的时候，鱼雷艇管带兼左一管带王平、福龙管带蔡廷干，带领鱼雷艇，以及飞霆、利顺两舰，逃出重围，除了左一号，均被日舰击沉或俘获。在定远、来远、威远及宝筏中雷被击沉或搁浅之后，威海港内仅剩下镇远、靖远、济远、平远、广丙五艘战舰，镇东、镇西、镇南、镇北、镇中、镇边六艘炮舰，以及练船康济，一共还有十二艘舰船。

日本联合舰队司令伊东祐亨一时不能得逞，遂采取卑鄙手段，诱劝丁汝昌投降。丁汝昌在丰岛海战之后就表示："吾身已许国！"北洋舰队退守威海，丁汝昌向李鸿章表态："唯有船没人尽而已。"在接到劝降书后，他说："予决不弃报国大义，今唯一死以尽臣职。"

面对敌人的猛烈进攻，无力回天的丁汝昌绝望之下派人将搁浅的靖远舰炸沉，以免被日本俘获。刘步蟾也用火药将搁浅的定远舰炸沉，吞服鸦片药剂而死，兑现了"苟丧舰，将自裁"的誓言。由于援兵迟迟不来，舰队几近覆灭，粮弹短缺，丁汝昌建议驾驶剩余的战舰冲撞敌舰突围，早有二心的属下无人响应。正月十八日，丁汝昌亦吞服鸦片自杀，死前命牛昶昞将提督印戳角作废，密谋投降的牛昶昞并没有听从。牛昶昞等人推举镇远舰管带杨用霖出面与日军接洽投降事宜，遭到拒绝，杨用霖不堪其辱，开枪自杀。牛昶昞只好硬着头皮自己出面，与伊东祐亨签订了《刘公岛降约》，将北洋海军剩余的船舰以及军械物资全部交给日本。

日军撤走时，缴获的北洋海军船舰上悬挂着日本海军军旗。

至此，曾经号称亚洲第一的北洋舰队全军覆没，李鸿章二十多年的心血付之东流。

李鸿章脸上没有取出的子弹

1. 向日乞和

早在日军由金州攻取大连湾，直下旅顺口的时候，总理衙门大臣张荫桓奉旨会见李鸿章，商议拟派海关税务司德璀琳前往日本探询议和事宜。朝廷任命德璀琳为头等议和公使，递交李鸿章写给日本内阁总理大臣伊藤博文的文函。日本认为德璀琳不是中国大员，没有国书，拒绝与其会谈。

十一月二十六日，清政府命户部左侍郎张荫桓、署湖南巡抚邵友濂为钦差大臣，赐以全权，前往日本议和。次年正月初六，张、邵到达广岛，随行人员有瑞良、顾肇新、伍廷芳、梁诚等。据说，为了防止日本方面下毒，他们带齐了油盐酱醋、锅碗瓢盆和炉灶，随从有四五十号人。与伊藤博文、陆奥宗光初次会晤之后，因没有议和全权，遭到拒绝。日方表示，全权大臣必须能够有谈判割让土地的权限。伊藤博文向伍廷芳暗示，由恭亲王、李鸿章担任全权大臣最为适宜。

此时日军已经侵占辽东半岛，威海卫危在旦夕，清廷焦急异常。一想到大清的江山社稷行将不保，光绪帝声泪俱下。经过与军机大臣们商议，奏请慈禧太后批准，决定由李鸿章担任全权大臣，赴日谈判。

于是，清廷正式任命李鸿章为头等全权大臣，赴日议和，直隶总督兼北洋大臣暂由王文韶署理。

李鸿章亲手缔造的北洋海军全军覆没，他的心正在流血。正月初五是他的生日，没有人向他庆祝，只有威海炮台接连失守的消息一次次打击着他，其惨痛光景可想而知。

民间有俗语云："七十三，八十四，阎王不叫自己去。"李鸿章已经七十三岁了，正在人生晚年的一道坎儿上。这个岁数本该安度晚年，享受天伦之乐，但是李鸿章却要肩负起出使签约的使命。这一求和，将李鸿章活生生地钉在了历史的耻辱柱上。谁种下的因，谁来品尝结出的果。梁启超引用西方报纸评论中日之战时的话说："日本非与中国战，实与李鸿章一人战耳！"这样说显然不够客观，但李鸿章确实是独揽军政大权的人。作为最高指挥官，他对战争的失败负有不可推卸的责任。梁启超发出这样的感叹："以一人而战一国，合肥，合肥，虽败亦豪哉！"

光绪二十一年正月二十七日，李鸿章到北京商议议和事宜，光绪帝在乾清宫召见了他以及随同觐见的军机大臣们。大家议论的焦点是割地。李鸿章向光绪表示"割地之说，不敢担承"。翁同龢认为，要是能同意不割地，多赔款也值得。孙毓汶、徐用仪两人是主和派，跟李鸿章意见相同，认为要是不同意割地，谈判就无法启动。李鸿章烦透了翁同龢，提出让翁同龢同去议和。翁同龢以没有办过洋务为由推辞。

第二天，光绪帝再次召见李鸿章和军机大臣们商讨议和事宜。李鸿章说话比较多，大家觉得他有意推诿，不愿去议和，纷纷怪罪。是啊，仗是你打败的，你不去谁去？如此一来，李鸿章只好答应。之后几天，围绕着割地与否的问题，一直争论不决。

二月初六，来通知说，日本方面定在马关进行会谈。迫于形势，光绪帝只好同意赋予李鸿章商让土地的权力，赶紧停战。李鸿章上了一道折子，就停战议和问题发表观点。他料定此行必然会在割地上与日方争执不下，但他"必当斟酌轻重,力与辩争",并表示"苟有利于国家,更何暇躲避怨谤",即使身败名裂,遗臭万年,也在所不惜。可见他是有充分的心理准备的。

2.赴马关议和

二月十八日,李鸿章乘坐轮船离开天津,赴日谈判。随行人员有李经方、张孝谦、罗丰禄、马建忠、伍廷芳、徐寿朋、于式枚,美籍顾问有科士达、毕德格,医官林联辉,翻译卢永铭、罗庚龄等人。五天之后,到达日本马关。

第二天,中日双方代表在春帆楼进行第一次会谈。李鸿章侃侃而谈,对日本改革进步表示羡慕,对伊藤博文的功绩进行赞美,并申明中日达成友好同盟之重要性。此次战争对于中国觉醒有督促作用。陆奥宗光认为,李鸿章这些话无非是暗示日本与其尽快完成媾和。陆奥宗光评论说:"他所谈论的虽然只是今日东方政界人士的老生常谈,但他如此高谈阔论,其目的是想借此引起我国的同情,间用冷嘲热骂以掩盖战败者的屈辱地位,尽管他是狡猾,却也令人可爱,可以说到底不愧为中国当代的一个人物。"

二月二十五日,日方提出休战条件,要求日军占领大沽、天津、山海关所有城池堡垒,该地铁路、军需交由日军管理,停战期间军费由中国支付。李鸿章认为日本要挟过甚,自己也不敢答应。他请示总理衙门,回复称前三条万难允许,停战期间代支军费可以,并让李鸿章先谈议和条款。二十八日,举行第三次会谈,李鸿章不再提休战的事情,只谈媾和条件。

在李鸿章赴日本求和期间,日军除了在山东威海以及渤海湾大沽附近不断骚扰,以逼迫中国在谈判中做出重大让步外,还在积极攻打台湾。二月二十四日,日军大佐比志岛义辉率领日军抵达澎湖,二十七日发起进攻,二十九日攻陷澎湖。李鸿章闻讯后认为,日本"其志不小,欲甚奢"。

3.刺杀李鸿章

　　李鸿章与伊藤博文的媾和谈判完全处于下风。清政府没有谈判的筹码,只能拿其他列强在华利益受损来牵制日本。而日本尚没有能力全面侵略中国,持久战也打不起,甚至原来就想见好就收,趁机割一块肉,狠狠地敲诈一笔也好。心里这么想,嘴里不能这么说。伊藤博文等人对李鸿章施以恐吓威逼,迫使李鸿章就范,以满足非分的要求。

　　下午不到四点,第三次会谈在李鸿章的忐忑不安中结束。疲惫不堪的他坐在八人抬着的轿椅上,要返回寓所引接寺。路途中,随从们前呼后拥,头前有日本的警察和宪兵开路,路边围满了想一睹中堂大人风采、看"西洋景"的日本人。

　　就在快要到达引接寺的时候,突然从人群中冲出一个衣着破烂、脏兮兮的年轻人,他奋力冲过警察和宪兵的阻拦,从怀里掏出一把手枪,跑到轿子跟前,朝着毫无防备的李鸿章扣动了扳机。

　　刺客是一名叫小山丰太郎的激进青年,他显然是"爱国的",不想让日本停止战争,与清政府媾和,于是持枪袭击了李鸿章,企图破坏和谈。多年以后,他写了一篇回忆文章,详细叙述了刺杀李鸿章的前后经过,曲折委婉,故事生动。据他讲,他的想法只是阻止中日签订停战协议,希望日本继续侵略中国。为了达到这一目的,就想搞点事出来,最好就是杀人。他想过杀伊藤博文或者陆奥宗光,但是觉得杀自己人不合适,就把目标锁定为李鸿章这个中国大人物。为此他做了充分的准备。他先回家乡看望了父亲和弟弟妹妹,拜祭了母亲的坟墓,带了一些钱。然后去横滨,到警察局申请了购枪许可证,再到出售枪支的商店买了一把五连发手枪,并进行了射击训练。

第六章
甲午战争时期的李鸿章家族

带着手枪和李鸿章的照片、惩奸状，还有一本诗集，到广岛的时候，这家伙已经不名一文，穷到极惨的地步。他只得把稍好的衣服拿到当铺当掉，在草地上过夜。好在他顺利地通过了检查站。在距离引接寺不远的路上，他碰到了李鸿章回住所的队伍，并看到了坐在轿椅上、等待自己袭击的目标。他在文中写道：

(李鸿章)上半身露在外面，比起照片上的形象，眼光更是炯炯射人，的确是伟人的风貌。年龄约有七十，真是老英雄的典范。从眼睛看其人悠扬不迫的态度，不由得佩服这眼睛比照片上还要犀利。

他一边心下表示佩服，一边等待着队伍向自己靠近，然后以异常矫健的身法冲到李鸿章的轿子跟前，伸出右手，瞄准李鸿章的胸膛与咽喉之间，开枪射击。

李鸿章被击中的部位是头部左眼以下颊骨，子弹射入，血流如注，李鸿章立马昏厥过去。

经过检查，子弹从左颊骨打入，深有六厘米，没有穿出，如果上下移动一点，恐怕凶多吉少。医生建议开刀取出子弹。醒过来的李鸿章听后不同意，怕手术影响和谈的进行。医生只好给他清理伤口、包扎、开药，以后每天用药水清洗，慢慢调治。

李鸿章吩咐随员，将换下的血衣好好保存，忍着疼痛说："此血可以报国矣！"

伊藤博文、陆奥宗光闻讯后赶来慰问。看他没有性命之忧，伊藤博文告诉他一个坏消息，无异于又在他心口上扎了一刀：日军现在要攻打台湾了。

第二天，李鸿章脸上缠着绷带，看上去有些诡异，他感觉脸上的伤口已经好一些了。他没忘记和谈的事，致函日方，因为遇刺受伤，明天不能亲自去拿议和条款了，派儿子李经方代为取回。一会儿，陆奥宗光又来探视，说李鸿章遇刺这事日本上下都知道了，日本方面都愁坏了。李鸿章从他那里打听到，伊藤博文已紧急赶往广岛——时为日军的指挥部，商议对策，有望将原来拟定的议和条款减少，中日战事也将从此停止。这让李鸿章稍感安慰。他还得知，凶手小山丰太郎已被抓获。他表示，等到审讯的时候派伍廷芳前往看审，督促予以重罚。后来小山丰太郎被判无期徒刑，但在1907年获得假释。

李鸿章遇刺后，日本天皇除了派御医前来为李鸿章诊治，还特派两名看护妇来照顾他。

李鸿章是国际名人，遇刺事件立刻引起了巨大反响，国际舆论对日本十分不利。这正是日本所担心的。所谓"两国交战，不斩来使"，在国际上颇有名望的李鸿章以古稀之年东渡日本求和，竟然遭到刺杀，不能不让人对日本有所看法，也引起了人们对中国的同情。伊藤博文感叹，李鸿章挨这一枪比一两个师团溃败还要严重。因为战败了还可以再战，这件事的负面影响却无法挽回。伊藤博文还说，暴徒实在可恶，意在置李鸿章于死地，他宁愿自己被打死，也不愿伤及李鸿章。不想十四年后，伊藤博文在哈尔滨火车站被朝鲜爱国志士安重根刺杀，中三枪，当场毙命。

为了扭转被动局面，日方改变了谈判态度，同意先无条件限期停战，再进行和谈。

4.签订《马关条约》

不要把日本人想得那么仁慈。三月初四，陆奥宗光来李鸿章的寓所会订停战草约，只同意奉天、直隶、山东等地暂时停战，从初五至二十六日，共二十一天，不同意台湾停战。李鸿章力争，陆奥宗光以早已派兵，电报不通，势必难以禁止为由拒绝。

第 六 章
甲午战争时期的李鸿章家族

三月初七，日本方面提出议和条件，主要有：承认朝鲜独立自主，割让辽东半岛，割让台湾、澎湖，赔款三万万两等，限四天给以答复。除了牺牲中国在朝鲜的利益外，割地赔款难以让人接受。李鸿章有些悔不当初，早知如此，还不如与日本苦战到底！在美国顾问科士达的建议下，李鸿章请总理衙门将条款密告俄、英、法三国，希望列强加以干预。第四天，李鸿章答复日方，承认朝鲜自主，但不能割地，赔款也过多。蛮横的伊藤博文只给李鸿章两个选择，要求回答接受还是不接受。谈判再次陷入僵局。

考虑到李鸿章枪伤未愈，为了避免和谈陷入停顿，清廷任命李经方为全权大臣，帮李鸿章与日本谈判。李鸿章遇刺的消息传到国内，有人谣传李鸿章已死，一切都由李经方主持，秘不发丧。十四日，李经方前去与伊藤博文谈判，遭到恐吓，限以第二天给出是否同意的答复，否则将进攻北京。李鸿章对条款做了修正，答应割让辽东一部分及澎湖列岛，赔款一万万两。伊藤博文拒绝接受李鸿章的修改方案，要求割让鸭绿江口至安平河口，由此画线至凤凰城、海城及营口，辽东湾东岸及黄海北岸在奉天省所属岛屿，台湾全岛及其所有附属岛屿，澎湖列岛，赔款两万万两，所有已通商口岸暨沙市、重庆、苏州、杭州对日开放，以山东威海卫为履行条约抵押，赔款缴清后日军撤离交还中国。

三月十六日，李鸿章的伤好得差不多了，与伊藤博文进行了第四次会谈。伊藤博文略做让步，将赔款减为二万万两，奉天以南的割地划出辽阳一处。

两人在交谈中互致敬意，并展开谈判较量。

李鸿章说："我若居贵大臣之位，恐不能如贵大臣之办事著有成效。"

伊藤博文说："若使贵大臣易地而处，则政绩当更有可观。"

李鸿章说："贵大臣之所为，皆系本大臣所愿为；然使易地而处，即知我国之难为，有不可胜言者。"

伊藤博文说："要使本大臣在贵国，恐不能服官也。凡在高位者，都有难办之事，忌者甚多，敝国亦何独不然。"

李鸿章说："贵国上下交孚，易于办事。"

伊藤博文说："间亦有甚难为之事。"

李鸿章说："虽有难为，赖贵国皇能听善言。"

伊藤博文说："皇上圣明，当登极之时即将从前习尚尽行变易，故有今日局面。"

李鸿章说："如是则诸臣之志愿得舒矣。"

接着两人在赔款及利息方面展开争论。

李鸿章又问："中国请尔为首相何如？"

伊藤博文说："当奏皇上，甚愿前往。"

李鸿章说："奏如不允，尔不能去。尔当设身处地，将我为难光景细为体谅。"

原来李鸿章不是要聘请伊藤博文到中国，而是让对方体谅自己的难处，酌减赔款。

三月十八日，朝廷同意割让台湾南部，但被伊藤博文回绝，并以派兵赴大连湾相要挟。三月二十一日，朝廷方面告诉李鸿章，如果实在无法商量，那就依照日方的要求定吧。李鸿章遂与伊藤博文举行第五次会谈。李鸿章此次与伊藤博文讨价还价近四个半小时，不断讽刺哀求，痞子腔连连，像市井小贩一样。据陆奥宗光记录，李鸿章在细枝末节上斤斤计较，比如最初要求从二万万两白银中减五千万两，被拒绝后要求减两千万两，最后竟然向伊藤博文哀求，减下一部分银子作为自己回国的路费。如此失态，十分少有，但体现了他"争得一分有一分之益"的想法。

在这次会谈中,李鸿章精神状态很好,没有一点疲倦的意思。拼着这张残废的老脸,李鸿章跟晚辈伊藤博文和陆奥宗光软磨硬泡,好歹争了一点利处,比如规定假如中国三年内还清赔款,可以把利息扣还,折算下来有一千多万。

三月二十三日,在日本马关春帆楼,李鸿章代表清政府在《马关条约》上签字画押。条约规定,中国承认朝鲜独立,割让辽东、台湾、澎湖给日本,赔款二万万两,增设通商口岸,允许日本人在中国从事工艺制造,等等。

中日《马关条约》可能是中国历史上最不平等的条约,其对中国的影响是巨大而深远的,今天中国面临的一些问题就是甲午中日战争及《马关条约》留下的后遗症。

签约之后,心力交瘁、含羞忍辱的李鸿章在日本是一天也不能待了,第二天便起程回国。他发誓,这辈子再也不会踏上日本的土地一步。

5.国人皆曰可杀

人走了,故事留下来。签订条约的春帆楼会议室至今保持着原来谈判时的样子,里面有李鸿章坐过的椅子、吐过痰的痰盂。春帆楼外,还有一条叫作"李鸿章道"的小路。据说经过遇刺事件之后,李鸿章吓怕了,以后来春帆楼会谈就改抄小路。伊藤博文和陆奥宗光谈判"有功",院子里还有两个人的半身铜像。

签约消息传来,国内朝野舆论鼎沸,议论纷纷,群情激愤。人们声讨日本的侵略行径,抨击朝廷的懦弱无能和李鸿章的卖国罪行。康有为和梁启超在北京号召参加会试的数千名举人联名上书,反对签订不公平条约。大臣们也纷纷上书，将战败卖国的责任推到李鸿章一个人头上。一时之间，李鸿章成了人人得而诛之、"国人皆曰可杀"的汉奸、卖国贼。朝廷面临着极大的舆论压力，多次让称病告假在天津躲避风头的李鸿章跟日本方面联系，趁着还没换约，就割让台湾和赔款事宜进行商量，看看是否还有缓和的余地，但被他拒绝。朝廷召美籍顾问、前美国国务卿科士达咨询，科士达认为中国政府应该批准这个和约。科士达为李鸿章辩护，称"此非李鸿章之条约，而为清帝与中国之条约"。

李鸿章在写给新疆巡抚陶模的一封信中，分析了战争失败的原因，申明自己当时的苦心。

> 十年以来，文娱武嬉，酿成此变。平日讲求武备，辄以铺张糜费为疑，至以购械、购船，疑为厉禁。一旦有事，明知兵力不敌，而淆于群哄，轻于一掷，遂至一发不可复收。战绌而后言和，且值都城危急，事机万紧，更非寻常交际可比。兵事甫解，谤书又腾，知我罪我，付之千载，固非口舌所能分析矣。

在他看来，朝中的文武大臣不干正事，是导致今日一败涂地的原因。平日里李鸿章要求加强军备，被认为是铺张浪费；对于购买军火和战舰，更是被公开严厉禁止；等到战事一起，明明知道打不过人家，但在主战的呼声中昏了头脑，轻率开战，结果一发不可收拾。战败言和的时候，京师危急，不能像平时那样与列强交涉。李鸿章的意思是，该让步还得让步，否则有亡国的危险。好不容易达成停战协议，为朝廷解了围，没想到诽谤之声四起。百口难辩的李鸿章不屑于再做解释，无奈地说："知我罪我，付之千载，固非口舌所能分析矣。"

四月初四、初五，天津南北沿海发生海啸，天降暴雨，冲毁营垒。光绪帝认为是天意如此，在惶恐中批准了和约。

第六章
甲午战争时期的李鸿章家族

6.值得称道的一次抗争

在马关谈判的时候，伊藤博文提出换约后，限期一个月双方交接台湾。李鸿章认为一个月的期限过于仓促，伊藤博文坚持。

李鸿章说："贵国何必急急？台湾已是口中之物。"
伊藤博文说："尚未下咽，饥甚。"
李鸿章说："两万万足可疗饥。"

可见日本对中国领土垂涎欲滴之状，急不可耐、贪得无厌。

四月二十四日，朝廷命李经方前往台湾，与日本商议台湾交割事宜。李鸿章知道这不是一桩好差事。老子签了和约，将台湾拱手相让，再让儿子亲手奉上，老子和儿子都成了卖国贼，不遭万人唾骂才怪。而且台湾民愤极大，处理起来非常棘手。李鸿章上奏，以李经方有病不能胜任为由请求收回成命。光绪帝不允，对李鸿章严加诘责，批评李鸿章故意推诿，令其善始善终，着李经方迅速前往，否则将追责于他。此时的光绪帝也是无可奈何，只能把怨气撒在李鸿章父子身上。

五月初十，李经方带着马建忠、伍光建、科士达等人，与日本海军大将桦山资纪，在台湾基隆豹湾签订了台湾交接手续。当天，桦山资纪被日本任命为第一任"台湾总督"。办完交接之后，李经方乘轮船到上海，对外称病，不肯进京复命。李鸿章告诉李经方，这事他不能代为上奏，以免被人抓住把柄，视为抗命不遵，"内廷最喜挑过节"，在动辄得咎的时候最好不要自找麻烦。

台湾人民因为不愿归属日本，朝廷又撒手不管，失去了依靠，遂于五月初二宣布自立，成立"台湾民主国"，推举唐景崧为总统，刘永福为大将军，国旗为蓝底黄虎，年号永清。这是不得已而为之的权宜之计，名义上仍然奉大清国为正朔。如果打着朝廷的旗号进行抵抗，无疑是给朝廷添乱。李鸿章的态度具有代表性，他不主张台湾反抗，理由是反抗只能"为地方造劫"，"连累国家"。

宣布台湾自立之后，唐景崧率部展开了对抗日军的行动，并试图争取列强支持。果然，日本方面向中国政府施压，表示如果再反抗，将失去更多土地。李鸿章决定撒手不管了，向日方表示，台湾已经自立，中国方面按照约定交出之后，其他事情不能过问。

可惜，这次出于爱国主义的抗争并没有坚持多久。日军登陆台湾，攻陷基隆，兵临台北，唐景崧逃回大陆。四个月后，刘永福盘踞的台南亦被攻占，因为敌众我寡，实力悬殊，很快就败亡了。

7.三国干涉还辽

在割让的土地当中，清政府对台湾的重视程度远不如辽东。后者不仅是清朝的龙兴之地，而且对京师具有重大战略意义。面对日本侵略，李鸿章以及朝廷一直寻求俄国等列强进行干预。签订《马关条约》之前，李鸿章就让总理衙门将消息密告英、法、俄三国使臣。俄国强烈反对日本通过朝鲜向大陆扩张，时刻警惕日本占领华北以及东北土地之后的野心。德国、法国权衡利弊，也表示反对。三月二十九日，俄国、德国、法国的驻日公使照会日本外务省，要求日本放弃辽东半岛。

经过商议，日本决定让步，答应放弃辽东半岛。

五月初十，朝廷派李鸿章、王文韶为全权大臣，与日使协商。八月二十六日，派李鸿章为全权大臣，跟日使会商交还辽东事宜。九月二十二日，中日双方签订了《日本交还奉天省南边地方中日条约》（《中日辽南条约》),清政府同意于九月三十日支付三千万两给日本,日本答应三个月内撤兵。

但是,俄、法、德三国的外交胜利激发了他们在中国进行帝国主义扩张的野心。为了攫取在华利益,抵制日本,俄国要求与清政府签署《中俄密约》。密约泄露之后,各国纷纷效仿,在中国划分势力范围,要求清政府同意,开始竞相瓜分中国。

 洋人只知李鸿章，不知光绪帝

1. 裱糊匠

光绪二十一年（1895年）七月初九，李鸿章开缺直隶总督兼北洋大臣，入阁办事，王文韶任直隶总督兼北洋大臣。李鸿章进京后住在距离紫禁城东华门东边不远的贤良寺。

贤良寺原为康熙第十三子胤祥的宅子，胤祥死后改为寺庙。寺里将多余的院落出租给进京办事的官员，增加一部分收入。

现在的李鸿章是一个被弃而不用的闲人。闲人就要过闲散的生活。他在贤良寺住得舒坦，吃得顺口，作息有规律，处理完不多的公事之后，就读读史书，练练毛笔字，锻炼锻炼身体。有时候也和随员聊聊过去。但他内心的痛苦是难以言说的。曾国藩的孙女婿吴永在《庚子西狩丛谈》中记载。

> 其时公自北洋罢任，以总理各国事务大臣久居散地，终岁傲居贤良寺。翁常熟当国，尤百计龃龉之。公益不喜接客，来者十九报谢，因而门户亦甚冷落。公意殆不能无郁郁；然有愤慨而无怨诽。每盱衡时事，

抚膺太息,其忠忱悱恻之意,溢于言表。尝自谓:"予少年科第,壮年戎马,中年封疆,晚年洋务,一路扶摇,遭遇不为不幸,自问亦未有何等陨越。乃无端发生中日交涉,至一生事业,扫地无余,如欧阳公所言'半生名节,被后生辈描画都尽。'环境所迫,无可如何。"又曰:"功计于预定而上不行,过出于难言而人不谅,此中苦况,将向何处宣说?"

李鸿章又说:

我办了一辈子的事,练兵也,海军也,都是纸糊的老虎,何尝能实在放手办理?不过勉强涂饰,虚有其表,不揭破犹可敷衍一时。如一间破屋,由裱糊匠东补西贴,居然成一净室,虽明知为纸片糊裱,然究竟决不定里面是何等材料,即有小小风雨,打成几个小窟窿,随时补葺,亦可支吾对付。乃必欲爽手扯破,又未预备何种修葺材料,何种改造方式,自然真相破露,不可收拾,但裱糊匠又何术能负其责?

李鸿章把自己看成是糊墙纸的裱糊匠,海军是吓唬人的纸糊的老虎,大清国是一间不可收拾的虚有其表的破屋,譬喻十分恰当。这段话既有为自己开脱罪责的意思,又是看透了清朝行将朽亡的实质。

但他对朝廷的忠心是毋庸置疑的。他是一个做事有始有终的人,不能半途而废。哥哥李瀚章以病告归,曾经写信给他,请他办完议和之事后回家,一起归老林下。但他以主事日久,应该与国家休戚与共,不能将烂摊子丢给后人为由表示谢绝。

他的身子骨还可以,嵌在左颊骨上的子弹并无大碍,伤口已经愈合,表面上看不出奇耻大辱的标记,只是偶尔会隐隐作痛。但在十月初十慈禧太后过生日那天,大臣们获赐在西苑丰泽园看戏,从上午九点一直到下午五点,李鸿章由于年老体衰,体力不支,还是摔了一跤。

2.奉命出使欧美各国

光绪二十一年十二月二十七日,老佛爷给李鸿章安排了新的差使,出使俄国,庆贺俄国新沙皇加冕。李鸿章以年迈和伤病为由请辞,不准。

光绪二十二年正月初四,李鸿章生日前一天,翁同龢来给他拜年,谈到让朝鲜自立以及密接外援的事。如此一来,李鸿章出使俄国变得不同寻常起来。经过上海时,他曾谈及此行目的:"联络西洋,牵制东洋。"只要是对付小日本,他都愿意干。

初八,朝廷又命他出使德国、法国、英国和美国,递交国书,巩固邦交,还要与这些国家的外务部联系,商议增加进口洋税,以挽回利权。因此,这次出使不像出国旅游那么简单,不是慈禧太后赏赐的福利。

朝廷让李鸿章的儿子李经述随行,赏了三品衔,以示优待。但李鸿章希望李经方同行襄助,一则李经方有出使多个国家的经历,懂外交和洋务,二则也是为因参加中日议和而饱受非议的李经方争取一些名誉,出去溜达溜达,散散心。这一请求得到准允。李鸿章又奏请派于式枚、罗丰禄等十人,以及五名洋人顾问随行。

临行前,李鸿章接受了慈禧太后的召见,又向光绪帝辞行。

出京那一天,天忽然刮起了大风,行走变得十分困难。李鸿章一行人行至于半路,停下来歇脚吃饭。借着一处民房,临时搭建天棚,摆下筵席,大家凑合着就座。天棚在大风吹动下摇晃不已,好像要拔地飞升一样,碗碟里吹得都是尘土,简直无法下筷子。李鸿章却兴致高涨,食欲很好,高谈阔论。

到达天津之后,李鸿章又奏报请西医伊尔文同行。庶吉士龚心钊、分省同知黄家玮自愿自费随行。加上护卫、仆役，李鸿章的出访团队有近五十人。天津官场以及驻天津各国领事、商人设宴为他送行，他也欣然赴会。

3.出使俄国

光绪二十三年正月二十七日，七十四岁的李鸿章率随行人员离开天津，乘招商局轮船南下。到上海，改乘法国邮轮，经过香港，在西贡、新加坡稍作逗留，于三月十五日抵达黑海敖德萨港，十八日从陆路到达圣彼得堡。

在圣彼得堡，李鸿章与俄国财政大臣微德晤谈，并谒见了沙皇尼古拉二世，呈递国书，送上贺礼。他出席了尼古拉二世的加冕典礼。在这期间，发生了震惊世界的霍登广场踩踏事件，死亡数千人。李鸿章花费好几天时间参观俄国的军工厂，并随俄皇出席了两艘新造的铁甲舰下水仪式。

四月二十二日，李鸿章作为全权大臣，与俄国签订了《中俄密约》。该约内容主要是中俄共同防御日本，以及建造南满铁路事宜。第一款即申明针对日本，如果日本侵占俄国在亚洲东方的土地、中国土地，或者朝鲜土地，均适用本约，中俄两国应当互相援助和接济。中国同意俄国在黑龙江、吉林接造铁路，通至海参崴。

据传，为了达成修筑铁路协议，俄国方面向李鸿章行贿，高达三百万卢布。但是，参与商谈的当事人微德等人均表示不存在李鸿章受贿的事。李鸿章是否受贿，只有传言，从来没有得到过证实。

4.出使德国

五月初三，李鸿章离开俄国，乘火车到达德国，受到隆重欢迎。驻德大臣许景澄携中方官员，以及德国御前大臣、九门提督等官员，前来迎接。李鸿章乘坐四轮六马的皇家车辇驶向柏林。

途中，在德驻华武官李袞德、天津税务司德璀琳、德国总兵前中国海军副提督汉纳根的陪同下，李鸿章参观了制造轮船的工厂，获赠最新版的造船图纸和世界地图。

到达柏林后，李鸿章住进了最豪华的皇家宾馆撒豪斯。德方早已摸清了他的嗜好，处处迎合，投其所好，甚至连他喜欢抽的雪茄，喜欢听的画眉鸟，都弄来了。在寝室里，还特意悬挂两个相框，左边是李鸿章，右边是在德国人心目中地位很高的"铁相"俾斯麦。当时，西洋人称李鸿章为"东方俾斯麦"，故有此布置，意在取悦李鸿章。

第二天，李鸿章与李经方、罗丰禄等觐见德皇威廉二世，呈递国书。五月初六，李鸿章应邀参加德皇伉俪的茶会，到御校场观看御林军操演阵法，还参观了一家来复枪制造工厂。李鸿章与德国首相何恩禄会面。到四德町工厂参观，当年北洋舰队的定远和镇远两艘铁甲舰就是在这里生产的。

五月十七日，李鸿章登门拜访德国前首相俾斯麦。按照约定的时间，李鸿章乘火车到达目的地，俾斯麦盛装打扮，站在门口迎接。两个人远远相望，互相作揖问候，走近之后，握手寒暄，恭维对方。进入室内就座，又互相询问身体状况。然后俾斯麦设宴，入座后开始谈国家政治。

> 李鸿章先开口问："我今天来拜访殿下，有一事想向您请教。"
> 俾斯麦说："什么事？"
> 李鸿章问："想要让中国复兴，请问有什么好的办法？"
> 俾斯麦说："承蒙阁下明问，只是我国与贵国较远，平时没怎么留意贵国的政治，很抱歉不好下判断。"
> 李鸿章又问："请问用什么办法胜过政府？"
> 俾斯麦说："作为臣子，总不能与政府争胜，所以各国的大臣遇到

第六章
甲午战争时期的李鸿章家族

与政府有抵触的地方,不是俯首听命,就是直言相谏。"

李鸿章又问:"那么为政府着想,请问怎么治理好国家?"

俾斯麦回答说:"以练兵为立国之基,别的没有什么好办法。军队不在于数量多少。一个国家的兵力,不用超过五万,以年轻人为最好,枪法要精,就能够无往不利,所向披靡。"

李鸿章说:"中国不愁没有人,只是缺少教导训练,也没有兵法。三十年来,我志在警醒我国的人民,希望能够像贵国一样。我现在虽然没有官职,不像在直隶的时候还有拨付军饷的权力,只能等日后回国,一定仿照贵国的军制,练习新军。如果聘任教练军官,还有赖于贵国多帮忙啊!"

俾斯麦说:"练兵的方法,还有更进步的,那就是一国立定一军,不用分散在全国各地,只要选择军事要地集中驻扎。不管何时何地,如果需要用兵,一听军令,立刻成行。但又不能不预备行军之路。想必阁下计划得很成熟了。"

李鸿章有点得意地说,很多人恭维自己是"东方俾斯麦"。俾斯麦听后说,法国人不会认为这是恭维的话,因为法国人讨厌俾斯麦。他又说,他恐怕很难得到"欧洲李鸿章"的美誉。

临分手时,俾斯麦拿出一本签名册,里面都是天下有名人物的墨迹,请李鸿章题写留言。

五月二十二日,李鸿章应邀参观了举世闻名的克虏伯制造厂,获赠玩具炮,并接受馈赠清政府的六台价值十万八千两银子的新炮,由他转交。

有人知道李鸿章在日本马关议和时曾经脸部中弹,一直没有取出,便给他拍了一张X光片,果然发现一颗子弹嵌于左眼之下的骨头里。X光由德国物理学家伦琴发现于1895年,半年多之后,李鸿章就亲身体验到了"照骨术"这项高科技,成为拍摄X光片的第一个中国人。

5.出使英国

接下来,李鸿章带队赴荷兰、比利时、法国,受到礼遇。他感觉良好,给总理衙门发电报,称各国对自己"一切待以上宾"。

六月二十三日,李鸿章一行乘坐大西洋公司专轮前往英国,抵达伦敦。二十五日,拜访了英国首相兼外相罗伯特·塞西尔,两人密谈了一个小时。告辞首相后李鸿章到下议院、上议院参观。二十六日,在宫廷安排下,到怀特岛阿思本行宫觐见维多利亚女王,获授维多利亚头等大十字勋章,并检阅了英国的海军船舰。二十七日,参观英国朴次茅斯造船厂。三十日,李鸿章特意到戈登留名阁(纪念馆)、保罗大礼拜堂戈登衣冠冢凭吊,献上花环,上面写着"李鸿章敬赠中国良友英国名将戈登"。除了参加各种宴会,会见政商界人士外,之后几天,李鸿章还参观了英国的皇家大银行、邮政局、电话局、电报局、贺荔支船厂、白头水电厂、钻炮厂、格林尼治天文台等。参观期间,因为不懂得西方礼节,闹了不少笑话。比如,他曾问公司督办拥有多少股份,督办夫人芳龄几何等。

七月初六,李鸿章访问塞西尔,商议海关加税事宜,交涉两个小时,但未获得允许。

七月初七,拜访了前首相格兰斯顿。在西方,李鸿章与德国俾斯麦、英国格兰斯顿并称"当世三杰"。

之后几天,他还参观了英国的军工厂。在为日本制造兵舰的地方,他看到"富士"舰船体已经造成,正要配装机器,遂详细进行了询问。

七月十四日,李鸿章乘轮船离开英国赴美。临行前,戈登妹妹毛妃德也来送行,赠给他六卷戈登的遗著。传言说,李鸿章前去看望戈登,让戈登的妹妹大为感动,送给他一条宠物狗。几天后李鸿章写信回谢:"厚意投下,感激之至。惟是老夫耄矣,于饮食不能多进。所赏珍味,咸欣得沾奇珍,朵颐有幸。"人们都以为李鸿章把狗杀掉吃了,让英人惊骇不已,传为笑谈。

6. 出使美国

七月二十日，李鸿章抵达纽约，受到热烈欢迎。在纽约港口，炮台鸣炮十九响；来到海军停泊水域，又鸣炮二十一响，周围十艘舰船反复升降国旗，以示敬礼，并高奏凯旋之歌。李鸿章乘肩舆登岸，两边有士兵，军容齐整，举枪恭迎。欢迎队伍还有许多商民，男女老少，均脱帽致敬，摇旗欢呼。

七月二十一日，美国总统克利夫兰及外长来到纽约，与之会晤，李鸿章递上国书。二十二日，李鸿章到前总统格兰特的墓园凭吊，敬献花圈。在格兰特儿子富德立的陪同下，他看望了格兰特的遗孀。

据吴永《庚子西狩丛谈》记载，李鸿章晚年所持手杖就是格兰特使用过的。1879年，格兰特来华旅游，李鸿章在天津盛情款待，请他斡旋中日琉球争端。李鸿章见格兰特随身携带一根手杖，看着新奇，接过来把玩，爱不释手。这根手杖装饰非常精致，顶端镶嵌着一颗比拇指还大的钻石，旁边围着一圈小钻石，晶光璀璨，闪闪发光。格兰特见状，知道李鸿章有想要的意思，便告诉他，手杖乃是自己离任前全国绅士商人赠送的，不便送人，等回国后征得大家允许，再赠送给他。李鸿章此番来访，让格兰特夫人非常高兴，设宴招待，并招来绅士商人代表一百多人作陪。席间，夫人持手杖说明丈夫生前遗愿，称格兰特本来想先征求大家的意见，然后寄赠李鸿章，可是心愿未了就去世了，去世前让她帮忙玉成此事。在场人一听，全都拍手赞同。获赠手杖之后，李鸿章几乎须臾不离，甚为宝爱。

李鸿章去世后，在陪葬品中有一根手杖，很可能就是这根。

七月二十三日，李鸿章接见美国基督教教友会代表时，称基督教教义与儒教宗旨相类似。在接受记者采访时，他批评美国的排华政策。二十四日，访问美国前驻华公使西华德。李鸿章问他现在在干什么，西华德说现在在人寿保险公司当董事长。李鸿章问："我的寿命，贵公司能承保吗？"西华德回答:"按照公司的规定,像您这样的不敢承保。"李鸿章说:"是不是因为我年龄太大了,保不住了?"两人大笑。

李鸿章举止潇洒,风度翩翩,言语幽默,在美国就像明星一样受到人们的欢迎。即使离开美国,还留下一些事迹,被广为流传。他还留下了一道名叫"李鸿章杂碎"的菜,无人不知,无人不晓。

李鸿章到费城参观了美国独立纪念馆,到华盛顿游览了美国国会及国会图书馆,参观了尼亚加拉大瀑布。

七月二十九日,李鸿章一行乘火车到达加拿大多伦多,参观了赛车场。八月初七,李鸿章从温哥华搭乘美国太平洋轮船公司的轮船返程。

7.不踏日地

返回途中要经过日本各个港口,李鸿章都没有下船登岸。因为他已经发过誓,再也不会踏上日本一步。然而,在横滨需要换乘"广利"号轮船,李鸿章得知摆渡的小舟是日本船时,坚决不同意。无奈之下,船长只好指挥换乘的两船靠近,中间搭上一块木板,名曰飞梁,请李鸿章冒着坠海的危险颤颤巍巍地走过去,完成了轮船换乘。

8.归国游园被罚

八月二十七日,李鸿章一行抵达天津大沽。

九月初一,李鸿章致函保定莲池书院山长吴汝伦,第一次向外人谈及出使西洋的感受。他说:"中国则政杂言庞,而生财之法又不逮远甚。"对中国落后的病症有了更深的理解。

第六章
甲午战争时期的李鸿章家族

九月十一日，李鸿章进京复命，四天后被光绪帝召见。完事之后，李鸿章感觉心情舒畅，顺路到颐和园一游，没想到招惹了麻烦。颐和园在鸦片战争中被英法联军焚毁，后来光绪帝下令重建，作为慈禧太后退居修养之地。当然挪用了不少军费。当时规定，皇家园林禁止擅自入内。不过，常有官员给守园人施以小惠，便能游览，这是公开的秘密。李鸿章出国旅游大半年期间，并不知道朝廷打算第二次重修颐和园，光绪和慈禧不时来视察，这里变成了禁地。据说，李鸿章的老对头翁同龢知道这件事后，便小题大做，夸大其词，谗言相加。本来光绪帝就对李鸿章不满，见他出洋玩了一圈，回来志得意满的样子更不高兴了，也想借机敲打敲打他，警告他不要得意忘形，就将李鸿章交部议处，吏议革职。过了不久，光绪帝以李鸿章不知详情，并非有心，将革职处分改为罚俸一年。

九月十八日，朝廷命李鸿章在总理衙门行走，相当于实习生。虽然李鸿章已经不再担任北洋大臣和直隶总督，但鉴于他创下的基业以及影响，很多事务王文韶仍需向他咨询或由他主持。

美国人林乐知为李鸿章被置散投闲，成为伴食宰相，颇感不平。他认为，这样对待李鸿章在外交上于中国不利，会让人藐视中国而加以欺凌。何况李鸿章在周游过程中还在朝廷授意下办了不少大事。吴汝伦认为，李鸿章"此行使吾国增重，为功不细"。李鸿章以七十四岁残躯出访欧美，归来后没有功劳也有苦劳，朝廷不仅没有任何奖赏，反而开罪责罚，李鸿章的心情可想而知。

第七章

八国联军侵华前后的李鸿章

# 列强瓜分中国，变身签约使臣

1. 列强掀起瓜分中国狂潮

甲午战败之后，中国如同任人宰割的鱼肉，成为帝国主义列强争相吞噬的对象。

光绪二十三年（1897年）正月初三，李鸿章代表清政府与英国公使窦纳乐签订了《中英滇缅境界及通商修正条约》（《中英续议缅甸条约》），中国失去了西南边疆大片土地，以及商业权利。条约还引起了法国的抗议。对李鸿章本人来说，这是一个很不祥的开始。之后几年，他拄着格兰特的拐棍，签了五六个不平等条约。

李鸿章进入总理衙门之后，遇到了列强租借港湾的交涉，是列强图谋瓜分中国的开始。

首先提出要求的是德国。光绪二十二年十一月初十，德国使臣海靖向总理衙门提出租借胶州湾五十年的要求，遭到拒绝；十二月二十七日，海靖再向总理衙门要求租借胶州湾海港，再次遭到拒绝；光绪二十三年九月初七，海靖告诉总理衙门，德国的远东舰队打算在山东胶州湾过冬，遭到拒绝；九月十四日，海靖又要求批准德商瑞丰洋行承办滦州榛子镇煤矿开采，也遭到

第七章
八国联军侵华前后的李鸿章

拒绝。十月十九日，以曹州、济宁、单县等地接连发生教案，德国军舰开进胶州湾，攻占胶州城。清政府采取不抵抗政策，指示山东巡抚李秉衡不许动兵，不可先行开炮。

李鸿章请求俄国出面干预，不啻引狼入室。实际上，德国占领胶州湾是俄国和德国合谋的结果，俄国同意德国占领胶州湾，德国承认俄国在华北的势力范围。

光绪二十四年二月十四日，李鸿章、翁同龢与德国使臣海靖签订了《胶澳租借条约》，允许德国租借九十九年，允许建设胶济铁路，以及在铁路沿线开矿等条款，山东成了德国的势力范围。

继德国之后，其他列强纷纷仿效，钩心斗角，在中国强占租借地，划分势力范围。

光绪二十四年三月初六，李鸿章、张荫桓代表清政府，与俄国订立《中俄会订条约》。闰三月十七日，许景澄与杨儒在彼得堡签订了续约，将旅顺、大连及其附近水域租给俄国，租期二十五年，同意俄国修建从中东铁路接到旅顺、大连的南满铁路。在交涉过程中，俄方许诺事成之后酬谢李、张各五十万两。但据考证，并没有证据表明李鸿章接受了这笔贿赂。俄国霸占了辽东半岛，将东北全境划为自己的势力范围。

四月二十一日，李鸿章、许应骙与英国公使窦纳乐订立了九龙租借条约（《展拓香港界址专条》），租期九十九年。后来，庆亲王奕劻和总理衙门大臣、刑部尚书廖寿恒代表清政府，与英国公使窦纳乐在北京签订了《订租威海卫专条》，将威海卫及附近沿岸16千米内的地方租给英国，租期与俄国租借旅大期限相同，清廷要求长江流域等不得让予他国，并请建多条至长江流域的铁路。

闰三月初二，法国出兵占领广州湾。次年十一月初八，中法签订《广州湾租界条约》，租期九十九年；广东、广西和云南三省成为法国的势力范围。

日本则根据《马关条约》，要求福建不能让与他国，福建成为日本的势力范围。

李鸿章在写给驻俄公使杨儒的信函中说："自古有合众贫弱之国谋之一强大者矣，至合诸强国而共谋一贫弱，未之有也。"

甚至连非洲的刚果也找上门来，要求与其他列强一样获得同等待遇，五月十九日由李鸿章与其签订了《天津专章》！

光绪二十三年京察，李鸿章的评价是"久资倚任，劳瘁不辞"，著交部议叙。这个评价是非常准确的。到了光绪二十四年，列强瓜分中国，让李鸿章签了不少条约之后，七月二十二日，朝廷撤了他在总理衙门行走的差使，李鸿章变成了真正的闲散人员。他心里十分坦然，但不无苦涩地说："吾衰已甚，借以养静避谤，亦为得计。"

七月二十七日，李鸿章在给李经方的信中，提到慈禧和光绪之间存在很深的矛盾，光绪身体很差。张元济谒见李鸿章，以其为国家重臣，请他出来调和慈禧和光绪之间的矛盾。他叹了一口气说："你们小孩子懂什么？"他萌生了急流勇退的想法，也在等待机会："时局日变，不知所届，且俟今冬娶孙妇后再相机进退，未敢悻悻然作小丈夫也。"

2."印度橡胶"翁方纲

李鸿章本来文案水平就很高，处理文件，发号施令，得心应手，连帝师翁同龢都表示佩服。光绪二十二年十一月十八日，翁同龢在日记中曾经写到，在与英国修改缅甸条约的时候，"发许使、粤督两电，李相属稿，词简而捷，毕竟老手"。说李鸿章是"老手"，有夸奖的意思，但保留了个人意见，也有讽刺李鸿章的含义。

这里面有一个梗，很容易让人想起三十多年前翁同龢的兄长翁同书的故

第 七 章
八国联军侵华前后的李鸿章

事。同治元年（1862年），曾国藩参劾翁同书弃城逃跑，定远、寿州两次失守，酿成苗沛霖仇杀之祸，要求将翁同书交部议罪。当时翁家势力很大，翁心存是咸丰帝的老师，备受恩宠。曾国藩写弹章的时候一直为措辞不当而苦恼，李鸿章见了，接过笔头，援笔立就。曾国藩读了之后很满意。奏折递上之后，果然将翁同书参倒，先是拟大辟，后改戍新疆，不久病逝。病重的翁心存为儿子着急，先走一步。翁同龢与李鸿章长期不睦，依仗自己是皇上的老师，以及户部尚书、军机大臣的身份，处处与李鸿章为仇作对。他反对洋务，主张对列强作战，然而又紧缩军费，不支持李鸿章扩充军备，这是导致甲午海战失败的原因之一。

此时，有不共戴天之仇的两个人仿佛成了难兄难弟。光绪二十三年正月初五，翁同龢去给李鸿章祝贺生日，但是没有进门，只是送上了礼物。正月初六，翁同龢拜访李鸿章，"纵谈时事，不觉流涕"。翁同龢似乎也理解了李鸿章的难处。当年朝中的清议派攻击李鸿章，李鸿章众口难辩，只能表示"你行你上"，翁同龢以不懂洋务推辞。

李鸿章并不会原谅翁同龢，在他眼里，这些人没有真才实学，都是些迂腐不堪、不可救药的书呆子。光绪二十一年八月份，英国教士李提摩太拜访李鸿章，请他指点怎么跟总理衙门打交道。李鸿章把翁同龢说得十分不堪。他告诉李提摩太，翁同龢是排外的老臣，"生性多疑，简直可以说没有脑子，只有一颗半信半疑的心"。跟翁同龢打交道，要先拍他的马屁，恭维一番。他还说，恭亲王和翁同龢之间的区别"如同石头和印度橡胶"。

光绪二十三年，吴汝伦为李鸿章编文集，在写给朋友的信中，称他在"中兴"诸公之间最擅长洋务，办理中外交涉"最专且久"，认为李鸿章"在中国决为不朽之人"。

3.黑翰林

光绪二十三年七月初五,李鸿章充武英殿总裁,掌管武英殿修书处,主要工作是书籍缮刻、装潢及宫殿陈设书籍,其实是个荣誉职务。七月二十六日,同文馆考试,由李鸿章点名出题。李鸿章非常重视这项工作。虽然他是翰林出身,并官至大学士,但是由于长期外放,不是行军打仗,就是办理洋务,处理外交,还从来没有主持过科举考试。因此,有人嘲笑他是"黑翰林"。

不论乡试还是会试,考官都由皇上钦定,只有出身翰林、官职较高、有水平的大臣才有机会,担任考官是莫大的荣耀。没当过考官,对李鸿章来说是非常遗憾的事情。

与黑翰林相对应的是"红翰林"。红翰林能够"上天入地",上天指的是以侍读学士或侍讲学士等身份陪侍皇帝左右,近水楼台,前途无量;入地指的是有机会外放做学官,比如担任主考或者地方学政,可以收罗一帮弟子门生,将来互相援引,有利于自己的政治生涯。黑翰林就是上下都不沾的人。

咸丰二年的翰林院詹事府大考,沈桂芬等人是一等,升为侍讲学士,而李鸿章表现不好,名列二等,只得了一些缎匹,已经黑了一次。之后近五十年,一直到死,李鸿章从来没有当过正经的主考官,就黑到底了。

有一次,闲居贤良寺的李鸿章与幕僚们聊天,杨味苑自夸考试时文章写得好,李鸿章嘲笑他说:"中了进士,但没有进翰林院,太丢人了。"杨味苑反唇相讥:"做了翰林,却一辈子没有干过考官,也很丢人啊!"这下正好戳中了李鸿章的痛点,把他气得举起手杖就打,把杨味苑吓跑了。

还有一次,科举考试即将废止,要开经济特科考试,投闲没事的李鸿章非常希望能够担任总裁官。没想到张之洞正好进京,拟定学堂章程,总裁一职被他占了,为此李鸿章闷闷不乐了好几天。

第七章
八国联军侵华前后的李鸿章

李鸿章没干过考官，但是干过"监临"，就是负责监察、总摄考务的官员。各省乡试，干这个活儿的是巡抚、总督，基本是为正副主考官服务的，因为主考官是钦差。李鸿章干监临是在同治三年。太平天国时期，清朝的江南乡试无法举行，洪秀全则在天京搞起了科举考试。太平天国覆灭之后，百废待兴，首要的就是恢复科举考试，收拢读书人的心。时间仓促，考试来不及在八月份举行，曾国藩奏请改在十一月份，秋闱变成了冬闱。曾国藩让时为江苏巡抚的李鸿章前往监临，李鸿章即于十月十一日起程赶赴金陵。监临不是轻松差使，需要全程参与，直至放榜。此行把他累得够呛，完事后就回苏州调养。但为国家选拔优秀人才，李鸿章还是感到十分欣慰。

 支持戊戌变法，自认康党

1.暗地支持变法

光绪二十四年四月二十三日，光绪下诏"明定国是"，开始变法自强。由于触及以慈禧太后为首的守旧派的利益，遭到阻挠和镇压。八月初六，慈禧临朝训政，以康有为结党营私，莠言乱政，革职严拿。八月初八，慈禧将光绪帝幽禁于瀛台。初九，慈禧下令将张荫桓、徐致靖、杨深秀、杨锐、林旭、谭嗣同、刘光第等革职拿办。八月十三日，杨深秀、杨锐、林旭、谭嗣同、刘光第、康广仁被杀害，史称"戊戌六君子"；康有为、梁启超逃往日本。

夹在光绪和慈禧中间的翁师傅的好日子也到头了。光绪二十四年四月二十七日，变法开始第四天，也是翁同龢生日当天，光绪帝以翁同龢阻碍变法为由将其免职。十月二十一日，变法失败后，慈禧太后以翁同龢辅导无方，在甲午战争中主战主和上飘忽不定，信口胡言，将其革职，永不叙用。

当年，《马关条约》的签订直接引发了京师会考举子的"公车上书"活动。美国教士李提摩太为了劝朝廷变法，接近总理衙门，兜售自己的变法主

第七章
八国联军侵华前后的李鸿章

张,他首先拜访了对自己有知遇之恩的李鸿章。李鸿章表达了自己对朝政的极大不满,包括皇上没有主见,依赖几个掌权的大臣,而这些大臣对国外事务一无所知,反对议和,鼓吹战斗,等等。李鸿章对李提摩太说:"只要权力还掌握在排外的老臣手里,所有的翰林和维新之士都将无所作为。"1890年的时候,李鸿章曾经推荐李提摩太做《中国时报》的主笔,并负责上海广学会的工作。在广学会,李提摩太主持翻译出版了一些介绍西方政治文化的书籍,风行一时,很多是光绪皇帝的重要参考书。李鸿章的许多维新思想是从李提摩太那里得来的,而李提摩太与康有为、梁启超私交甚好。

对于康有为、梁启超发起的维新活动,李鸿章的心情是复杂的。甲午战败后,声名狼藉的他被冷落一边,加之与翁同龢存在嫌隙积怨,自身难保、地位岌岌可危,他不得不处处小心。然而,从政治、教育、考试、经济等方面进行改革,是李鸿章多年没有实现的愿望。从思想观点上说,李鸿章非常同情和支持维新派。但是以他资深的政治履历,丰富甚至惨痛的经验,以及对朝廷政治斗争的了解,他深知改革并不容易。光绪二十一年九月二十二日,在写给新疆巡抚陶模的信中,他说:"今之论者,皆知变法,但有治法,尤须有治人。"他支持陶模向朝廷建议储备人才。又说:"迩日公车章疏,何尝无深识危言,此在庙堂加以采择,见诸施行而已。详察当路诸公,仍是从前拱让委蛇之习,若不亟改,恐一蹶不能复振也。"他说,当年公车上书的时候,曾提出了许多好的建议,当局选择施行就可以了,现在如果积习不改,恐怕会一蹶不振。

公车上书之后,康有为等人大肆鼓吹变法,联络张之洞,在上海成立了强学会。为了筹集资金,康有为游说京城士大夫,还通过请客吃饭的方式争取官员赞助。张之洞、袁世凯、沈曾植、刘坤一、王文韶、宋庆、聂士成等重臣要员纷纷慷慨解囊。臭名昭著的李鸿章自然不在康有为游说的名单之内,他想捐两千银子,表明态度,被断然拒绝。后来维新派成立《强学报》,李鸿章也想捐银一千两,仍被拒绝。

李鸿章周游列国，见识了欧美各国的强大，心向往之。光绪二十四年三月初七，他给出使美国的大臣伍廷芳写信，认为要想抵御外侮，"根本至计，尤在变法自强"。

在戊戌变法之前，光绪二十四年正月初三，康有为应约到总理衙门，与荣禄、李鸿章、翁同龢等大臣辩论变法。据康有为回忆，那一天下午三点，他如约来到西花厅，接受大臣们的质询。荣禄首先发难说："祖宗之法不能变。"康有为说："祖宗之法，以治祖宗之地也，今祖宗之地不能守，何有于祖宗之法乎？即如此地为外交之署，亦非祖宗之法所有也。因时制宜，诚非得已。"廖寿恒问："宜如何变法？"康有为答："宜变法律、官制为先。"李鸿章接着问："然则六部尽撤，则例尽弃乎？"康有为答："今为列国并立之时，非复一统之世，今之法律官制，皆一统之法，弱亡中国，皆此物也，诚宜尽撤。即一时不能尽去，亦当斟酌改定，新政乃可推行。"这一回答与李鸿章的主张不谋而合，是他想要的答案。翁同龢也问了一个怎么筹款的问题，事后评价康有为"狂甚"。

推行新政之始，开办京师大学堂，设立章程，任命孙家鼐管理事务，李鸿章都曾积极参与。他派人到日本使馆，请日使就京师大学堂章程制定提供建议。他还举荐美国人丁韪良担任京师大学堂的西学总教习，主要原因是丁韪良翻译了《万国公法》，这是李鸿章在对外交涉活动中笃信不疑的著作。当时丁韪良已经七十多岁，但李鸿章认为他身体健康，还能服务多年。丁韪良后来说，在戊戌变法的各项新政中，李鸿章认为只有设立大学堂是最重要的，应该给以大力支持。

新政诏令将各省大小书院改为兼习中西学的学校，将不用的民间祠庙改为学堂，义学和社学也要中西兼习。李鸿章与李经方商议，将庐阳书院改为学堂，并嘱咐李经方筹办家乡学堂。六月初二，李鸿章致函荣禄，如果莲池书院也改为学堂，希望吴汝伦担任院长。

李鸿章对康有为非常赞赏，并尽力给以支持和保护。康有为提出改革

第七章
八国联军侵华前后的李鸿章

科举考试,废除八股文,天下士子对他恨之入骨,有激进的士子扬言要刺杀他。李鸿章知道后,派于式枚前去慰问,劝康有为"养壮士,住深室,简出游以避之"。后来康有为被迫出京,据说李鸿章还派人偷偷护送。他曾经多次提醒康有为,有人在光绪和慈禧面前参劾他,让他注意。比如四月二十八日,光绪召见康有为,正好碰上李鸿章前去谢恩,一同下朝,李鸿章"面色大变",对康有为叹息,说荣禄在皇上面前参劾他,又说刚毅不同意皇上加封康有为,只给个小官,故意压制。曹孟其在《说林》中也提及,荣禄去颐和园谒见慈禧,正好李鸿章也要去感谢慈禧赏赐的食物,一起被叫入。荣禄向慈禧告状,说康有为"乱法非制,皇上如过听,必害大事奈何"。他看了看在一旁低着头不说话的李鸿章,说李鸿章"多历事故,宜为皇太后言之"。李鸿章有自己的想法,赶紧向上磕头,称"皇太后圣明"。荣禄想串通李鸿章谗害康有为,但都被他搪塞过去。李鸿章也把这事告诉了康有为。

变法失败后,慈禧囚禁光绪,重新掌权,康梁外逃,六君子被杀,支持维新的官员受到不同程度的惩罚。此时的李鸿章已经成了闲人一个,但还是尽力保护维新人士。比如李鸿章派于式枚去慰问被革职的张元济,介绍他去上海找盛宣怀谋差事。

慈禧太后发动政变,跟李鸿章没有任何关系。九月初二,李鸿章给李经方写信,说慈禧临朝,"大变新政,又成守旧世界"。他那变法图强的希望也破灭了,只得表示"余趁此偷闲静避,诸孙绕膝,含饴为乐",过含饴弄孙的安享晚年的生活。

2.自认康党

光绪二十四年九月三十日,慈禧派李鸿章到山东复勘黄河,李鸿章以年老衰颓辞谢，不被准许。他只好前去，并命随从人员"自备斧资"，以减轻灾区负担，但还是遭到起居注陈秉和的参劾，称他在勘河时用度豪奢，日费千两，山东巡抚张汝梅逢迎纳贿。慈禧以陈诬罔，谕令申饬。可见慈禧对李鸿章还是信任和护佑的。

据《字林西报》报道，光绪二十五年三月二十二日，李鸿章进宫陛见，慈禧谋废光绪，李鸿章表示反对；慈禧想要联日制外，李鸿章表示同意。五月初八，李鸿章觐见慈禧，密谈中日秘密同盟，一时成为舆论焦点。

十月二十二日，朝廷派李鸿章为商务大臣，前往通商各埠考察。之所以派李鸿章去，据李鸿章自己说，是因为外埠华商借给慈禧太后祝寿的机会，纷纷吁请归政皇上，"仍图变政自强，明系康有为等煽惑，恐摇动人心，因余老成重望，出为宣播德意，笼络舆情"。二十五日，慈禧更是面谕李鸿章，让他设法拿办受到英国庇护的康有为、孙中山等人。李鸿章随即电令罗丰禄与英国政府商量，令各处官吏不得容留康有为在境。李鸿章还与刘学询通电商量，诱捕康有为。刘学询在电文中称："法用诱用掳，活上毙次。"李鸿章则回复："用诱用掳，能生获尤妙……除此祸根，有俾国事。"在个人感情和朝廷命令之间，李鸿章是矛盾的。

康有为的许多主张都是李鸿章认同而且以前不能实现的，故而他对康有为十分钦佩，并且自认为是"康党"。

李鸿章敢于在慈禧面前称自己是康党，主要是指变法自强，而不是与康有为因政治立场站在一起，所以慈禧也无话可说，甚至有些理亏。他还对别人说自己不如康有为，也出于对康有为的佩服。

光绪二十五年六月十三日，康有为在加拿大成立保皇会，并在美国、日本等地设立支会。康、梁流亡海外之后，慈禧命海疆各督抚悬赏缉拿。

据说，康梁流亡海外，慈禧一再下令捕杀，李鸿章则明确表示决不做刀斧手。虽然如此，朝廷的命令李鸿章不敢不遵。尽管李鸿章的革新理念与维新派有许多相同之处，同情归同情，现实中李鸿章还有政治上的考虑，对待

第七章
八国联军侵华前后的李鸿章

康梁的左右摇摆态度，可以看成是一种政治投机。

3.就任两广总督，刨康有为家祖坟

李鸿章虽然名声不好，但没有卷入戊戌变法，又是慈禧值得依靠的老臣，随时可以启用。光绪二十五年十一月十七日，朝廷命李鸿章署理两广总督。李鸿章欣喜异常，第二天就迫不及待地给原总督谭钟麟拍电报，问对方什么时候起程，告以自己将在腊月出京。据李提摩太回忆，李鸿章为要离开北京而兴高采烈，"就像一个厌学的儿童回家过节一样高兴"。另外，李鸿章也已经预感到即将爆发义和团运动，为自己能够躲开祸乱而庆幸。在给杨崇伊的电报中，李鸿章也说"放缺大喜"。

十二月十八日，李鸿章接任两广总督。在此前后，李鸿章捕捉康有为的行动也在部署进行。十一月二十七日，刘学询电告英国方面拟驱遣康有为："现已多方部署，静以待动，不惜财力，诱而掳之，务期必获。"李鸿章电复："谕旨设法致死，确有证据，如做到亦妙。"后来李鸿章又探得消息，康有为仍然在香港，梁启超穿日本服装去了檀香山。又获悉康有为搭乘日本"美洲丸"去檀香山、旧金山，刘学询派人跟踪。后来又听说康有为去了新加坡，去了欧洲。消息真假难辨，跟来跟去就跟丢了。

尽管朝廷悬赏十万，责成南、北洋、闽、粤四督，严拿康梁，"无论死活均可"，李鸿章也积极响应，但终因康有为行踪不定，有洋人保护而奈何不得。

光绪二十六年正月十二日，上谕命李鸿章铲平康有为、梁启超家祖坟。消息传出后，康有为将祖父及父亲的骨殖刨出，装入骨坛，移葬别处。五月初十，李鸿章报称，已经命人将康有为的祖父和父亲的两具骨坛刨出，将骨殖倒进了虎门的海水里。

这年春天，有两件事令李鸿章感到欣慰：一是三年考核，列入交部从优议叙之列，评语是"老成硕望，懋著勤劳"。李鸿章自同治三年（1864年）担任江苏巡抚，至光绪二十六年（1900年）署任两广总督，任职三十六年中，共受过十三次京察优叙，难能可贵。二是该年恰逢光绪帝三十寿辰，例有加恩，诏旨赏李鸿章穿方龙补服，这是倍儿有面子的荣耀。

慈禧对外宣战，李鸿章拒不奉诏

1. 庚子之乱

光绪二十六年（1900年）庚子，义和团运动爆发，提出了"扶清灭洋"的口号，主要针对西方侵略者及其在华附庸。

义和团由山东向直隶蔓延，四五月份到了无法控制的地步。很快北京、天津的义和团越集越多，除了焚烧教堂、教民房舍、洋货商铺，破坏铁路、电线，还骚扰冲击外国使馆。朝廷宣示拳民、教民一视同仁，命义和团解散，敕董福祥、宋庆、马玉昆捕剿。

五月初，英、美、法、俄、日、意、德、奥等国先后调水兵入京，保卫使馆。

五月十五日，日本使馆书记员杉山彬出城探望前来保卫使馆区的日本警卫队，被驻守永定门的董福祥所率甘军营官拦住问话，没等杉山彬说完，就被营官一刀刺死，然后斩首肢解，弃之道旁。还有一种说法是，日本人非礼中国妇女并摔死婴儿，甘军与杉山彬理论时遭到开枪射击，愤而将其屠戮。

五月二十四日，德国公使克林德在赴总理衙门交涉途中被打死。

五月十四日，英国海军提督西摩尔率领英、德、俄、法、美、日、意、奥联军两千人从天津赶赴北京,保护使馆。因铁路断绝受阻,他们与义和团在廊坊一带大战,由于没打过义和团,联军二十三日败退天津。与此同时,各国联军攻占大沽炮台,义和团及官军围攻天津租界,聂士成、马玉昆、宋庆等所部与联军作战。六月十三日,聂士成战死于八里台。十八日,联军占领天津。

北京方面,朝廷连续召开御前会议,商讨战和大计,并急调数地统兵大臣进京。

五月二十五日,清廷正式下诏对各国宣战。

慈禧疯了!她的企图是利用义和团抵御洋人,命各地召集团民,抵御外侮。二十六日,派载勋、刚毅统率义和团,英年、载澜会办,诏令各省督抚歼杀洋人。在京的董福祥部与义和团开始接连猛攻使馆区。

七月初九,各国提督在天津召开会议,决定由日、俄、英、美、法、意、奥七国联军共一万八千余人进兵北京,德军迟至二十九日抵达。二十日,联军进入北京,先后解使馆区与西什库教堂之围。二十一日,美军进攻紫禁城,慈禧太后携光绪帝西奔,临行前将光绪帝的宠妃珍妃推入井中。八月初四,在京的联军于紫禁城举行阅兵仪式。

2.临危受命

在决定与列强开战后,清政府似乎觉得未必能输,并准备了战、和两手牌。议和首先让慈禧想到的是李鸿章。五月十九日,慈禧命李鸿章迅速进京。

四月二十六日,李鸿章实授两广总督。虽然离京师遥远,但李鸿章通过电报讯息,对各地义和团及洋人动态有所了解。五月十四日,转总税务司赫德的电文给总理衙门,称京城各国使馆被袭击,"倘稍有不测,或局面无

第七章
八国联军侵华前后的李鸿章

速转机，各国必定并力大举，中国危亡即在旦夕"。赫德请李鸿章告诉慈禧太后，务必保护使馆。李鸿章支持这一建议。五月十六日，他致电盛宣怀，称"国事太乱，政出多门，鄙人何能为力"。五月十七日，两江总督刘坤一询问李鸿章对于剿抚义和团的意见，李鸿章告以朝廷没有剿匪的意思，"大局危矣"，似乎并不积极。五月十八日，安徽巡抚王之春来电，对局势甚为焦虑，请德高望重的李鸿章向上谏言；李鸿章称"内意主抚，电奏无益"，"群小把持，慈意回护，必酿大变，奈何"。王之春又电"至此大局危急万分，危言力谏，非公莫属"；李鸿章没有理会。京津冀方面的消息不断传来，李鸿章痛恨当政者的愚蠢，又无可奈何："（载）漪、（载）澜等并党团，外衅可忧云。国事竟为若辈把持，外臣焦急而已。"

一直等到令他迅速进京的电谕，李鸿章才开始着手准备，联系轮船，打探天津战况，请人安排在贤良寺布置临时办公场所。只是由于北事太乱，沿途交通阻隔，他又举棋不定，计划先到上海，再决定进退。五月二十四日，他向总理衙门建议"先定内乱，再弭外侮"。五月二十五日，致电出使英、法、德、俄、日等国大使，令他们探询各国意图，"如可商量停兵，即日北上，面奏先靖内乱，再议善后"。然而，反馈回来的消息却是各国纷纷调集重兵进京，形势越发严峻。

听说李鸿章受命要到北京议和，国内外敦促李鸿章进京化解危机的请求也如雪片般飞来。四川矿务商务大臣李征庸、直隶藩司周馥电称："北事危，非师莫解，中外如望岁。"驻俄公使杨儒电称："惟切盼钧麾莅都耳。挽回朝局，全赖荩筹，祈驾速行，用副中外之望。"

李经方也来电，献上两全之策：请父亲先到上海布置，以待后命。李鸿章迟迟不肯动身的原因，是形势并不明朗，不知道从何下手。他回复李经方说："粤民攀留恳切，北事太乱，无办法……若不剿匪定乱，只身前去何益，应俟电旨再行为妥。似到沪亦无布置。"尽管各方一再催促他北上，他还是磨磨蹭蹭，于六月二十五日到上海，朝廷一共电催了十几次之后，他才于闰八月十八日到北京。

3.东南互保

五月二十六日,李鸿章接到袁世凯转来的电文,谕旨"以拳民剿抚两难,衅端已成,将来收拾难逆料,饬各省筹划保守疆土,接济京师,各督抚互相劝勉,联络一气,共挽危局等因"。

五月二十八日,盛宣怀给李鸿章、刘坤一、张之洞拍了一封电报,故意曲解朝廷旨意,提出了"东南互保"的建议。为了避免殃及自身,保境安民,保存国家实力,东南各督抚共扶危局,与上海各国领事签订互不相犯、保护各自利益的协议。次日他又致电李鸿章和刘坤一:"今为疆臣计,各省集义团御侮,必同归于尽。欲全东南,以保宗社,诸大帅须以权宜应之,以定各国之心,仍不背二十四旨,各督抚联络一气,以保疆土。"

刘坤一、张之洞同意了盛宣怀的建议,分别派人到上海参加会商。李鸿章在回复盛宣怀的电文中称:"二十五矫诏,粤断不奉,所谓乱命也。"

李鸿章称五月二十五日清廷宣布的对外宣战的命令是矫诏,断然拒绝接受。这是有明文记载的。据野史传说,张之洞的态度更加不客气。在回复朝廷的谕旨时,张之洞打算写"臣罪侍东南,不敢奉诏",后来越想越气,把手里的老烟枪一扔,大骂慈禧太后:"这老寡妇,要骇她一下!"于是将电文改为:"臣坐拥东南,死不奉诏!"连封疆大吏都不支持朝廷了,清廷的颜面扫尽无余。

其实,早在二十一日,湖广总督张之洞就告知英国在汉口的领事,表示尽力维护当地秩序,依照协约保护洋人,但请英国军舰不要进入长江;然后又请日本会商各国调停,请美国转告各国不要派兵舰进入长江。二十八日,张之洞致电李鸿章,想要通电各国,代朝廷表示并无失和的意思,先让大家停战,等李鸿章到北京后妥善商议;请李鸿章列衔(即联名),并致两江、川、闽、苏、浙、皖、豫、湘、粤、山东等督抚。李鸿章回复称"语意周妥","电语请酌改分致各国,似有益无损"。

二十九日,张之洞再电南方各省督抚,联名致电各国,先停战,等李鸿章北上妥议。

三十日,刘坤一、张之洞宣布不承认今后北京上谕,他们负责保护外国人的生命财产安全。

当日,上海道台余联沅代表刘坤一、张之洞,与各国驻沪领事议定《中外互保章程》九条及《保护上海租界城厢内外章程》十条,统称"东南保护约款",规定上海租界归各国共同保护,长江及苏杭内地归各省督抚保护,两不干扰,以保全中外商民人命、产业为主。后来浙江巡抚刘树棠、闽浙总督许应骙、两广总督李鸿章、广东巡抚德寿、山东巡抚袁世凯等也加入进来。

六月初五,在回复杨儒的电文中,李鸿章称东南各督抚与朝廷旨意龃龉,大多不能遵行,京师之乱"实由自作"。

同日,刘坤一再次致电,请李鸿章出面主持局面:"祸患难测,非公不能担当,中外企盼,祈速部署。"

4. "李鸿章大总统"

李鸿章将朝廷对洋人宣战的诏旨定性为"乱命",拒不奉诏,说出了其他持反对意见的东南督抚大臣心里的真实想法。"东南互保"实际上是各地官僚势力企图借机独立的产物。他们坐拥地方,不仅有一定实力,还与列强达成妥协,互相提供保护与支持。李鸿章表态之后,被大家树为旗帜,成为风口浪尖上的挑事人。据《凌霄一士随笔》记载,两宫西狩,行踪不明,一度失去联系,甚至传出了遇害的谣言。时局日益糜烂,两江总督刘坤一等人便提出了推举李鸿章为临时大总统的想法:一旦北京不保,就共同推举资历最深的李鸿章出任"总统",维持大局,应付外交。张之洞对此表示赞成。据说在上海静守待变的李鸿章竟然也痛快地答应了。他说:"众既以次见推,吾亦知他人亦断不肯任此挨骂之事,苟利国家,吾不敢辞。"凡有出头露脸的事儿,李鸿章是敢于顶风而上的!

但是,第二天李鸿章就获得了两宫的行踪消息,这一计划宣告流产。不知道该庆幸还是该遗憾,假如李鸿章当了总统,在各方势力虎视眈眈的威胁之下,估计也不会长久。

5.保皇党拉拢李鸿章

在两广总督任上,李鸿章一方面大张旗鼓地追捕康、梁,一方面又与其暗通款曲。

以康有为、梁启超为首的保皇党也有自己的计划,他们曾经争取李鸿章的支持。

李鸿章逗留上海的时候,光绪二十六年七月初四,张元济谒见李鸿章,劝其不要再为朝廷效力。言外之意很明显。不料李鸿章说:"你们小孩子懂什么,我这老命还拼得过。"变法失败后,张元济被革职,李鸿章推荐他到上海找盛宣怀谋事,任南洋公学译书院院长,后来主持商务印书馆,后来成为出版界的巨子。

梁启超逃亡日本,据说李鸿章曾经多次托人转达慰勉之意,梁启超回信《上粤督李傅相书》表示感谢。

接到梁启超的信之后,他请孙宝瑄代为回复。梁启超接信后说:"其词颇有惓惓之意,又有求免之心,不知何故。(畏清议也,欲保令名也)"

第七章
八国联军侵华前后的李鸿章

后面还有"弟窃思此贼若在,阻力不小,欲公等先去,能有此机否?"由于拉拢而不得,遂将李鸿章视为保皇党在广东、香港一带活动的最大障碍,意将李鸿章除去。梁启超于光绪二十三年二月二十八日分别致函澳门《知新报》同人及唐才常,视李鸿章、刘学询为阻力,谋划暗杀:"肥贼(指李鸿章)、刘豚为我辈无限阻力,能并图之最善也。即失之于北,亦当取之于南,诸兄谓如何?"

被称为"刘猪"的是刘学询,他跟孙中山是老乡,有当皇上的野心。他跟孙中山来往频密,对孙中山的革命活动提供了许多经济资助。康有为弹告当朝大臣的时候,刘学询受到牵连。李鸿章任两广总督,受命捕杀康梁以及孙中山,刘学询成了李鸿章的幕僚和帮凶,是主要的行动实施人。挖康有为家的祖坟,也是在他的监督下进行的。

光绪二十六年八月十五日,澳门《知新报》发表了康有为写给李鸿章的两封信,一封劝李鸿章不要逮捕新党,与保皇会合作讨贼,一封信讨论拳匪杀洋人得罪外国不可,劝他领袖群帅,平内贼,定外交,以救圣主。

6.孙中山谋劝"两广独立"

除了保皇党,孙中山也试图与李鸿章联络,请他支持革命,也是通过刘学询从中沟通,密谋两广独立。

光绪二十年(1894年)五月间,孙文曾经到天津,上疏李鸿章,当时中日朝鲜形势紧急,李鸿章以军务繁忙拒绝召见。好事者则说,孙中山冒死到北京拜见过李鸿章,请他支持革命,李以年衰拒之,并说过"幸君努力为之,中国前途惟君是赖,余必为君后援"的话。还有人说,甲午战争爆发前,孙中山曾到北京拜见李鸿章,李问他叫什么名字,孙答时因带有浓重的广东口音,把"文"念成了"门",李说你官话都不会讲,怎能做官,随便敷衍了几句，端茶送客。孙中山出门后，站在院子里大骂李鸿章太官僚。

拳匪事起，大陆内乱，兴中会的陈少白与香港议政局议员何启商量，想要凭借香港总督卜力的力量，劝说李鸿章宣布两广独立，响应革命。陈少白函告旅居横滨的孙中山，孙表示不妨一试。李鸿章的幕僚刘学询、曾广铨等从中斡旋。卜力表示赞同，写信给领事转交李鸿章。光绪六月二十一日，李鸿章从广州乘坐安平轮离开广东，经过香港，与卜力会晤。据说，卜力曾与之谈到，现在正是两广脱离清政府独立的时候，并建议李鸿章为主权者，孙中山为顾问。李鸿章回答说，根据时局动向再做决定。

7.外国人希望李鸿章当皇上

李鸿章的老朋友、曾任常胜军首领的戈登，对李鸿章十分崇拜，早在光绪六年（1880年）就幻想着李鸿章能够当上皇上。他在日记中写道："彼愿牺牲性命为鸿章服务，然为鸿章占北京，使鸿章为皇帝，则鸿章绝无此心，彼亦不愿陷鸿章于不可能之地位。"称李鸿章"为今日中国唯一之救星"；还说"若中国以选举方法使鸿章在位，愿竭力以赴，但以武力夺取，亦有违于心。"

后来列强希望李鸿章能够主政，这样的话，对各国有利。因为外国媒体经常讨论此事，所以才有后来曾出使英国的刘锡鸿参劾李鸿章"跋扈不臣，俨然帝制"的事。

李鸿章周游列国的时候，外国人一直认为李鸿章是首相一级的中国当权人物，甚至他们只知道李鸿章，不知道光绪帝。更因为李鸿章穿着皇上赐给的黄马褂，炫耀自己的荣誉，被一些人认为他穿的是龙袍，以为他就是中国的皇帝。

当然，满脑子忠君思想的李鸿章干不出那种事。还是毕德格说得好：

"虽有震主之功，不改忠君之志。"

8.再任直隶总督兼北洋大臣

光绪二十七年六月初五，听说兵匪仍在力攻使馆，李鸿章说："政府悖谬至此，断难挽救，鸿去何益？"又收到刘坤一转来的荣禄的诉苦电文，询问有无缓解之策。李鸿章说："荣、庆尚不能挽回，鄙人何敢担此危局？各国兵日内当抵城下，想有一二恶战，乃见分晓。"从一开始，李鸿章就持悲观态度，他之所以迟迟不肯动身进京，原因就是无法收拾，只有坐等战败求和。

六月初八，他回复朝鲜徐使："内廷及王公左右皆拳匪，举国若狂，无可救药。"

李鸿章到底在等什么？

六月十三日，朝廷下旨调李鸿章任直隶总督，兼北洋大臣，到任前由荣禄会同宋庆办理，并第四次催李鸿章不管是坐俄国人的船，还是从陆路，星夜兼程北上，"勿稍刻延，是为至要"。

有了任命，师出有名，情况就不一样了。六月二十日，李鸿章起程北上。

六月二十五日，李鸿章抵达上海，住在静安寺路刘学询的家中。二十七日，袁世凯转来朝廷第七次催促李鸿章北上的电报，称："该督受恩深重，尤非诸大臣可比，岂能坐视大局艰危于不顾耶！着接奉此旨后，无论水陆，即刻起程，并将起程日期速行电奏。"李鸿章以感冒拉肚子为由，称病留驻上海。他在电文中说："惟念前在北洋二十余年，经营诸务，粗有就绪，今一旦败坏扫地尽矣。奉命于危难之中，深惧无可措手，万难再膺巨任。连日盛暑驰驱，感冒腹泻，衰年犀躯，眠食俱废，奋飞不能，徒增惶急……俄船必不肯借……容俟调养稍愈，即由陆路前进。"

天津沦陷，李经述携家眷南下，前后两次发电报，劝李鸿章不要轻易北上。七月初十，李鸿章电寄军机处，以"触暑腹泻"，"连泄不止，精神委顿"，"元气大伤"，再请假二十天。实际上称病只是借口，李鸿章在十三日给杨儒的电报中说："鸿感冒请假二十日，缘许、袁逮治，令人寒心。"原来，六月二十七日，侍郎许景澄、太常寺卿袁昶奏劾大臣信崇邪术，误国殃民，请求严惩毓贤、裕禄、董福祥、徐桐、刚毅、启秀、赵舒翘。七月初四，许、袁被杀。许景澄是帮李鸿章筹建海防的助手，深得依赖。让李鸿章更寒心的是，七月十七日，兵部尚书徐用仪、户部尚书立山、内阁学士联元也被杀害。徐用仪和李鸿章关系也很紧密，志同道合。这几位遇难的大臣被称为"庚子五大臣"。

9.授命全权大臣

七月十三日，朝廷授李鸿章为全权大臣。收到电谕之后，李鸿章分致驻外公使，先向各国外务部商请停战。十六日，刘坤一发来贺电："恭贺全权大喜。旋乾转坤，熙天浴日，惟公是赖。中国之福，苍生之庆，祈展布方略，迅速施行。"

七月十七日，李鸿章在奏折及电文中称，"送使、剿匪两层均未实力办到，虽百喙难以自明"。十九日，李鸿章奏劝两宫不要西迁，应该派有威望的重臣亲赴前敌与联军议和。但慈禧还是于二十一日仓皇出逃了。李鸿章只好分别于二十二、二十五、二十七日，三次致电各国交涉，要求停战议和。

二十六日，光绪皇帝途经鸡鸣驿，下罪己诏；三十日下诏，同意全权大臣李鸿章便宜行事，将应办的事迅速办理，朝廷不会遥相控制。八月初一，在日方的建议下，李鸿章奏请派奕劻、荣禄、刘坤一、张之洞为议和全权

第七章
八国联军侵华前后的李鸿章

大臣。

接下来李鸿章要办的两件大事就是剿匪和议和。在《时局变迁急筹补救痛哭沥陈折》后,又有附片《请饬地方认真剿办拳匪片》,接着上《请剿团匪以维大局折》,力请清剿义和团。

八月初七,张之洞致电李鸿章,以其为直隶总督兼北洋大臣,又是全权大臣,请他担负起求和剿匪的责任,并提出了节制军队、剿匪安民的建议。李鸿章采纳了张之洞的建议,立刻致电护理直隶总督的廷雍,命其督饬文武及援军认真剿办拳匪,不得擅离职守,境内各军须归直隶总督节制。

 # 最后一次背黑锅

1. 坐镇京师,主持大局

光绪二十六年八月十一日,李鸿章接到由袁世凯转来的三十多名朝中京官的请求,因留守无人,事机危迫,务求李鸿章迅速北上,挽回大局。十四日,又转来昆冈、敬信、裕德、崇礼等十人的请求,称"宗社人民惟中堂是赖,请速由海道赴京开议,迟恐各国争竞,大局糜烂,不可收拾"。这些人中有不少曾经诋毁、弹劾过李鸿章。

李鸿章本来打算乘坐俄国为其准备的头等兵舰北上,怕引起列强猜嫌,于是改搭招商局安平轮。他于八月二十五日晚抵达大沽,二十六日早到塘沽,暂时住在海防公所。李鸿章到天津后,由俄军接送保护,大有被挟持的意思。

八月二十一日起程时,由李鸿章领衔,刘坤一、袁世凯等会奏《请查办拳匪首祸王大臣折》,请求查办拳匪首祸王大臣庄亲王载勋、端郡王载漪、协办大学士刚毅、刑部尚书赵舒翘、右翼总兵载澜、左翼总兵英年等人,先行革职,听候惩办。

八月二十七日,李鸿章急电行在(慈禧、光绪暂住之所)军机处,转述

第七章
八国联军侵华前后的李鸿章

刘坤一、张之洞、王之春、袁世凯公电,促成开议。

闰八月初二,联军新统帅瓦德西率领远征军两万人到达天津大沽,另有海军巡洋舰十一艘,战舰四艘,于初四抵达。德皇要求对中国人尽力屠戮,以让中国人不敢再轻视德国人,因此瓦德西对李鸿章的和谈要求故意拖延。二十四日,瓦德西到达北京,在紫禁城设立司令部,特许军队公开抢劫三天,北京居民所受损失巨大,苦不堪言。

闰八月十八日,李鸿章来到北京,住在贤良寺,主持办理拳匪之乱和善后工作。

二十二日,李鸿章、奕劻照会各国使节,提出五条议和纲领。首先,承认围攻使馆有违公法,承诺今后永无此事;其次,同意赔款;再次,修改商约;然后,收回衙署,以维政权;最后,撤兵停战。各国列强正在气焰熏天之时,为了各自在华利益,互相之间存在私心,瓦德西刚到北京还没玩够,因此大家根本不想开议,此次照会也没有人听。

因为事情棘手,忧心如焚,奕劻愁得连头发胡子都白了。他的身份职务虽然排在李鸿章前面,但是能力有限,不得不依赖李鸿章。他对李鸿章说:"我公系国家柱石,实为当今不可少之人,凡事均须借重,本爵当拱听指挥耳。"每当与洋人商谈的时候,都是李鸿章慷慨陈词,奕劻在一旁襄助,无非随和补充几句而已。

二十三日,英、法、德、意联军占领保定,直隶布政使廷雍"以牛酒劳师"。九月十五日,廷雍被以纵容包庇拳匪之罪,被洋人押到直隶总督署大堂,用《大清律例》进行审判,判处死刑。李鸿章奏请调补自己的幕僚四川藩司周馥担任此职。

九月二十四日,朝廷答应惩办祸首,瓦德西同意与奕劻、李鸿章会晤,但不满意董福祥没有受到处罚。二十七日,联军开进张家口。二十九日,李鸿章与瓦德西商定图界,联军不过沧州、河间、正定以南。同一天,李鸿章、奕劻致电军机大臣荣禄,让朝廷严办董福祥。在洋人的一再坚持下,有苦难言的朝廷只得于十月十二日将董福祥革职留任。

2.量中华之物力，结与国之欢心

光绪二十六年十一月初一，奕劻、李鸿章与十一国公使在西班牙使馆议定和约大纲十二条。因为从上个月二十日起，李鸿章患病开始调养，十一月初三，由奕劻前往西班牙使馆与各国公使会晤。首席公使西班牙代表葛罗干提出十二条，主要内容有：克林德被害案，派亲王专使到德国道歉，在遇害地立碑，并用拉丁、德、中文说明皇帝惋惜、惩凶之意；严惩祸首，戕害外国人的城镇五年内不得举行文武考试；对于日本杉山彬遇害一事，恤以优荣之典；在发掘污毒各国人的坟墓处建立铭碑；禁止进口军火及制造军火的材料；赔补外来人员损失；允许各国驻兵保护使馆；保持京师到海道的交通畅通，削平大沽炮台；为保京师至海道畅通，各国备兵自守；在各地张贴严禁仇视各国的谕旨；修改通商条约，改变总理衙门及各国公使觐见礼节。

完全失去还手之力的朝廷只好委曲求全，同意条约，并让奕劻、李鸿章勉为其难，对一些利害攸关的条目设法协商切磋，以期略有补救。

十二月二十六日，上谕同意奕劻和李鸿章与各国拟定的十二条大纲，"量中华之物力，结与国之欢心"，并对议约"不侵我主权，不割我土地"，对列强的宽宏大量表示感激！另外嘱咐奕劻、李鸿章，在细订约章的时候，"当视我力之所能及，以期其议之必可行"。

3.驳斥刘坤一、张之洞

两江总督刘坤一得知条约后，提出几条不同意见，比如惩办祸首一款，

第七章
八国联军侵华前后的李鸿章

懿亲不加刑是各国通例,建议将各王公分别远戍、圈禁、革爵;禁购军火器材一款,因要保护商教,严防土匪,不能不购置军械;并请赔款酌减、设卡从少;等等。

张之洞也来电,声称大沽撤炮台,使馆驻护兵,津沽设兵卡,没有期限或明确界限。各国兵力多,门户防卫全部被撤掉,这对京师来说实属危险。他还不同意朝廷回銮,建议让两宫先到长江上游一带只能通行小兵轮的地方,设置行都,等京津驻兵议妥之后再回京。张之洞的建议出自原联军统帅西摩尔,西摩尔是英国海军元帅,张之洞管辖之地是英国的势力范围,此建议别有用心。

李鸿章在十一月十三日给西安行在军机处的电文中指出:"如此重案,若不戮一人,无以持情法之平。庄(指庄亲王载勋)系祸首,中外咸知,赐其自尽诚为公允。"李鸿章建议将端郡王载漪发往新疆监禁,永不释回;董福祥目前不好重办,先给以严处的罪名;毓贤正法,刚毅夺官,李秉衡撤销恤典;等等。李鸿章称,这十二条款经由各国商定,大意难改。

对于张之洞的质疑和建议,李鸿章也做了回应,指出驻守兵队没有张之洞臆断的那么多;至于京师门户之防本不可靠,史上已有两次半天就炮台全毁的惨痛经历;另择两便地方如长江上游能行小兵轮处暂时行馆,"尤属谬论偏见";并斥张之洞"不料张督在外多年,稍有阅历,仍是二十年前在京书生之习"。

朝廷得知两人争执的原因是张之洞责怪李鸿章独断专行,于是命奕劻和李鸿章对于条款应该参酌之处,随时跟张之洞、刘坤一商量。但是李鸿章以条约不好商改,以及"刘、张等相距太远,情形未能周知,若随时电商,恐误事机"为由,撇开张之洞,于十一月二十四日在议约上画押,然后分致各国公使,使得议和做一收束。

4.吓大的李鸿章

对于洋人惩办祸首的要求,清廷下诏:庄亲王载勋赐令自尽;端郡王载漪、辅国公载澜定为监斩候,加恩发往新疆,永远监禁;山西巡抚毓贤正法;左都御史英年、刑部尚书赵舒翘革职监斩候,后迫于压力赐死;礼部尚书启秀、刑部侍郎徐承煜革职严办,后正法;甘肃提督董福祥革职降调;刚毅定为斩立决;大学士徐桐、前四川总督李秉衡定为监斩候,因都已去世,均革职撤销恤典;遇害的"庚子五大臣"均予开复原官。

面对列强,李鸿章犹如惊弓之鸟,真是悲哀!

5.抱病签订《辛丑条约》

此时李鸿章的身体已经每况愈下,十分糟糕。

光绪二十六年十二月初九,据《字林西报》报道,李鸿章病得很厉害,发高烧。

十五日,李鸿章在给李经方的信中说,自从十月份感风寒以来,时好时坏,"衰颓日甚,此事艰巨,不知能清了否"。

为了挺过难关,李鸿章急需有人帮衬。奉调直隶布政使的周馥于十二月二十四日才到北京,随即住到了贤良寺。李鸿章奏调佐助议和的徐寿朋到北京。念及李鸿章年老多病,朝廷赏张佩纶翰林院编修,令其照料、襄助李鸿章。时在南京的张佩纶托疾拒绝,在李鸿章的劝告下,才于光绪二十七年二月二十五日到京。

据《字林西报》光绪二十七年五月十八日报道,李鸿章再度病重,大小事情都由张佩纶代笔,并召在上海的李经述来京。

七月十四日,光绪和慈禧接盛宣怀来电,称李鸿章月初病得很厉害,近日稍愈。诏旨对李鸿章慰问:"该大学士公忠体国,劳瘁不辞,现值时势艰难,专赖匡扶危局,尚其为国自重,加意调养,俾得早日就痊,以释垂念。"

七月二十五日,李鸿章拖着病躯,与奕劻一起,来到西班牙使馆,与德、奥、比、西、美、法、英、意、日、荷、俄十一国签订了《辛丑和约》(即《辛丑条约》)。除了前述和议大纲中的条款,还增加了巨额赔偿条款,总数为四亿五千万两。当时中国人口为四亿五千万,列强的用意是每个中国人交一两白银作为罚金,以示惩罚和侮辱!

据《字林西报》报道,签约之后,李鸿章病情加剧,卧床不起,饮食不进。慈禧太后知道后,赏假二十天嘱其调理。

在《和议会同画押折》中,李鸿章总结以往的经验教训,并以生病的切身体验告诫朝廷。

> 臣等伏查近数十年内,每有一次构衅,必多吃一次亏。上年事变之来尤为仓促,创深痛巨,薄海惊心。今议和已成,大局少定,仍望朝廷坚持定见,外修和好,内图富强,或可渐有转机。譬如诸多病之人,善自医调,犹恐或伤元气,若再好勇斗狠,必有性命之忧矣。

李鸿章所言不无道理。但是得经过多少次惨痛的教训,当局者才能领悟呢?弱国无外交。只有国富民强,军事壮大,国家才能不受欺负,才能屹立于世界民族之林。

6.与俄国交涉索还东三省

八月二十一日,李鸿章电告行在,称奉懿旨赏假二十天在家调养,"诸病痊愈，唯身体软弱，腰脚酸痛，尚可力疾从公"，报告销假，继续与俄国商谈东三省交还事宜。

光绪二十六年六月，趁义和团作乱之际，俄国以保护铁路为借口，大举进犯东北地区。俄军一路烧杀抢掠，在海兰泡屠戮六千人，并攻陷了瑷珲城。七八月份，俄军席卷黑龙江、吉林和奉天，东北沦陷。九月份，在俄国的强迫下，盛京将军增祺派已被革职的道员周冕与俄国签订了《奉天交地暂且章程》，俄国将奉天纳入到自己控制之下，试图以此为筹码单独与中国签订协定。

九月二十二日，李鸿章收到了周冕签订条约的电文，但具体内容不详。十一月初十，李鸿章奏请授予杨儒为全权大臣，与俄国谈判交收东三省事宜。由于担心英、德、日等其他国家援例私图中国土地，杨儒建议暂缓与俄国商办交还东三省。十二月二十八日，俄国外交部部长拉姆斯独夫向杨儒提出了东三省交地约稿十二条，"条件略宽"。消息传出后，举国上下大哗，各界纷纷表示反对，刘坤一、张之洞以及驻外使臣都表示拒绝。日本、英国和德国也不同意。俄使格尔斯在光绪二十七年正月初七威胁李鸿章，如果中国听信他国谗言，不愿立约，那么东三省将永为俄国所有。李鸿章告以条约有不当之处，先由杨儒修改，让俄国不要性急。第二天，俄方再促。正月初九，微德也致电李鸿章，劝从速核准。正月十六，格尔斯又迫使李鸿章限期画押，否则将利用公文限期成约。在日本使臣的建议下，李鸿章于初十致电出使美、英、日、德的大臣伍廷芳、罗丰禄、李盛铎、吕海寰，说明其他各国不许中国与他国另立条约，而俄国武力占据中国土地，应该立约交还，请各国阻挠。二十二日，拉姆斯独夫与杨儒进行第十三次谈判，俄方提出最后约稿，限在十四天内画押，逾期将取消东三省的交收。李鸿章电告行在，主张画押，以保危局。日本、英国和德国得知消息后纷纷敦劝不可立约。刘坤一、张之洞等更是表示反对。上海绅商发表公电称："俄约若成，中国即亡，士民公愤，伏乞据理严拒，以保危局。"盛宣怀两次郑重劝告，应该借

第 七 章
八国联军侵华前后的李鸿章

用各国之力商改俄约。但李鸿章仍然认为可以签。杨儒多次请求会见拉姆斯独夫和微德,均被拒绝。清廷以国书形式哀求删改撤兵约款,以免各国借口勒索,俄拒而不收。

一边是李鸿章让杨儒酌量画押,一边是刘坤一、张之洞、盛宣怀联名劝告不能画押,中间是朝廷命杨儒告诉俄方,迫于各国公议,不经改妥不能随便签订,这让杨儒左右为难。

俄方拒绝与中方接洽,但离期限还有两天时,又突然约见杨儒,使尽威逼手段。因杨儒跌伤昏迷,谈判中断。

没有跟俄国签约,清廷原以为会激怒俄国,引来大祸,但是面对复杂的国际形势,在各国纷纷表示反对以及在有关方面调解之下,俄国不想冒天下之大不韪,于光绪二十七年二月十七日通知各国,对与中国单独订约而招致各国疑虑,令中国为难一事表示遗憾。第二天,又发表声明:"满洲交还一节,应俟中国事定,京都立定,自立政府力量稍强,保无后患,方可再提。但俄政府仍不改以前屡次声明之宗旨,以保安边界而静待事成。"中俄之间关于东三省撤兵还地的交涉暂时告一段落。

五月十八日,行在军机处根据刘坤一的来电,转告奕劻、李鸿章,询问东三省俄兵何时撤回,并查探俄索喀什噶尔之说是否确实。李鸿章对前次刘坤一和张之洞阻止他力主朝廷与俄国画押之事心存不满,这次借机发了一通牢骚:"江鄂督为日本所愚",阻止画押,现在忽然问起撤兵之事,没有道理。刘坤一、张之洞不甘示弱,会奏申辩,称李鸿章被俄人愚弄。朝廷居中调停,除了表扬大家"共扶危局,各著勤劳"外,还指出"李鸿章身处其难,原多委曲,然时有不受商量之失;刘坤一、张之洞虑事固深,而发言太易,亦未免责人无已",鼓励大家"捐除意见","共济艰难"。

中、俄关于东三省交还问题又提上日程。

按照张之洞的主张,朝廷应该通过照会领袖公使(西班牙公使)商议俄兵撤退一事,但是李鸿章偏不这么干。六月十八日,李鸿章向鲍斯尼夫要求俄国撤兵,接着商议东三省协定问题。鲍斯尼夫是道胜银行的经理,他回复李鸿章,如果把东北地区的铁路及工业租借权优先让给道胜银行,就好商量。六月二十八日,俄使告诉李鸿章,中俄交涉需要先满足三个条件:一是有讨论此事的皇上授权,二是画押前不能让其他国家提前知道此事,三是双方心甘情愿,不听他国指使,然后开议。其意是排除别国干预。李鸿章电告行在,希望获准;但朝廷不许,令其"与俄使婉切商办,妥定约章"。李鸿章坚持己见,称如果"婉切商办",恐怕一百年也无法妥定约章,东三省"将永远不还矣"。

八月二十四日,休养二十天的李鸿章开始工作,他与奕劻跟俄国新任驻华公使雷萨尔商议东三省的约稿。二十八日,俄使雷萨尔提出道胜银行对东三省的要求,欲取得铁路与矿产的修筑和开采权,被拒绝。李鸿章说:"彼永不能将东三省完全置于道胜银行管理之下,以引起国际干涉。"

当日,奕劻出京迎驾,命李鸿章署理总理外务部事务。

九月初四,李鸿章通知俄使,准备在东三省撤兵协定上签字,但坚决拒绝道胜银行的要求。刘坤一、张之洞得知消息后,立刻上奏反对李鸿章与俄使雷萨尔所议约稿,使得事情再次悬置。不过,李鸿章没有"轻言放弃",在生命的最后时刻仍然在与俄方沟通协调。

7."鞠躬尽瘁,死而后已"

死神正在向病入膏肓的李鸿章慢慢靠近,他也感觉到了。自知将不久于人世,他致函盛宣怀诀别,引《论语》"死而后已"之句,并赋诗一首云:

四十年来百战身,几回此地息风尘。
经营富庶羞言我,纽握机权耻授人。

第七章
八国联军侵华前后的李鸿章

尽一分心酬圣主，收方寸效作贤臣。

诸君努力艰难日，莫误龙华会里因。

九月二十日，生命垂危之际，他还给出逃西安、回銮北京的慈禧太后和光绪皇帝上过一个折子，由自己口述，李经述执笔。

奏为臣病垂危，自知不起，口占遗疏，仰求圣鉴事。窃臣体气素健，向能耐劳，服官四十余年，未尝因病请假。前在马关受伤，流血过久，遂成眩晕。去夏冒暑北上，复患泄泻，元气大伤。入都后又以事机不顺，朝夕焦思，往往彻夜不眠，胃纳日减，触发旧疾时作时止。迭蒙圣慈垂询，特赏假期，慰谕周详，感激涕零。和约幸得竣事，俄约仍无定期，上贻宵旰之忧，是臣未终心事。每一念及，忧灼五中。本月十九夜，忽咯血碗余，数日之间，遂至沉笃，群医束手，知难久延。谨口占遗疏，烦臣子经述恭校写成，固封以俟。伏念臣受知最早，蒙恩最深，每念时局艰危，不敢自称衰病。惟冀稍延余息，重睹中兴。赍志以终，殁身难瞑。现值京师初复，銮辂未归，和议新成，东事尚棘，根本至计，处处可虞。窃念多难兴邦，殷忧启圣。伏读迭次谕旨，举行新政，力图自强。庆亲王等皆臣久经共事之人，此次复同更患难，定能一心效力，翼赞讦谟。臣在九泉，庶无遗憾。至臣子孙，皆受国厚恩，唯有勖其守身读书，勉图报效。属纩在即，瞻望无时，长辞圣明，无任依恋之至。谨叩谢天恩，乞皇太后、皇上圣鉴。谨奏。

二十一日，慈禧听奕劻电称李鸿章于十九日夜里忽然病倒吐血，来电询问。

览奏深为廑念。该大学士为国劳瘁，务须加意调摄，早日痊愈。现在病情如何，眠食能否如常，即行电奏，以纾垂系。

九月二十四日，杨儒来电，汇报与俄方交涉签约事宜。杨儒又电，虽然自己的病还没有痊愈，但是如果此时更换使臣（李鸿章七月十二日推荐罗丰禄接替杨儒出使俄国），会导致谈判停顿，辜负李鸿章与朝廷的厚意。

杨儒没有接到李鸿章的回复。

九月二十六日，李鸿章感觉自己快要坚持不住了，如果自己不行了，庆亲王迎驾未归，京城无人主持，他深以为虑，于是电奏，大意为：

臣病十分危笃，京师根本重地，非庆亲王回京不足以资镇（震）慑。敬乞天恩，电饬庆亲王奕劻，无论行抵何处，迅速折回，大局幸甚。

九月二十七日，慈禧降下懿旨：

李鸿章病尚未愈，朝廷实深悬系。该大学士为国宣劳，忧勤致疾，着赏假十日，安心调理，以期早日就痊。俟大局全定，荣膺懋赏，有厚望焉。

李鸿章等不到了。

慈禧太后得知李鸿章病危的奏报后，为之流泪。她说："大局未定，倘有不测，这如此重荷，更有何人分担？"

可惜，被朝廷倚重的李鸿章此时已经口不能言，穿着寿衣，躺在床上等着咽气了。即便如此，他也没有得到片刻安宁。据说，在临死前数小时，贪心不足的俄国公使还闯进来纠缠他，逼迫他在一份意欲吞并东北三省的密约上画押。他坚决不从。临终时，他还惦记着慈禧太后和皇上回到北京了没

第 七 章
八国联军侵华前后的李鸿章

有，老部下周馥骗他说已经到了。他死不瞑目，周馥一边哭着抚慰，说一定办好中堂大人身后"未了之事"，请他老人家放心，一边用手抹其目，他才闭上眼睛，随即流出两行浑浊的泪水。

光绪二十七年（1901年）九月二十七日中午时分，为大清国操劳一生、身心俱疲、千夫所指、悲愤交加的李鸿章油尽灯枯，在北京贤良寺与世长辞，享年七十九岁。

于国而言，李鸿章可谓鞠躬尽瘁，死而后已。他该歇歇了。

第八章

言说不尽的晚清第一大家族

树大根深,李鸿章家族世系

1.李瀚章支系

　　李瀚章,李文安长子,家族派名章锐,字筱荂,号筱荃(或筱泉、小泉),晚号钝叟。"性本敦笃","幼弥精勤"。作为家中的老大,李瀚章勇于挑起家中重担。父亲进京赶考,他要准备盘缠,随时迎送;父亲在京做官,他要代替父亲侍奉祖父,照顾弟妹,帮衬母亲活计,搞好邻里和家族关系;祖父亡故时,陪着父亲守制;弟妹婚娶也离不开他的张罗,更不用说为了全家人的生活筹措钱粮了。真是"百口荷一身","日日役米薪";同时秉持庭训,专攻举业,不负父亲的期望:"愿即策远志,捷足出风尘。"只是科场不顺,乡试受挫。直到道光二十九年(1849年)李瀚章获得拔贡,保送进京。后来他受到曾国藩赏识,拜曾为师。朝考时得了一等第五名,即分发湖南,先后署理永定、益阳、善化知县。

　　咸丰三年(1853年),曾国藩给湖南老乡文希范写信,称李瀚章"醇厚明白,仆所深知,若得诸君子相助为理,必有可观",派他办理捐输。各地将抓捕的匪徒送到省里,严刑鞫讯,每天都有致死者。李瀚章建议曾国藩,劝以缓刑,但曾没有听从。咸丰四年二月,曾国藩率军东下,李瀚章随

第 八 章
言说不尽的晚清第一大家族

同差遣。咸丰五年四月,湘军在南昌设立后路粮台,派甘晋和李瀚章综理。五月,父亲李文安病死,曾国藩奏请夺情留办粮台。湘军攻下义宁州,被保知府,赏戴花翎。咸丰八年八月,湘军在江西湖口设立报销总局,由李瀚章主持,负责东征水陆军队的饷粮收支与核销。曾国藩对李瀚章十分爱重,胡林翼要求借调他到湖北,曾没有同意。湘军攻下景德镇后,李瀚章以道员留湖南尽先补用。咸丰十年,曾国藩奏请李瀚章以道员改归江西,遇缺简用,办理牙厘局。李瀚章又被任命为江西吉南赣宁道道员,襄办江西团练。在任期间,李瀚章发现了在万安县任知县的丁日昌,后来丁成为李瀚章麾下的得力干将。同治元年(1862年),曾国藩让李瀚章去广东办理厘金,以接济湘军。同治二年,李瀚章升任广东按察使,同治三年,升任广东布政使,同治四年,升任湖南巡抚。同治六年,调任江苏巡抚,兼署湖广总督,又调任浙江巡抚,赏头品顶戴。同治九年,任湖广总督。光绪元年五月(1875年),赴云南查办马嘉理案,十二月调为四川总督。光绪二年九月,回任湖广总督。光绪八年三月,李瀚章回乡丁母忧。给事中邓承修参奏李瀚章在湖广总督任内黩货无厌,任用私人,朝廷命左宗棠调查。左宗棠奏称邓承修参奏李瀚章之事查无实据,但是已革道员杨宗濂平常名声一般,而李瀚章漫无觉察,应交部严加议处,杨被发往军台效力赎罪。杨宗濂是当年李鸿章参加乡试时同一号舍的杨延俊之子,李鸿章临场生病,是杨延俊帮忙完成答卷。经过多人说情,以杨宗濂家中有八十多岁老母赡养,应从轻发落,后不了了之。

李瀚章在家赋闲六年,光绪十四年进京入觐,经过天津,在李鸿章处盘桓了二十多天。端午节后进京,住在醇亲王王府中,一直到九月二十六日被任命为漕运总督,赏加兵部尚书衔。赴任经过天津时,再次逗留,兄弟畅叙,十一月初二离津南下。光绪十五年七月,张之洞调任湖广总督,李瀚章继任两广总督,不久兼署广东巡抚。光绪二十年正月初一,慈禧六十整寿,李瀚章加太子少保衔。光绪二十一年三月二十日,被参劾,称病开缺回籍调理。光绪二十五年八月初七,因病殁于合肥老家,享年七十九岁。谥勤恪。有《合肥李勤恪公政书》传世。

曾国藩去世后,李瀚章负责编撰《曾文正公全集》,李鸿章校勘,参校人员有李宗羲、彭玉麟、沈葆桢、丁日昌、刘秉璋、俞樾等三十多人,光绪二年由传忠书局印行。

李瀚章擅长办理粮饷军需,又长期担任督抚,协助李鸿章壮大淮军,取得与太平军、捻军战斗的胜利,建设北洋海军,是李鸿章的坚实后援。

李瀚章原配王氏,继配罗氏,另有侧室孙氏、丁氏、伍氏。有子十一人,分别为:经畲、经楚、经滇、经湘、经沅、经澧、经沣、经湖、经淮、经粤、经淦。有女十人,殇一人,嫁得都很好,丈夫分别为张文燕(李瀚章大妹夫张绍棠的侄子)、孙传樾(大学士孙家鼐的侄子)、杨同复(江苏常熟人)、张以琮、孙宝瑄(户部左侍郎孙诒经之子,北洋政府内阁总理孙宝琦之弟)、汪鸣銮、徐厚祥(同治元年状元、礼部尚书徐郙之子)、聂其瑛、周凤冈,皆是豪门望族。

2.李鸿章支系

李鸿章原配周氏,咸丰十一年(1861年)病故,同治二年(1863年)娶赵继莲(小莲)为继室,另有侧室莫氏,侍妾冬梅。赵继莲为太湖状元、山西雁平兵备道赵文楷孙女,道光二十一年进士、广东惠潮嘉道赵畇的二女儿,家族排行第八,人称赵八小姐。咸丰三年,赵畇和李鸿章被工部侍郎吕贤基奏调到安徽帮办团练,因而结识。从此李、赵两家多有联姻。李鸿章有子六人(三殇),嗣子经方,嫡子经述,庶子经迈。留有三女,长女嫁给潍县郭梦龄之孙郭恩垕,次女经璹(菊耦)嫁直隶张印塘之子张佩纶,三女经璞嫁江苏任道镕之子任德和。

第八章
言说不尽的晚清第一大家族

李经方,字伯行,号端甫,李昭庆长子,李鸿章年过四十无子,遂过继为嗣。光绪八年八月中举人,捐钱以知府分省补用,在北洋大臣衙门随李鸿章襄办外交事宜。光绪十二年夏,随驻英国钦差大臣刘瑞芬赴英,担任参赞。光绪十五年二月,参加会试不第。光绪十六年,以候补道出使日本。甲午战败后,朝廷派李鸿章为全权大臣赴日本马关议和,李经方随行。因李鸿章遇刺,朝廷任命李经方为全权大臣,负责与日本谈判。三月二十三日,李鸿章、李经方与伊藤博文、陆奥宗光签订了中日《马关条约》。四月二十四日,李经方与日本办理台湾交割事宜。五月初十,李经方与日方代表在基隆口外的日本军舰上会晤,并在交接文书上签字。光绪二十二年,李鸿章到俄国祝贺新沙皇加冕,并游历德、法、英、美诸国,李经方随行。李鸿章逝世后,李经方曾任出使英国大臣,邮传部左侍郎,后兼任第一任邮政总局局长。

李经方原配刘氏,继配张氏,侧室何氏、傅氏、陈氏。有子三人:国焘、国熙、国烋,有女国华。李国焘,字子厚,号意康,是李经方的法国夫人所生。英国剑桥大学经济科优等毕业生,曾任上海邮政局局长,海军部海道测量局秘书。正一品荫生,特赏举人。新中国成立后在上海建控江中学,兼任董事长。李国烋为李经方英国夫人所生。

李经述,字仲彭,号澹园。生母赵继莲。他与李鸿章一样,出生时有两颗牙齿。后中举,曾任参赞官,随李鸿章出使欧美。李鸿章死后,承袭一等侯爵,以四品京堂候补。李鸿章死后不久,李经述因悲伤过度而亡,著有《澹园日记》十一册。李经述有子五人:国杰、国燕、国煦、国熊、国照(殇)。李国杰,字伟侯,号元直,承袭了李鸿章一等侯爵的爵位。曾任散秩大臣,广州副都统,镶黄旗蒙古副都统,农工商部左丞。1910年任驻比利时公使。"中华民国"成立后,任参政院参政、安福国会参议院议员。后任轮船招商局董事长。以擅自出卖国家土地,虚报价款,欺蒙政府等罪名,被判处有期徒刑三年,剥夺公民权利四年,经段祺瑞向蒋介石疏通后被释放。

后被特工暗杀身亡。李国煦，字明侯，特赏员外郎，分部行走，加二品衔，一品封典，诰授荣禄大夫。自幼双目失明，体弱多病，然志高聪慧，不愿靠余荫生存，刻苦攻读，精通中外文。张爱玲小说《金锁记》中的姜二爷就是以其家事为原型创作的。李国熊，字渭侯，号渭渔，特赏举人，度支部江西司郎中，户部福建司郎中，调邮传部船政司郎中，赏戴花翎，诰授奉政大夫。

李经迈，字季皋，号又苏，别号澄园。生母为丫鬟出身的莫氏，因而在家中受到歧视，分家产的时候连侄子李国杰都欺负他，给他一些看上去不值钱的股票和地段很差的房产。但李经迈有经济头脑，喜欢接触新事物，跟外国人学会了炒股和经营房地产，不久就混成了上海滩的大富豪。光绪三十一年任出使奥地利大臣，次年授光禄寺卿，光绪三十三年归国，历任江苏、河南、浙江等地按察使。宣统二年以随员往日本、欧美考察军事。辛亥革命后寓居上海，以经商为业，善理财，资财万贯，闻于一时。夫人江苏仪征卞氏，闽浙总督卞宝第十四女，生子一人国超。

3.李鹤章支系

李鹤章，李文安第三子，号继泉（季荃），廪贡生出身。他"生而英毅，自幼读书，颖迈不群"，博通经史。造化弄人，李鹤章屡应乡试不中，"以额满见遗"。后随父回乡办理团练对抗太平军。咸丰十一年擢知县，又随李鸿章创立淮军，与太平军作战，升记名道员，后积功升任甘肃甘凉兵备道。李鹤章立下了赫赫战功，李鸿章为了避嫌，不为奏报，因此李鹤章对二哥颇为嫌怨。后他托疾还家，旧伤复发而亡。

李鹤章原配李氏，继配周氏，侧室石氏。有子四人：经楞、经奎、经羲、经馥。有女三人，殇一人，分别嫁给张士瑜、沈定。

第八章
言说不尽的晚清第一大家族

李经楞，县学优廪生，拔贡，候选内阁中书，江苏试用道，加按察使衔，二品顶戴，奉旨嘉奖，交部从优议叙，赏戴花翎，诰授资政大夫。有子三人：国荪、国衡、国芬。

李经羲，光绪五年优贡生，朝考一等第六名，以知县用。以报效海军巨款获奖道员。光绪十三年闰四月，任四川永宁道，后任南洋通商大臣随员、湖南盐法道、署湖南按察使、总办湖南厘金盐茶局务、福建布政使、云南布政使、加兵部侍郎兼都察院右副都御使。光绪二十七年三月升为广西巡抚，旋调云南巡抚。因陈奏失辞被免职。后起复署理贵州巡抚，调任广西巡抚、安徽铁路矿务总理，均因病免职。宣统元年，出任云贵总督，开办了讲武堂，兼任总办。辛亥革命时，被蔡锷礼送出境。1913年2月，李经羲在北京与王芝祥、孙毓筠、李书城、于右任、王人文、章士钊、林述庆、陆建章等组织"国事维持会"。十二月李经羲被袁世凯任命为政治会议议长，宣布解散国会。袁世凯停止政治会议，任黎元洪为参政院院长，汪大燮为副院长，李经羲、陆徵祥、梁启超、蔡锷等十二人任参政。十月任审计院院长。袁世凯称帝时，封其与徐世昌、赵尔巽、张謇为"嵩山四友"。袁世凯病故后，黎元洪就任大总统，后任命李经羲为财政总长。段祺瑞被免去国务总理后，李经羲继任。五月初四，通电就任，五月十三日，张勋率"辫子军"拥戴溥仪复辟。黎元洪避居日本使馆，电请冯国璋代行大总统，任命段祺瑞为国务总理。李经羲在职时间不到十天。

李经羲娶赵畇孙女、赵继元的长女赵喜官，育有两子：国松、国筠。李国松曾任安徽咨议局议长，赏戴头品顶戴，诰授光禄大夫，辛亥革命前担任合肥商会会长。李国筠，县学优廪生，1902年补行江南乡试举人，正二品荫生，郎中职衔。赏戴花翎，保应经济特科候选知府，分省补用道，加三品衔，二品顶戴。曾任大总统府顾问、秘书，特派经济调查局总裁，临时执政府参政。

李经馥妻曾广璇，曾纪泽长女，有子国芝。

4.李蕴章支系

李蕴章，李文安第四子，孝友，聪慧过人，但十三岁患眼疾，失明，被迫放弃科举。父兄在外，独留蕴章料理家务，其人擅经商，擅理财，算账不用算盘，手捻纽扣即可得数。在家乡有见义勇为的好评。因为两位哥哥的关系，官至候选道。

原配程氏，继配宁氏，有四子：经世、经邦、经钰、经达。有女八人，殇一人，分别嫁给张席珍（张绍棠长子）、刘诒生（刘秉璋长子）、张华珍（张树声次子）、林开祐（翰林院侍读学士、江苏学政林天龄之子）、庆昌鸾（含山人，内阁中书）、庞泽銮（云南布政使庞际云之子）、赵曾鸿（李鸿章岳父赵昀的哥哥赵畯的孙子）。李蕴章子孙多能文之士。

李经世有子国茶、国模、国楷。国模为国学生，官至山东候选道。国楷为国学生，江西候补道，署理江西南、饶、九、广兵备道兼九江关监督。

李经邦娶福建船政大臣吴赞诚之女，生子国棣、国柱、国梁、靖国，生女季琼。国棣为举人，日本政法大学毕业，曾任湖北候补道，湖北善技场总办，官立法政学堂监督，安徽司法司长。李靖国曾在邮传部路政司行走，第一届国会参议院议员。季琼嫁给了赵曾鸿的儿子赵恩廊。

李经钰，举人出身，河南候补道，后诰授通奉大夫，资政大夫，著有《友古堂诗》。有三子：国槐、国枢、国桂。国槐为国学生，分部主事，加五品衔，财政部造币厂总收支主任，南京造币厂会办。有女国萱、国朴。

李经达，县学生，刑部督捕司郎中，江西候补道，加三品衔，赏戴花翎，赏给二品封典，诰授资政大夫。著有《滋树室全集》。有子魁寿、魁林、国柱、国檀、从衍、国相，有女国福。

5.李凤章支系

李凤章,李文安第五子,资质一般,读书无成,应试不果。曾协助父兄办理团练,一度总理霆军营务,任职于江南制造总局,后来引退。善于经营产业,广置地产,且在合肥、芜湖、上海经营当铺,营办工商企业,成为李氏家族中的首富。以输纳功赏加按察使衔补用道。

李凤章有子三人:经藩、经祜、经翊。

李经藩,举人出身,援例升道员,加三品衔,用盐捐输,赏孔雀翎,加二品顶戴,诰授资政大夫。有子国麟、国森。

李经祜为国学生,盐运使职衔,一品封典,诰授荣禄大夫。有嗣子国澄。

李经翊,过继子,府学廪贡生,分省补用道,军机处存记,赏戴花翎,加二品顶戴,赏给一品封典,诰授荣禄大夫。有子国洵、国昙、国澄(出继)、国睿。

6.李昭庆支系

李昭庆,李文安第六子,监生,科举不顺,花钱买了个员外郎头衔。跟随曾国藩、李鸿章与太平军、捻军作战,颇受曾国藩赏识,有重大战功,但累迁仅至记名盐运使。李鸿章为了避嫌,战功未上报,李昭庆的抱负得不到施展。李鸿章年过四十无子,过继李昭庆之子李经方为子。同治十二年六月初三,李昭庆病逝于天津。病重时,李鸿章去探望他,他将头转到里面,不跟其二哥说话。

李昭庆死后,两江总督李宗羲、江苏巡抚张树声会奏,照军营立功后病故例从优议恤,廷旨追赠太常寺卿衔,并荫子入监,以知州用。李昭庆平时爱好读书，手不释卷，著有《补拙斋诗文集》。

李昭庆妻郭氏，有子经方（出继）、经渠、经叙、经翊（出继）。女四人，分别嫁给吴学廉、蒯光典、姚绍颐、刘体乾。

李经渠，候选知州，候补知府，赏戴花翎，江苏候补道，加二品顶戴，赏给一品封典，诰授光禄大夫。郭嵩焘女婿。有子国栋（娶张绍棠次子张士瑜之女），女国钰。

李经叙，曾出任江南制造局会办，金陵制造局总办，以二等参赞身份随伍廷芳赴秘鲁，后病逝于墨西哥公使任上。有子国澂、国源、国济、国洸、国沆、国涟，女国珍。

最强智库,李鸿章幕府

1. 军幕

在曾国藩幕府任职期间,李鸿章的哥哥李瀚章主要为曾国藩督办粮台,负责后勤保障,也陪着下下棋解解闷。李鸿章主要是为曾国藩出谋划策,帮助处理行政事务,同时也筹饷、募勇、带兵打仗,是个全能型人才。李鸿章在上海主持淮军,处于华洋混杂的地界,情况十分复杂。他的工作包括整顿吏治,指挥作战,筹募军饷,与洋人打交道等。千头万绪,单凭一人之力,万难处理,光李鸿章案头的公文就"日高三尺"。李鸿章跟曾国藩商量,先后调江苏候补知府黄芳、郭嵩焘前来襄助。署理江苏巡抚之后,李鸿章有了专折奏事的权力。同治元年五月,李鸿章一口气奏调了冯桂芬、王凯泰、钱鼎铭、王大经、阎炜、薛时雨、王学懋七个人进入他的幕府。

李鸿章招罗幕僚的方法,除了比较重要的向朝廷奏调,还有通过信函招致门生、朋友,或者经他人推荐,自来投效,以及聘任等。

据统计,在1870年以前,李鸿章幕府有一百八十余人,其中安徽籍的占三分之一席。李鸿章曾说:"吾庐英俊多从游者。"专业方面人才,军械的制造与购置,有选择熟悉洋务的丁日昌等人,筹划军事大计的有郭嵩焘、刘郁膏、赵继元、倪文蔚，办理文案的有金福曾、朱其昂、秦湘业、周馥、杨宗瀚等。对于这些人，李鸿章大加延揽，提拔重用。随着自己政治地位的上升，李鸿章的这些幕僚也大都升官发财，声名鹊起。除了郭嵩焘，后来获得较高官职的如刘郁膏、郭伯荫、丁日昌、王凯泰、钱鼎铭、李元华、倪文蔚、刘瑞芬、徐文达等，都是从入幕淮军起家，官至督抚之职，成为地方大员。

李鸿章选用幕僚与曾国藩不太一样。曾国藩注重延请有功名的德才兼备、学识修养较高的人才。李鸿章则不看重道德修行，而是讲求实际，不喜空谈，重视实用性，因此麾下招致了很多奇才异士，当然也不乏一些进士、翰林、举人出身的人。

冯桂芬，江苏苏州府吴县人。林则徐任江苏巡抚时对他十分赏识，称他的文章为"百年以来仅见"，招入抚署读书，收为学生。道光二十年（1840年）中进士，殿试一甲第二名，是为榜眼，授翰林院编修。

与当时许多其他京官的命运一样，咸丰三年（1853年）冯桂芬也奉旨回家乡办团练，抵抗太平军。咸丰十年，太平军东进，威胁上海，户部主事钱鼎铭及候补知县厉学潮到安庆泣血跪求曾国藩出兵相助，"乞师"书由冯桂芬撰写，"深婉切至"，对上海的形势做了分析，打动了曾国藩，曾才让李鸿章赴沪。同治元年五月，李鸿章在《奏调冯桂芬等片》中，第一个要求调用的就是冯桂芬。前一年，冯桂芬写出了代表作《校邠庐抗议》，提出向西方学习，效西法、制洋器，发展军事工业等自强主张。曾国藩、李鸿章成为第一批读者。曾国藩虽然表示肯定，但觉得在当时难以施行。而李鸿章在后来的自强运动实践中，几乎全面采纳了冯桂芬的主张。李鸿章奏请在上海设立广方言馆，与冯桂芬关于在上海设立同文馆的建议有关，冯桂芬被任命为首任监院。冯桂芬关于减赋、均赋的主张也受到重视，李鸿章就苏松太减赋一事与他商议，由他起草文稿，经过曾国藩的建议，会同郭嵩焘筹商，上奏

第 八 章
言说不尽的晚清第一大家族

裁减苏松太粮赋浮额，清查漕粮积弊，得到允准实行。

同治四年七月，军机处询问冯桂芬才识品行如何，李鸿章复《保冯桂芬片》，称自己在翰林院的时候就认识冯桂芬，佩服他"学问精洽"，"好学深思，博通今古，喜为经世之学"。上谕冯桂芬到京，由吏部带领引见，似有重用之意，但冯桂芬以抱病不能去为由推辞。

同治六年正月，李鸿章为苏松太筹办团练善后官绅请奖，赏五品衔前詹事府中允冯桂芬四品卿衔。

同治九年三月，念及冯桂芬多年辅助有功，即将由两江总督调任直隶总督的李鸿章又为冯桂芬请加三品卿衔。获准后，李鸿章还去信表示祝贺。

同治十三年四月冯桂芬病逝，李鸿章上奏请为建立专祠，在奏片中他对冯桂芬的业绩进行了总结。

郭嵩焘，湖南湘阴城西人，进士出身，与李鸿章是同年，同列曾国藩赏识的"丁未四君子"。太平军兴起，咸丰帝饬令丁忧在家的曾国藩兴办团练，曾国藩不愿意干这买卖，郭嵩焘数次上门奉劝。郭嵩焘为曾国藩出谋划策，筹办军饷，还建议编练水军。后因功授翰林院编修，入值南书房。咸丰九年被派随僧格林沁帮办防务，因性格刚直，受到排挤，遭到弹劾，回京降二级调用。同治元年（1862年），授苏松粮储道，旋迁两淮盐运使，次年署理广东巡抚。同治五年，因与两广总督瑞麟不合而罢官回籍，在长沙城南书院及思贤讲舍讲学。光绪元年（1875年）经文祥举荐，授福建按察使。洋务兴起时，郭嵩焘奏陈《条陈海防事宜》，指出不能依赖坚船利炮，要想富国强兵，必须学习西方的政治经济，发展工商业。

马嘉理案之后，中英签订《烟台条约》，依约选派大臣赴英国谢罪，最后定的人选是郭嵩焘。据说是李鸿章推荐的。郭嵩焘在伦敦设立了大使馆，成为首任出使英国的大臣。

郭嵩焘出使英国，实在是破天荒的事，被很多人嘲笑。有人写了一副对联讥讽他:"出乎其类,拔乎其萃,不容于尧舜之世;未能事人,焉能事鬼,何必去父母之邦。"他要求将对马嘉理案负有责任的云南巡抚岑毓英严处,抨击保守的官员,遭到毁谤,以至于"湖南人至耻与为伍"。他受命为国家办理外交,得到的却是不被理解的指责,不为所容,甚至他在家乡的祠堂、住宅也被毁掉。他在出使日记《使西纪程》中因赞扬西方民主政治,主张清政府研究学习,遭到顽固派的攻击和谩骂,他也因此被称为汉奸、贰臣。只有李鸿章等少数人站出来为他撑腰。

因为郭嵩焘的思想比洋务派更前卫,又出使英国,对西方文化较为了解,他能够客观地评价中西文化,对李鸿章产生了重要影响。早在同治元年三月十五日,李鸿章向曾国藩要人的时候,特别点名要郭嵩焘。他称:"当世所识英豪于洋务相近而知政体者,以筠仙为最。"并请求曾国藩,"更请吾师手函敦促筠公速来救我"。

郭嵩焘在出使英国期间,与副使刘锡鸿不睦,吵得不可开交。刘锡鸿是反对洋务的顽固派,他对郭嵩焘崇尚西方文明的行为看不惯,罗织罪状进行诋毁控告。有一次参观洋人炮台,天气突然变冷,一位英国人将自己的大衣披在郭嵩焘身上,被刘锡鸿发现,遂成为罪状,称"即令冻死亦不当披"。还有一次,郭嵩焘受邀参加巴西使馆的茶话会,当巴西国王入场时,郭嵩焘随同大家起立表示礼貌,刘锡鸿认为有失国体,"堂堂天朝,何至为小国主致敬"!参加英国女王在白金汉宫举办的音乐会时,郭嵩焘多次翻看节目单,被刘锡鸿参以"仿效洋人之所为"。郭嵩焘不堪其扰,多次请求调回。光绪七年二月,刘锡鸿攻击李鸿章"跋扈不臣,俨然帝制",其根据是他看了国外的报道,说李鸿章优待洋人,说李鸿章"若为中国主,接待之际可望得意"。朝廷以刘锡鸿信口污蔑,将其革职。

丁日昌,广东潮州丰顺县(今梅州市丰顺县)人,与李鸿章同龄。道光二十二年(1842年)中秀才,之后屡考不中,只好到时任广东惠潮嘉道的

第 八 章
言说不尽的晚清第一大家族

李璋煜那里当幕僚，因镇压农民起义立功，授琼州学训导，又担任过江西万安和庐陵知县。咸丰十一年（1861年），太平军李秀成率军攻陷吉安府邑，丁日昌弃城逃走，被革职。后投至曾国藩幕府，任关卡卡员，屡次提建议，受到赏识。十一月，在安庆结识李鸿章，写有诗句云："世皆欲杀公独怜，誉我文章不容口。"李鸿章非常欣赏他，认为他的文章写得不错。同治元年（1862年），丁日昌结识了李鸿章的六弟李昭庆，两人诗酒唱和，甚为相投。李鸿章带兵赴援上海，给曾国藩写信想借调丁日昌为幕僚；与此同时，曾国荃也向曾国藩借调丁日昌。曾国藩谁也不想得罪，于是将丁日昌留在幕中。五月份，丁日昌与李瀚章等人被调到广东协助筹划职守，督办火器。七月份，致信李鸿章，提出"师夷人之长技，效其法而不必用其人"。同治二年三月，李鸿章请调丁日昌到上海主持制造洋炮，广东方面没有放行。八月份，李鸿章将攻苏州，急需要军械枪弹，再次专折催调。丁日昌到上海后，帮助李鸿章创建洋炮局。十一月份，淮军攻打无锡的时候，丁日昌亲手点燃制造的火燃三眼开花炮攻城，立下功劳。经李鸿章推荐，补用直隶州知州。不久克复常州城，擒逆首陈坤书，因功补为直隶州知府。同治三年，李鸿章克复苏州后，丁日昌奉旨以道员用。再克常州，李鸿章打算解散常胜军，派丁日昌与戈登、巴夏礼办理裁撤，完成后署理苏淞太兵备道。九月初三，由李鸿章转递密折设立船厂，并委托丁日昌办理。同治四年五月，朝廷收购旗记铁厂，包括全部设备，改为江南机器制造总局，丁日昌任首届总办。八月，任两淮都转盐运使司盐运使。同治五年，丁日昌由李鸿章推荐到潮州办理洋务，又到清水潭堤坝工程督工。曾国藩对丁日昌提携有加，请旨令丁日昌护理通商钦差大臣。同治六年，升为江苏布政使，同治七年任江苏巡抚。同治六年底，由李鸿章转奏，上陈自强事宜十二款，建议创建轮船水师，设立北洋、中洋、南洋三处，并高薪招募轮船驾驶员。李鸿章创建北洋水师，几乎照搬了丁日昌的倡议。同治十三年冬，上奏《海洋水师章程》六条，建议建立北洋、东洋、南洋三支海军，得到李鸿章、左宗棠的肯定及赞赏。又上《海防条议》，引起强烈反响。光绪元年正月，李鸿章称其"大意似与拙作一鼻孔出气"，还有许多是他"意中所欲言而未敢尽情吐露者"，"虽令俗士咋舌，稍知洋务者，能毋击节叹赏耶！"丁日昌进京参加海防建设御前会议，途经天津，与李鸿章畅谈十日。李鸿章称："津门十日之欢，五年积郁情怀为之顿豁。"但是，丁日昌遭到顽固派王家璧等人的弹劾攻击。朝廷决定重用丁日昌，授其为北洋帮办大臣，到天津帮李鸿章商办对外事宜。

五月二十一日，丁日昌进宫请训，在养心殿拜见两宫皇太后和光绪帝，他在《入觐承恩记》中记载了当时的对话。慈禧让他好好帮李鸿章办理海防，他说李鸿章已经多年悉心布置，不必担心。

在慈禧太后面前，丁日昌帮李鸿章说了不少好话。

李鸿章派他与秘鲁方面换约，交涉华工问题。朝廷又派他协助李鸿章与英国交涉马嘉理案。八月份，丁日昌由沈葆桢举荐，任福州船政大臣，不久任福建巡抚。为李鸿章购买船舰，创建福州电报学堂，一年后为中国架设第一条电报线。并与李鸿章筹划选派留学生出洋学习。丁日昌因为身体不好，经常吐血，加上诽谤众多，屡屡要求引退，被李鸿章劝止。同治五年，因办事认真，致力海防，赏加总督衔，派令专驻南洋，会同沈葆桢筹办海防，所有南洋沿海水师归其节制，又命兼充总理各国事务大臣。丁日昌上奏力辞，并献上十六条海防建议。同治六年，丁日昌受李鸿章嘱托，为李鹤章作祭文。李鸿章称"沉痛亲切，得未曾有"，并嘱托将来自己要是死了，也请他预先撰文："倘竟后兄而死，铭墓表碑，当预相属，幸勿忘也。"

丁日昌病情严重，竟然先走一步，于光绪八年正月初十去世，享年仅六十岁。

丁日昌和郭嵩焘被认为是当时最懂洋务的人。郭嵩焘点评几位洋务派人士说："中堂（李鸿章）能见其大，丁禹生（丁日昌）能致其精，沈幼丹（沈葆桢）能尽其实，其余在位诸公，竟无知者。"

2. 洋幕

洋务运动时期,李鸿章的幕僚偏重于西学,多为办理洋务和外交方面的人才。较为有名的如:于式枚、马建忠、许钤身、许景澄、伍廷芳、孙宝琦、李凤苞、吴汝伦、何如璋、汪大燮、邵友濂、严复、张佩纶、张元济、郑观应、郑孝胥、洪钧、容闳、唐廷枢、盛宣怀、薛福成等人,还有李经方。这些人大都是新式知识分子,不是出国留过学,就是在国内洋务学堂接受过近代教育,思想开放。有的还在外企做过事,经验丰富。李鸿章延揽的洋幕人才有一百多号人,其中仍然以安徽人为主,约占三分之一。另外,还有十九位洋人幕僚,他们分别来自英国、美国、法国、德国、俄国等,如赫德、德璀琳、汉纳根,身份为商人、军官、税务司、外交官等。

盛宣怀,字杏荪,江苏江阴人。家境优裕,父亲盛康为道光二十四年进士,曾任湖北盐法道,为清军筹饷,留园主人,与李鸿章有交情。

同治五年(1866年)中秀才,同治九年进入李鸿章幕府,时李鸿章以湖广总督的身份被派往陕西镇压回乱,盛宣怀随行。李鸿章调任直隶之后,盛宣怀时常往来津沪购置军备。同治十一年,李鸿章等筹办轮船航运,盛宣怀酌拟章程,坚持商本商办,朱其昂、朱其诏兄弟则主张商资官办,并于次年初成立轮船招商局,由朱氏兄弟负责。因亏损,李鸿章又让盛宣怀酌拟轮船章程。八月盛宣怀被委任为会办,负责漕运、揽载及规划事宜,亏损局面有所改善。

盛宣怀欲助李鸿章成就洋务事业,确实做了许多实事,厥功甚伟。光绪元年(1875年),李鸿章派他办理湖北开矿事宜,次年建立湖北开采煤铁总局。光绪三年,李鸿章上专折引荐盛宣怀,列叙其参与创办轮船招商局、购买美国旗昌船厂,以及督办开采湖北煤铁矿事务和办结收回吴淞铁路等业绩,称其"心地忠实,才识宏通,于中外交涉机宜能见其大,其所经办各事，皆国家富强要政，心精力果，措置裕如，加以历练，必能干济时艰"。盛宣怀协助李鸿章办理洋务期间，主要致力于航运、开矿、电报、纺织、铁路、银行、教育等实业，以及慈善事业。光绪六年，创建天津电报局。光绪十八年，任海关道之后筹备创办学堂，光绪二十一年正式创建北洋西学学堂，次年更名为北洋大学堂。北洋大学堂是天津大学的前身。光绪二十年，开办华盛纺织总厂。光绪二十二年，督办铁路总公司，接办汉阳铁厂、大冶铁矿，奏设南洋公学。光绪二十三年，在上海外滩开办中国第一家银行中国通商银行。光绪二十四年开办萍乡煤矿，光绪二十八年创办中国勘矿总公司，之后合并汉阳铁厂、大冶铁矿成立汉冶萍煤铁厂矿公司。

光绪二十六年，义和团匪乱，八国联军侵华，慈禧与光绪帝仓皇西逃，慈禧下诏命各省督抚"联络一气保疆土"，"招义民御侮"。利用控制电报网络的权力，盛宣怀坐镇上海，联络两广总督李鸿章、两江总督刘坤一、湖广总督张之洞、闽浙总督许应骙、山东巡抚袁世凯、浙江巡抚刘树棠、安徽巡抚王之春和广东巡抚德寿等督抚，不听从朝廷命令，发起"东南互保"，稳定东南大局。盛宣怀因功赏加太子少保衔。

李鸿章死后，盛宣怀担任过工部左侍郎，邮传部大臣，创立了中国红十字会，"中华民国"时期又出任汉冶萍公司董事长。

张佩纶，字幼樵，直隶丰润人。同治十年进士，授编修，擢侍讲，充日讲起居注官，曾任都察院左副都御使、总理衙门行走、福建省船政大臣。好议论时政，不满官场贪腐，以敢于弹劾朝中大员而引人注目。据统计，在张佩纶的奏折中，有三分之一是弹劾别人或直谏的。

张佩纶"往还五千里，咒骂十三家"，与张之洞、黄体芳、宝廷号称"翰林四谏"。他们乐此不疲，以至于成了一种病，弹劾别人不算本事，还弹劾自己。宝廷就参劾自己在按试福建途中纳妓女为妾，请求从重惩处，并且获得成功，交部严议，罢官回籍。这些人以李鸿藻为首，还包括陈宝

第 八 章
言说不尽的晚清第一大家族

琛、邓承修等,形成了所谓的"清流党"。他们不满洋务,主张对列强作战,成为阻挠李鸿章进行洋务运动的障碍。不过,言辞犀利的清流健将张佩纶从不攻击李鸿章,原因是张佩纶的父亲张印塘与李鸿章是过命的好朋友。

张印塘,嘉庆二十四年中举人,曾任知县、知府、按察使。咸丰三年,李鸿章奉调回籍办理团练,曾与张印塘合作赶办军需,成了忘年交。李鸿章在《原任安徽按察使司张君墓表》中回忆了两人短暂而难忘的交往经历:

> 方江淮鼎沸,独君与鸿章率千百羸卒,崎岖于扰攘之际。君每自东关往来庐州,辄过予里舍,或分道转战,卒相遇矢石间,往往并马论兵,意气投合,相互激励劳苦。余谓,古所传坚忍负重者,君殆其人。

根据文字内容以及张佩纶的日记,该墓表作于张印塘逝世二十五年之后的光绪五年(1879年)底。这一年是张佩纶家门最为不幸的一年。四月初六,张佩纶生母毛氏去世,一个月后的五月初五,其夫人朱氏(朱学勤之女)病故,两个月后的七月初五女儿韵苏殇折。当张佩纶悲痛欲绝的时候,李鸿章亲自登门慰问,并送来白金千两,为营葬之需,名为借("承假"),实为赠予。李鸿章还给张佩纶的四哥在津捐局安排工作,一个月可以领三十六金。张佩纶感动得稀里哗啦,在日记中感叹:"先世交情之耐久如是。"他在给李鸿章的信中又说:"承枉驾亲莅旅舍,赐借千金,资其葬事。一种驾念旧交,扶植后进之怀溢于言表,五中铭刻,其何敢忘?"还没完,张佩纶南下到苏州与亲人相聚,并将父亲张印塘的原配田氏和姜李氏的灵柩运回原籍,经烟台、上海,海路都是李鸿章派人安排招商局的轮船接送。李鸿章又将张佩纶的四哥转到矿局工作,九弟随同,每个月可以领到薪水六十金。

值得揣味的是,左宗棠也给张佩纶寄来了礼金一百两,但被退了回去。

原因可能不是嫌少,而是牵扯到立场问题。张佩纶作为清流党主将,整天弹劾这个弹劾那个,被人忌惮,但又不敢得罪,只能巴结拉拢。张佩纶丧母,正是示好的机会。李鸿章的算盘更进一步,干脆借张佩纶在家丁忧闲着没事,拉到自己阵营中来。在慰问张佩纶的时候,李就表示出邀请他入幕的意思。张佩纶没有答应,但李鸿章没有放弃。前前后后一番折腾下来,面对李鸿章的厚遇——又是给钱,又是给家人安排工作,又是派人帮忙接送,又是给父亲写墓志,张佩纶心中充满了感激,再也无法拒绝了。

李鸿章在光绪六年(1880年)正月初三给他写信说:"承以表墓相属,奚敢以不文辞?窀穸事毕。尚祈惠临面商壹是为幸。"请他办完营葬后,到自己府中议事。

二月份,张佩纶将父亲、嫡母、生母、庶母及夫人营葬,三月初就拜访李鸿章,讨论北洋军务,正式成为李鸿章的幕僚。张佩纶在天津参观了海防工事,提出了一些巩固海防的建议。光绪七年八月,张佩纶丁忧服阙起复,任翰林院侍讲、日讲起居注官,被派为国史馆总办。光绪八年,张佩纶弹劾数名大臣,尤其是三次上奏请求罢斥王文韶,朝野震动。对李鸿章而言,张佩纶在朝中的积极作用,除了支持洋务运动,比如修建铁路,还有沟通李鸿藻和李鸿章之间的对立关系,便于互相了解双方的想法,缓和矛盾。因而在中法越南交涉中,偏于主战的一派转而认为"和局有益",主和的李鸿章忽然也觉得主战有理。光绪九年,张佩纶补授翰林院侍讲学士,在总理各国事务衙门行走,其地位作用就不仅仅是李鸿章想要通过他打探朝中消息那么简单了。

光绪十年三月,慈禧对军机中枢进行人事大换血,奕䜣、李鸿藻、翁同龢等靠边站,醇亲王奕譞主持军机,奕劻管理总理衙门事务。四月,张佩纶外放,奉旨会办福建海疆事宜,七月兼署船政大臣。在马尾海战中,福州船厂被毁,南洋舰队全军覆没,张佩纶、何如璋逃跑。朝廷将张佩纶即行革职,命其进京听候查办。光绪十一年,张佩纶被从严发往军台效力赎罪,遭

第 八 章
言说不尽的晚清第一大家族

戍察罕陀罗海、张家口。塞上三年是张佩纶人生中的低谷,夫人边氏(边宝泉之女,边宝泉官至闽浙总督)病亡。

光绪十四年,张佩纶戍满将归,李鸿章再次助以千金,意在延揽。这次李鸿章下了血本,将心爱的女儿李经璹(菊耦)许配给张佩纶。此时李经璹年二十三岁,很有才华,会写诗,因为眼光太高,没有找到婆家。张佩纶是罪臣,已经四十一岁了。李经璹认为父亲的眼光不会太差,就同意了这门婚事。对于这门亲事,非议者甚多,有人写了对联进行讽刺,如:"养老女,嫁幼樵,李鸿章未分老幼;辞西席,就东床,张佩纶不是东西。"西席指保定莲池书院,李鸿章想安排张佩纶进书院讲学,遭到抵制。"后先判若两人,南海何骄,北洋何诣;督抚平分半子,朱家无婿,张氏无儿。"指张佩纶在福建统率南洋舰队的时候何等威风,李鸿章都要巴结他;张佩纶兵败之后,李鸿章将女儿嫁给他,他就成了李鸿章和边宝泉的女婿,朱学勤没有这个女婿了,张佩纶也不是张家的儿子了。"中堂爱婿张丰润,外国忠臣李合肥。"张丰润指张佩纶。

这种不被理解的非议主要是当时两人政治地位悬殊,以及来自政治斗争方面的联想,年龄差距并不是问题。要知道当年李鸿章续弦的时候也是四十一岁,赵继莲是二十五岁。撮合张佩纶和李经璹,赵继莲所起的作用很大。赵继莲去世后,张佩纶在《祭李外姑赵伯夫人文》中说:"光绪十四,我来自边,谤满天下,众不敢贤。夫人相攸,亦具深识。申以昏姻,毅然勿惑,始终无间。"是说丈母娘赵继莲非常支持他们的婚姻。

张佩纶罢职之后没有东山再起,这恐怕是李鸿章没有料想到的。至光绪二十年,张佩纶大部分时间住在李鸿章府中,他在岳父家中过得很清闲,不过是帮着迎来送往招呼客人,与文朋诗友诗歌唱和,给人写写祭文挽联,收藏些书画,读读古书,研究他的《管子》,写写日记,生生病。但他过得未必得意,因为他与老丈人的意见并不悉合。八月,御史端良参劾张佩纶在李鸿章府中干预公事,招致非议,建议将其驱逐回籍,以免贻误时机。此事让李鸿章大为愠怒,上奏为女婿辩解,遭驳回。张佩纶只好回河北老家居住。光绪二十一年,张佩纶和家人迁往南京。之后李鸿章也保荐过他,但是他已经对仕途没有任何兴趣了。

光绪二十九年正月初七,逝世于南京七家湾的家中。

张佩纶有三子:志沧、志潜、志沂,有一女茂渊。张志沂和张茂渊由李经璹出;张志沂娶黄素琼(黄翼升孙女)为妻,他们即是著名作家张爱玲的父母。

周馥,字玉山,安徽至德人。多次应试,连个秀才也没考中,只好当私塾先生,又到湘军某营官处帮办文案。咸丰十一年十一月,转到李鸿章营中,李发现周馥文笔不错,就让他帮办文案。

李鸿章到上海,周馥跟随,因接连大捷,李鸿章为将士们请功,周馥也从一个小小的文童(周馥自称捐了监生)一路升职,从九品、县丞、知县并赏花翎、直隶州知州,皆在本省留用。据说周馥原名复,李鸿章写保奖单的时候误为馥,遂更名。周馥为李鸿章的贴身跟班,攻打常州的时候,李鸿章亲自带兵捕贼,把巡抚印交给周馥带着。抓获俘虏后,自己杀一半,让周馥代劳屠戮另一半。金陵克复之后,周馥襄办善后工作有功劳,被曾国藩与李鸿章保举知府,留江苏优先补用。同治十年,李鸿章调任直隶总督,招周馥赴天津任事,此后多督办河工。光绪元年,李鸿章命其与其他三人办海防支应局,周馥驻局经理。当时部议北洋海军每年各省协饷三百万两,开始一两年还行,后来仅能收到一百多万两。光绪七年,署津海关道(次年补授),与美国商订《朝鲜通商条约》。光绪八年,兼署天津道,清廷与朝鲜通商,与朝鲜商订《中朝商民陆路互市章程》。光绪九年,兼任天津兵备道。光绪十年,李鸿章命其到渤海一带编练民舶团练,增强海防,防止法军进攻,会办天津电报局,创议架设北塘至山海关电报线路。光绪十一年,创办天津武备学堂。光绪十三年,李鸿章奏举周馥总理北洋营务。光绪十四年,升任直

第八章
言说不尽的晚清第一大家族

隶按察史，会同海军统领丁汝昌、记名总兵林泰曾、候补道罗丰禄等商讨制订"北洋海军章程"。帮助李鸿章襄办海防事务，并治水。甲午战争爆发时，周馥奉命总理前敌营务处。中日《马关条约》订立之后，李鸿章被革职，以王文韶代之，王文韶令周馥总管沿海各军营务。周馥因李鸿章失势，失去依傍，乃以"咳病加剧"为由，自请开缺。光绪二十四年，慈禧派李鸿章复勘山东黄河工程，电召周馥前往，周馥拟定了十二条治河办法。光绪二十五年，进京觐见慈禧太后，八月简放四川布政使。光绪二十六年，八国联军攻占北京，两宫西狩，命李鸿章为全权议和大臣，直隶总督，调周馥为直隶布政使，协助议和。

光绪二十七年九月二十六日，李鸿章病危，周馥在侧，记录了当时的情景。当时李鸿章已经穿好了寿衣，喊他尚能答应，但不能说话。到第二天中午，李鸿章还睁着眼，不肯离去。周馥边哭边说："老夫子有何心思放不下，不忍去耶？公所经手未了事，我辈可以办了，请放心去吧！"李鸿章忽然张开口，想要说话，却流出了眼泪。周馥用手抹他的眼睛，一边抹，一边呼唤，不一会儿李鸿章就闭上了眼睛，咽气了。

李鸿章死后，清廷任命周馥护理直隶总督兼北洋大臣；后又升兵部尚书，擢山东巡抚，升为两江总督、闽浙总督、两广总督。光绪三十三年辞官。民国三年，袁世凯任命周馥为参政院参事，未就任；民国十年，病逝于天津。

李鸿章幕府人才荟萃，他们协助李鸿章有效地处理军政、洋务等各项事务，在托起李鸿章的同时，也成就了自己。

除了上述几人，还有高级军事参谋王凯泰、陈鼐，文案有凌焕、吴汝伦、于式枚；军需官有地方官钱鼎铭，掌管厘局的工大经，管控饷源的郭伯荫，军火专家刘含芳，总办北洋军械局的张士珩；军工企业首脑有最先从事军火制造的韩殿甲，总办江南制造总局的冯焌光，总理天津机器局的沈保靖；实业方面，筹建轮船招商局的朱其昂、朱其诏兄弟，中国第一位近代企业家、买办唐廷枢，会办轮船招商局的徐润，创办业勤纱厂的杨宗濂、杨宗瀚兄弟；外交助理有应宝时、刘瑞芬、李凤苞、伍廷芳；薛福成、郑观应、马建忠等人。他们不仅思想开放，也帮李鸿章办了许多洋务，都是他倚重的人才。

李鸿章还聘请或者经常咨询二十位左右的洋人幕僚，比如长期担任海关总税务司职务的英国政治家赫德，多次参预外交事务的德国人德璀琳，帮助创办金陵机器局的英国人马格里，主持修筑铁路的工程师英国人金达，担任北洋海军总教习的英国人琅威理，担任海军教习的德国人汉纳根等。

第八章 言说不尽的晚清第一大家族

精神后裔，衣钵传人袁世凯

李瀚章的女婿孙宝瑄说："庚子以前，李合肥之世界也；庚子以后，袁项城之世界也。"

袁项城即袁世凯。

据野史传说，在李鸿章呈给皇上和皇太后的遗折中夹带着一张附片，里面写着一句话："环顾宇内人才，无出袁世凯右者。"被认为是向朝廷举荐自己的接班人。是不是真的，难以考证。当慈禧和光绪接到李鸿章去世的电报后，为了安定人心，当日降旨由袁世凯接任直隶总督兼北洋大臣。此时袁世凯年仅四十二岁，一跃成为中外瞩目的实力派人物。

李鸿章死后，朝廷发布上谕，在京城、李鸿章原籍以及立功省份建立专祠，生平事迹在国史馆立传。在天津李文忠祠，有袁世凯的一副对联："受知蚤岁，代将中年，一生低首拜汾阳，敢诩临淮壁垒；世变方殷，斯人不作，万古大名配诸葛，长留丞相祠堂。"对李鸿章的一生功业做了概括，称李鸿章是曾国藩的继承人，其声名堪比诸葛亮。袁世凯还送过一副挽联："公真旷代伟人，旋乾转坤，岂止勋名追郭令；我是再传弟子，感恩知己，愿宏志业继萧规。"袁世凯承认自己是李鸿章的衣钵继承人，以再传弟子自居。事实上，袁世凯能有今天，离不开李鸿章的赏识和提拔，尽管他曾经背叛过李鸿章，但承续了李鸿章的政治遗产是毫无疑问的。他还冒天下之大不韪做出了李鸿章敢想而不敢做的事——称帝。

袁世凯于1859年出生于河南项城的一个大家族，当时其叔祖袁甲三正在前线剿捻。因为剿匪有功，袁甲三官居一品，曾任漕运总督兼江南河道总督，提督八省军门。咸丰三年（1853年），朝廷让工部侍郎吕贤基前往安徽办理团练，吕贤基奏请一部分京官随同，其中有袁甲三和李鸿章。第二年，朝廷又命李鸿章的父亲李文安回乡办团练，李文安曾在袁甲三手下配合剿匪。袁世凯能够得到李鸿章的青睐，主要是袁甲三和李鸿章有旧，而李鸿章用人就喜欢提携老关系和老乡。

袁世凯自幼过继给叔父袁保庆，袁保庆在山东、南京做官，他就随同，但他不学无术，花天酒地，过着纨绔子弟的生活。袁保庆死后，袁世凯又跟随袁甲三的儿子袁保恒到北京，助其办事。在这期间两次参加乡试，均落榜，气得他烧掉了所有书本。李鸿章奉命剿捻，曾派袁保恒任马步全军翼长。袁保恒死后，袁世凯到山东登州投靠嗣父的结义兄弟吴长庆，而吴长庆是李鸿章缔造的淮军庆字营统领。吴长庆请文书、后来的状元、实业家张謇调教袁世凯读书，但他讨厌读书，喜欢当兵打仗。他在庆字营中整束军纪，操练新法，为吴长庆所赞同。光绪八年（1882年），朝鲜发生壬午事变，朝廷派吴长庆率军开赴朝鲜干预，袁世凯随同前往。从此，袁世凯在朝鲜待了十二年，是他发迹时最重要的一段经历。

朝鲜发生甲申政变时，袁世凯带兵镇压，李鸿章非常欣赏，称赞他"才识开展，明敏忠亮"，"非唯知兵，且谙外交，诚大才也"。光绪十一年，在李鸿章的保举之下，袁世凯赏加三品衔，接替陈树棠担任驻朝商务委员，也就是清朝驻朝鲜的使臣。袁世凯在朝鲜权势赫赫，一手遮天，为各大势力所不满，也受到国内臣僚的弹劾攻击。李鸿章有一个毛病，就是护犊子，护犊子就是维护自己的尊严。他力排众议，坚持让袁世凯留任，还给以"血性忠诚，才识英敏，力持大局，独为其难"的高度评价。后来，朝鲜爆发东学

第八章
言说不尽的晚清第一大家族

党起义,随后日军出兵朝鲜,企图挑起战争,剑指中国。中日两国军队对峙,剑拔弩张,袁世凯深知中国不是对手,连续给李鸿章发电报请求调回,没有得到批准。他只好托人多方疏通关系,终于在战争爆发前夕,化装成平民,乘英国的一艘军舰逃走,躲过一劫。

李鸿章认为袁世凯是个人才,委派他办理前敌营务。但袁世凯还是喜欢打仗,不想从事后勤工作,背着李鸿章托人找关系,另谋出路。找来找去,找到了李鸿章的死对头翁同龢。

甲午战争结束后,特别是维新变法期间,满朝文武上下议论纷纷,主张训练新军代替旧军。袁世凯大力鼓吹,自我引荐,取得了荣禄的信任,被收为门生。袁世凯受到光绪帝的接见,提出了改革纲领,其采用西法练兵的主张得到支持。光绪二十一年冬,袁世凯在定武军基础上组建新陆军,在天津津沽的一个小集镇(小站)练兵。

小站方圆百里,原为人烟稀少的盐碱地,李鸿章就任直隶总督之后,派盛字营周盛传来天津驻防。周盛传在马厂、大沽口、新城等地构建工事,修筑炮台,又开河筑路,沿途设站,后选定小站作为指挥部。周盛传将这个地方命名为新农镇,是大沽以西的第五个小驿站,通称小站。淮军采取屯田法在此驻军二十多年。可以说,没有李鸿章,也就没有袁世凯的小站练兵。

袁世凯的新军虽然在训练方法和装备上采用了洋法,但是在组织方面却完全继承了前辈的传统。除了收买原定武军中的将领,在新军中安置心腹,请外国人做教习,拉拢清廷贵族,淮军旧部的一些人也为他重用,基本上是李鸿章铺下的底子。

李鸿章虽然对袁世凯有所不满,但对编练新军是支持的。在大臣们上《请派员督练陆军折》派袁世凯督练新军之前,出于公心,李鸿章就曾向荣禄力言袁世凯可用。袁世凯在小站督练新军期间,李鸿章也很关心,曾推荐洋人军官前去参观,让袁世凯悉心求教。

李鸿章到日本马关议和,日本内阁总理大臣伊藤博文问李鸿章,袁世凯是否还在营务处。李鸿章回答说，袁已经回河南老家，称其是"小差使，无足轻重"。

李鸿章回国后，闲居京城贤良寺，门庭冷落。处于个人政治生涯最低潮的他心情糟糕无比，对袁世凯的所作所为十分不屑，斥其为小人得志。

据曾国藩的孙女婿、李鸿章的幕僚吴永所著《庚子西狩丛谈》记载，有一次袁世凯来拜访李鸿章，袁世凯说，朝廷对立下汗马功劳的您老如此冷落，只给个首辅的空头衔，没有实权，还不如暂时告老还乡，将来等到朝廷有事，自然会请您出山的；没等他把话说完，李鸿章就厉声喝止。

李鸿章认为袁世凯来是为翁同龢当说客，劝自己让出协办大学士的职务。这让李鸿章大为光火。以他拼命做官、死不罢休的性格，他是决不会拱手把好处让给冤家对头。

也许袁世凯本是一番好意，怎奈李鸿章反应过激，让袁世凯尴尬不已，只好低头赔罪，怪自己多嘴，灰溜溜地走了。

李鸿章出使回国，驻节天津，袁世凯等人拜见。寒暄几句后，袁世凯向他汇报练兵事宜。没等他说完，李鸿章勃然大怒，举起手杖——那可是前美国总统送给他的，用力砰砰捣地，没好气地说："呸，小孩子，你懂得什么练兵！又是订的什么合同！我治兵数十年，现在尚不敢自信有何等把握。兵是这样容易练的？难道雇几个洋人，扛上一杆洋枪，念几声'横土福斯'（one, two, three, four），便算是西式军队吗？"袁世凯被训得面红耳赤，他是下级，又是晚辈，不敢答话。

实际上，袁世凯之所以顺理成章地接替李鸿章，并非得益于李鸿章的直接荐举，而是袁世凯在清末新政中扮演了无人替代的重要角色。光绪二十四年，袁世凯升任工部右侍郎，奉旨入京，随后卷入了政治风暴中。戊戌变法之时，由于袁世凯告密，维新派受到严重打击，也使他获得了慈禧的信任，很快升任山东巡抚。八国联军入侵，慈禧以为民气可用，纵容义和团，结果吞下了苦果。面对势如破竹的八国联军，慈禧太后携光绪帝仓皇西逃，途中

第八章
言说不尽的晚清第一大家族

下《罪己诏》，承认错误，表示要重新变法图强。光绪二十六年十月初十，慈禧生日当天，下诏进行全面政治改革，要求各省督抚各抒己见，限于两个月之内提出改革方案，以备朝廷参考。由于时局动乱，慈禧太后的这一主动要求改革的声音没有引起重视，只有袁世凯觉察到其中的变化，在接到诏书的第四天，便递上《遵旨敬抒管见上备甄择折》，提出了涉及政治、吏治、教育、外交、财政、军事六大方面的十条革新方案，在山东省内全面启动新政。

李鸿章驾鹤西去之后，历史选择了袁世凯。除了他颇识时务，在义和团运动和八国联军侵华期间的表现赢得了慈禧太后的好评，掌控北洋新军，值得倚重外，他还赢得了西方列强的好感。洋人认为袁世凯有实力，不排外，好说话，对自己有利，极力向清朝政府推荐，因此他才毫无悬念地当上了直隶总督，成为接替李鸿章的最佳人选。

 **文脉赓续,旷世才女张爱玲**

李鸿章后世子孙众多,不乏政治明星、社会贤达、商界名流,以及科技人才,但最出名的恐怕是其外曾孙女、天才作家张爱玲。这是一个有着不幸童年,早慧早熟,长相美丽,性格孤傲,喜欢穿奇装异服,才华横溢的奇女子。

李鸿章的爱女李经璹嫁给张佩纶后,生了一男一女,儿子为张志沂,又名张廷重,女儿为张茂渊。后来,张志沂与黄素琼结婚,生下了女儿张爱玲和儿子张子静。

过去讲究门当户对,张志沂与黄素琼的结合没有违返那个时代的规矩,而且他们的祖上还有深厚的交谊。黄素琼为长江水师提督黄翼升的孙女。曾国藩围剿太平军时奏设淮扬水师,任命李鸿章为堂官,实际上由经验丰富的黄翼升统领。李鸿章赴上海建立淮军,黄翼升助其围剿太平军和捻军,功勋卓著。黄素琼系黄翼升儿子黄宗炎的姨太太所生,又是女儿,从小受到歧视。嫁给张志沂之后,生活并不幸福。

1920年9月30日,张爱玲,原名张瑛,出生于上海泰兴路和泰安路交口处的一栋豪华别墅里,据说此宅原是李鸿章送给女儿的嫁妆。1922年,张爱玲随父母迁居天津,张志沂托时在北洋政府做交通总长的堂兄张志潭的关

第八章
言说不尽的晚清第一大家族

系,在津浦铁路局做英文秘书。张志沂借此与二哥张志潜分家,从此开始放飞自我,吃喝嫖赌抽大烟、讨姨太太,变成了渣男。黄素琼苦劝无效,于1924年夏天陪小姑子张茂渊出国留学,改名黄逸梵。黄素琼走后,张志沂干脆将比他还大的原为妓女的姨太太接回家居住。后来,张志潭被免职,张志沂失去靠山,又因声名狼藉,影响堂兄名誉,不得不从铁路局离职。张志沂决定痛改前非,赶走姨太太,戒除鸦片,写信恳请黄素琼回国。接受了新思想的黄素琼与张志沂格格不入,经常争吵。张志沂旧病复发,又开始吸食鸦片。在黄素琼坚持下,两人于1930年协议离婚。

周岁生日时抓阄,张爱玲抓到了一个小金锭,这让母亲很失望。然而据照看她的保姆说,她抓到的是一支笔。四岁时,张爱玲和弟弟张子静开始接受私塾教育,识字、背诗、读四书五经,听《西游记》《三国演义》《七侠五义》等故事;后来又学英语、数学。小张爱玲有时候也跟家族里的其他女孩子玩。有一次她和女仆到二大爷张人骏家里,张人骏问她认识多少字了,会背什么诗。听到张爱玲背诵"商女不知亡国恨,隔江犹唱后庭花",这位曾任两江总督的前清遗老不觉流下泪来。年纪小小的张爱玲还不知道该诗的含义,她只盼望着自己快点长大,能够像母亲一样长得如花似玉,穿漂亮的衣服,吃粽子、汤圆等一切难以消化的东西。

张爱玲记事早,从小敏感,喜欢写东西。六岁时写了第一个故事,讲的是一个女孩子趁她哥哥不在家,设计对付嫂嫂。读了很多遍《水浒传》之后,小张爱玲萌生了写章回小说的野心,会写的字不够用,就去问账房先生,但因不会写的太多了,终究没有写成。七岁时,她写了第一部小说,是一个家庭悲剧,碰到难写的字就去问厨子。1928年,张爱玲八岁的时候,失业的父亲张志沂已经赶走了脾气暴躁、动不动就打人的姨太太,带着家人搬回上海。母亲黄素琼和姑姑张茂渊从英国归来,带回了崭新的西式生活方式。他们住进一幢欧式洋房,里面有花园,大客厅里有壁炉,铺着玫瑰红地毯,装饰考究,"有狗,有花,有童话书"。母亲穿着洋装,不时有一些洋气的亲戚朋友来做客。母亲对她进行西式教育,让她学画画、练钢琴。这一年她写了一篇名为《快乐村》的类似乌托邦的小说。九岁的时候,受母亲影响,她读了老舍连载在《小说月报》上的小说《二马》。她还画了一幅画投给《大美晚报》,发表后得了五元稿费。她用这笔钱买了一支唇膏。十岁的时候,母亲送她到美国教会办的黄氏小学学习,并将名字张瑛改为张爱玲。父母离婚后,父母搬出洋房,张爱玲跟父亲迁居到一处弄堂的房子里。在父亲的房间里,她发现了一本《海上花列传》,开始痴迷于它。张爱玲在黄氏小学读书期间写了一篇关于三角恋的小说,女主角因为表姐第三者插足,投西湖自杀。母亲看后说,如果她要自杀,决不会从上海乘火车到西湖自溺。但张爱玲保留了这个情节,因为她认为西湖有诗意。1931年,张爱玲进入美国教会办的上海圣玛利亚女校读书,在这期间在校刊《凤藻》上发表短篇小说《不幸的她》,散文《迟暮》。1932年,母亲再度出国,张爱玲经常到姑姑张茂渊的公寓里感受母亲的气息,父亲那边则弥漫着鸦片烟云雾。1933年,她从父亲的书架上看到萧伯纳的《伤心之家》,这是她读的第一本英文小说。1934年,父亲与另一个女人孙永蕃结婚。张爱玲难以接受,幻想着将继母推下阳台,一了百了。这一年她升入高中,周一到周六住校,学费昂贵。1935年,继母嫌房子狭小,全家搬到张爱玲出生的大别墅。之后几年,张爱玲在女校的刊物《国光》上发表了短篇小说《牛》,三篇读书札记,漫画,小说评论《〈弱馨〉评》,以及《霸王别姬》《论卡通画之前途》等。1937年,从圣玛利亚女校毕业后,她向父亲提出留学要求,遭到拒绝。日军制造"八一三"事变,淞沪会战爆发。炮声让张爱玲睡不着觉,她就到母亲所住的淮海中路伟达饭店住了两个星期。回家的时候,继母因为她没有事先跟自己打招呼,进行责问,并打了她一巴掌;继母又恶人先告状,称张爱玲要打自己,张志沂不分青红皂白,对她拳脚相加,将其打翻在地。姑姑来为她说情,父亲用烟枪将姑姑打伤。为了防止张爱玲离家出走,父亲将她软禁在一间空房子里。当时她希望"有个炸弹掉在我们家,就同他们死在一起我

第八章
言说不尽的晚清第一大家族

也愿意"。张爱玲得了痢疾,生了半年病,差点死掉。好在终于找到一个时机,逃出了这个家,投奔到母亲与姑姑那里。她把自己被囚禁和出逃的经历写成文章发表,父亲知道后非常生气。

1939年,张爱玲参加英国伦敦大学远东地区入学考试,获得第一名,由于"二战"全面爆发,没能入学,她随即持成绩单在香港大学注册入学,就读于文学院。在大学,张爱玲认识了炎樱,结为终生挚友。上海的《西风》月刊以《我的××》征文,张爱玲《我的天才梦》获得第十三名。她学习很勤奋,获得了两份奖学金,一位教授说她毕业后可以免费读牛津大学。在日军的攻击下,香港陷落,大学停课。1942年,张爱玲和炎樱乘船返回上海,经过与父亲商量,插班进入圣约翰大学续读。

1943—1944年是张爱玲文学创作生涯中至关重要并且异常辉煌的两年,绝对称得上是"张爱玲年"。她在上海文坛毫无征兆地突然崛起,发表了大量有影响的作品,引起轰动,顺利地实现了她"出名要趁早"的梦想。

1943年1月,她在《二十世纪》英文月刊发表*Chinese Life and Fashions*,长达万字,附有12幅手绘的发型及服饰插图,主编称她为"极有前途的青年天才"。为了走上文坛,张爱玲拜访了《紫罗兰》月刊主编周瘦鹃,以后又结识了《万象》月刊主编柯灵,《天地》月刊主编苏青。《沉香屑——第一炉香》得以在《紫罗兰》月刊连载。这一年,她还完成了《沉香屑——第二炉香》《茉莉香片》《心经》《封锁》《倾城之恋》《琉璃瓦》《金锁记》等小说,分别发表于《紫罗兰》《杂志》《万象》《天地》《二十世纪》等杂志。1944年,张爱玲创作小说《连环套》《年青的时候》《花凋》《鸿鸾禧》《红玫瑰与白玫瑰》《桂花蒸 阿小悲秋》等小说,以及散文《必也正名乎》《烬余录》《谈女人》《有女同车》《走!走到楼上去》《童言无忌》等散文。小说集《传奇》出版后,十分畅销,四天后即再版。在再版序中,她说:"出名要早呀!来得太晚的话,快乐也不那么痛快。"还出版散文集《流言》,收录她1943年至1945年出版的散文。

小说《倾城之恋》被改编成四幕八场话剧，在上海新光大戏院上演，连演八十场，一直演到第二年一月。

在这两年里，特立独行的张爱玲还认识了"汉奸"胡兰成，谈了一场惊世骇俗的恋爱。

胡兰成曾经追随汪精卫，抗日战争时期任汪伪政权宣传部政务次长，被称为汪精卫的"文胆"，是著名的汉奸。1943年，胡兰成读到张爱玲发表在《天地》月刊上的小说《封锁》，给主编苏青写信打听张爱玲的情况。不久，胡兰成因得罪汪精卫，被关进监狱，张爱玲曾和苏青到周佛海家，设法营救。1944年2月1日，胡兰成回到上海，向苏青要了张爱玲的地址，找到张爱玲的住处。张爱玲没有见他，但第二天她主动上门到胡兰成家中与之相会。胡兰成给张爱玲写了一首诗，张爱玲给他回了一封信，里面有"因为懂得，所以慈悲"的话。两个人的关系日渐亲密。胡兰成说他喜欢《天地》月刊上张爱玲的一张照片，第二天她就拿给胡兰成，背面写着："见了他，她变得很低很低，低到尘埃里，但她心里是欢喜的，从尘埃里开出花来。"七八月间，胡兰成宣布与应瑛娣离婚，与张爱玲结婚。他们没有举行结婚仪式，只有婚书一纸，由两人共同完成，上面写着："胡兰成张爱玲签订终身，结为夫妇，愿使岁月静好，现世安稳。"

两人相差14岁。

年龄差距并不是问题，让张爱玲没有想到的是，胡兰成是一个烂人，他不仅是人人痛恨的汉奸，还是一个用情不专的荡夫。这就导致了两人的婚姻必定不会长久，由胡兰成在婚书上写下的"岁月静好，现世安稳"，不过是一句无法兑现的谎言。

1945年三四月间，胡兰成从武汉回到上海，他告诉张爱玲，自己在武汉与汉阳医院护士周训德相好。张爱玲的反应是："爱玲这样小气，亦糊涂得不知道妒忌。"她太爱他了，以至于不在意胡兰成另有所属。

到了八月份，抗战胜利，臭名远扬的胡兰成不得不隐姓埋名进行逃亡。

第八章
言说不尽的晚清第一大家族

途中由诸暨斯家的姨奶奶范秀美护送,两人同居,并结为夫妇。第二年,张爱玲跑到温州看望胡兰成,胡兰成粗声骂她:"你来做什么?还不快回去!"天真的张爱玲让胡兰成在周训德和自己之间做出选择。他们三个人座谈,到街上遛弯,胡兰成左右撒谎,蒙混过关。直到十二月份,胡兰成经过上海告诉她真相。张爱玲沉默了,决定不再跟胡兰成来往。胡兰成多次写信,张爱玲都不理。之后张爱玲给胡兰成写了一封诀别信,她说:"我已经不喜欢你了。"希望他不要再来找她,也不要写信,并附上三十万元分手费,这是她写电影剧本《不了情》和《太太万岁》的稿酬。维系了三年的婚姻关系,至此破裂。1949年,胡兰成逃往香港,又转赴日本定居。在这期间,胡兰成出版自传《今生今世》,里面记录了他与八个女人之间的情史。1959年8月,张爱玲为了搜集资料,给胡兰成写明信片,要他写的几本著作作为参考书,胡兰成寄了一本上册《今生今世》给她,附信有撩拨的话。12月,张爱玲给胡兰成写了最后一封信,表示只是要借阅参考书,请他不要误会。

因为胡兰成,张爱玲声名狼藉,被攻击为文化汉奸,指责她在汉奸刊物上发表文章,参加亲日性质的文化活动。还有一些文章将她与汪精卫、周佛海、陈公博的妻子们,以及川岛芳子等人相提并论。张爱玲的创作受到很大影响,之后两三年间,只写了《留情》《创世纪》《华丽缘》《郁金香》等几部小说,以及一些容易上手的散文。

1947年,张爱玲主要完成了两个剧本:《不了情》《太太万岁》,由桑弧执导,拍成电影。曾有人撮合张爱玲和桑弧,但她没有同意。剧本《不了情》被她改成小说《多少恨》发表。

1950年,其以笔名梁京在《亦报》连载发表《十八春》。七月份,她参加了上海文艺工作者代表大会。当时张爱玲穿着旗袍,坐在后排。总主席为夏衍,副主席为梅兰芳、冯雪峰,执行主席为周信芳,秘书长为陈白尘。张爱玲曾随上海文艺代表团到苏北参加了两个多月的土改工作,这段经历成为写作《秧歌》的基础。这一年她还写了《相见欢》《色·戒》《浮花浪蕊》《怨女》等小说。

1952年4月,张爱玲获得了香港大学的入学通知;7月,她经过严格的出境检查,离开内地,抵达香港。在港大注册复学后,其母亲通过朋友关系,以难民、学习优秀等理由为她申请奖学金。但她打算退学,去日本或者美国。她先是应聘了美国新闻处的中文翻译工作,翻译了《老人与海》《爱默森选集》等。她通过报纸找到了一份英国东南亚专员公署翻译员的工作,经过调查,被指认可能是"共产党特务",被警方多次传讯。在朋友的帮助下,张爱玲租了一间简陋的小屋,没有书桌,她只能在床头的小柜上写东西。

在香港这段时间,张爱玲似乎对自己的命运失去了主导权,经常使用一副牙牌签为自己求签卜卦。她用英文写《秧歌》,出书前后曾经为它求了五支签。此时的张爱玲已经深度近视,后来戴隐形眼镜,但仍然爱美,出席一些场合她会穿旗袍,把脚趾甲涂成绿色。

1954年,小说《秧歌》及《赤地之恋》在香港报纸连载并出版单行本。小说集《传奇》改为《张爱玲短篇小说集》,也在香港出版。同年秋,她给时在美国讲学的胡适写信,并寄了一本《秧歌》。胡适回信大加称赞。当时这本小说颇受非议。

1955年秋天,张爱玲乘坐"克利夫兰总统"号邮轮赴美。在纽约,她与好友炎樱相会。同年十一月,她拜访了胡适。胡适是安徽绩溪人,以张爱玲的祖母论,两人还是老乡。

到美国之后,张爱玲的活动全部围绕生存而展开。小说代表作仅有未完成的《小团圆》。事实上,她已经江郎才尽。她认识了大自己二十多岁的赖雅,并与之结婚,也成为后人议论的话题。

1956年3月,刚刚申请到麦道伟文艺营免费居住权的张爱玲遇到了德裔剧作家赖雅,双双坠入爱河。5月二人关系深入,并怀上了孩子。赖雅向张

第八章
言说不尽的晚清第一大家族

爱玲求婚,但表示不要孩子。两个人在一起的花销由张爱玲支付,她还拿钱支援赖雅。8月14日,两人举行婚礼。此时赖雅65岁,张爱玲36岁。赖雅年老多病,几度中风,离不开看护。张爱玲背负着沉重的生活负担,身心俱疲。

1957年,母亲黄素琼在伦敦病重,需要做手术。张爱玲没有钱购买国际机票,只给母亲写了一封信,并附上了一张100美元的支票。因手术失败,黄素琼去世。黄素琼给张爱玲留下了一个装有古董的皮箱,张爱玲和赖雅称这个皮箱为宝藏,在他们入不敷出的时候,就拿出一件进行变卖,据说一共卖了620美元。

1960年7月,张爱玲取得美国国籍。同年年底,张爱玲行使美国公民权利,投了肯尼迪一票。

1961年10月,为了搜集写作素材,张爱玲去香港。她先飞台北,在台湾待了一个星期,与白先勇等作家见面。在香港完成《红楼梦》上下两集剧本,但制片方并不满意。

1963年,张爱玲开始与夏志清通信。之前夏志清在《中国现代小说史》中力捧张爱玲,所占篇幅超过了鲁迅。

1967年10月,赖雅病故;之后张爱玲孤身一人,深居简出。

1995年9月8日,在洛杉矶租住的公寓内,去世一周的张爱玲被发现,享年75岁。

参 考 文 献

[1] 李鸿章. 李鸿章全集 [M]. 合肥：安徽教育出版社，2008.

[2] 李瀚章编撰，李鸿章校刊. 曾文正公全集 [M]. 北京：中国书店出版社，2011.

[3] 翁同龢. 翁同龢日记 [M]. 北京：中华书局，2009.

[4] 袁世凯. 袁世凯全集[M]. 骆宝善，刘路生校. 开封：河南大学出版社，2013.

[5] 戚其章. 北洋舰队[M]. 北京：中国社会科学出版社，2015.

[6] 马昌华. 淮系人物列传——李鸿章家族成员·武职[M]. 安徽：黄山书社，1985.

[7] 翁飞. 李鸿章与淮军的创建[M]. 安徽：黄山书社，2012.

[8] 成晓军. 洋务之梦——李鸿章传[M]. 成都：四川人民出版社，1995.

[9] 邢超. 义和团和八国联军真相[M]. 北京：中国青年出版社，2015.

[10] 林浩波. 李鸿章全传[M]. 武汉：华中科技大学出版社，2017.

[11]（日）参谋本部第二厅第六处编，陈悦校注. 甲午中日战争纪要[M]. 济南：山东画报出版社，2017.

[12] 田川. 晚清外交四十年：内外交困的李鸿章[M]. 南京：译林出版社，2016.

[13] 欧阳跃峰. 人才荟萃：李鸿章幕府[M]. 长沙：岳麓书社，2001.

[14] 徐锋华. 李鸿章与近代上海社会[M]. 上海：上海辞书出版社，2014.

[15] 孙志芳. 李鸿章与洋务运动[M]. 合肥：安徽人民出版社，1982.

[16] 王钟麟. 中日战争[M]. 长沙：岳麓书社，2011.

[17] 牟安世. 中法战争[M]. 上海：上海人民出版社，1955.

[18] 杨家骆. 戊戌变法文献汇编[M]. 台湾：鼎文书局，1973.

[19] 太平天国历史博物馆编. 太平天国资料汇编[M]. 北京：中华书局，1980.

[20] 中国社会科学院近代研究所近代资料编辑室编. 国耻事典（1840—1949）[M]. 成都：成都出版社，1992.

[21] 中国社会科学院近代史研究所近代史资料编辑室编. 义和团资料丛编：山东义和团案卷[M]. 济南：齐鲁书社，1980.

[22] 赵省伟主编，沈宏等编译. 海外史料看甲午[M]. 北京：中国画报出版社，2015.

[23] 王云五主编，[清]李书春著. 清李文忠公鸿章年谱[M]. 台湾：台湾商务印书馆，1978.

[24] 王云五主编，周学熙等校. 民国周玉山先生馥自订年谱[M]. 台湾：台湾商务印书馆，1978.

[25] 孙淑彦. 丁日昌先生年谱[M]. 哈尔滨：黑龙江人民出版社，2006.

[26] 夏东元. 盛宣怀年谱长编[M]. 上海：上海交通大学出版社，2004.

[27] 戚俊杰. 丁汝昌年谱[M]. 济南：山东大学出版社，2016.

[28] 郭廷以. 郭嵩焘先生年谱[M]. 北京：中央研究院近代史研究所，1971.

[29] 张惠苑. 张爱玲年谱[M]. 天津：天津人民出版社，2014.

[30]（英）布兰德. 李鸿章传[M]. 北京：新世界出版社，2016.

[31]（英）R. K. 道格拉斯. 李鸿章传[M]. 北京：法律出版社，2014.

[32]（日）桥本海关，吉辰校注. 清日战争实记[M]. 济南：山东画报出版社，2017.

[33] 苑书义. 李鸿章传[M]. 北京：人民出版社，1991.

[34] 刘忆江. 李鸿章年谱长编[M]. 保定：河北大学出版社，2015.

[35] 雷禄庆. 李鸿章新传[M]. 台北：文海出版社，1983.

[36] 雷禄庆. 李鸿章年谱[M]. 台北：台湾商务印书馆，1977.